동영상 강의

NCS 기반

외식
운영관리사

김삼희 / 정소윤 / 김태형
성혜진 / 장우철 / 허욱 / 권민지

- 1과목/ 식자재 · 메뉴 품질관리
- 2과목/ 고객 서비스 · 마케팅관리
- 3과목/ 매장 인력 · 업무관리
- 4과목/ 매장 손익관리
- 5과목/ 매장 위생 · 안전관리

한권으로
끝내기

 (사) 한국외식업중앙회   한국외식산업연구원

:: 머리말

현대 사회에서 외식 산업은 단순한 식사 제공을 넘어, 문화와 경험을 창출하는 중요한 역할을 담당하고 있습니다. 오늘날 소비자들은 단순히 맛있는 음식을 넘어서, 식사를 통해 새로운 경험을 하고, 즐거움을 느끼며, 소셜 미디어를 통해 이를 공유하는 등 다양한 기대를 품고 외식업체를 찾고 있습니다. 이러한 소비자들의 변화하는 요구에 맞춰 외식 업계는 끊임없이 진화하고 있으며, 이에 따라 외식업 운영에 필요한 전문성과 역량 또한 더욱 중요해지고 있습니다.

급변하는 경제 환경과 AI 및 디지털 기술의 발전, 고객의 고도화된 니즈, 그리고 K-Food의 글로벌 확산 등은 외식업체들이 직면한 새로운 도전이자 기회입니다. 이러한 상황에서 외식업체가 지속적으로 경쟁력을 유지하고 발전하기 위해서는 무엇보다도 뛰어난 인적 자원이 필수적입니다. 특히, 외식업을 효율적으로 운영하고, 고객의 기대를 충족시키기 위해서는 전문 인력의 역할이 더욱 중요하게 대두되고 있습니다.

이러한 필요성에 부응하여, 본 교재는 외식운영관리사 민간자격증을 준비하는 이들을 위한 체계적이고 실무적인 지침을 제공하는 것을 목표로 하고 있습니다. 외식업의 기초 이론에서부터 운영, 마케팅, 고객 서비스, 위생·안전관리, 식자재·메뉴 품질관리, 인력관리, 손익관리에 이르기까지 외식업 전반을 아우르는 다양한 주제를 포괄적으로 다루고 있습니다. 특히, NCS(국가직무능력표준)에 기반한 직무 관점에서 외식업 운영에 필수적인 역량을 강화할 수 있도록 설계되어, 독자들이 이론과 실무를 균형 있게 습득할 수 있도록 구성하였습니다.

(사)한국외식업중앙회 한국외식산업연구원 씀

NCS (National Competency Standards)

산업 현장에서 직무를 수행하기 위해 필요한 능력(지식, 기술, 태도)을 국가적 차원에서 산업별, 수준별로 표준화 한 것으로 능력단위 또는 능력단위의 집합을 의미

외식운영관리사
(ROMC: Restaurant Operation Management Consultant)

1) 정의

안전하고 위생적인 음식을 최상의 환경에서 고객에게 가치 있게 제공하기 위하여 최적의 운영 시스템과 전문역량을 갖춘 인력을 활용하여 매장 내에서 이루어지는 식자재관리, 메뉴 품질관리, 접객 서비스관리 등 일련의 운영업무를 효율적으로 수행하는 직무

2) 주관기관

(사)한국외식업중앙회 한국외식산업연구원

3) 시험계획

◆ 일정계획
  • 연 2회 실행 예정
  • 시험일 및 합격자 발표 : 주관기관 홈페이지 공고(www.kfiri.org)

◆ 응시료 : 100,000원 (온라인교육비, 교재, 검정료 포함)

◆ 검정과목 및 과목별 문항수

검정과목	시험형태별 문항수(배점)			시험시간
	객관식 (선다형)	주관식 (단답형)	소계	
1 식자재 · 메뉴 품질관리	8(16)		9	
2 고객 서비스 · 마케팅관리	8(16)		9	
3 매장 인력 · 업무관리	8(16)	5 (2,3,4,5,6)	9	10:00~11:00 (60분)
4 매장 손익관리	8(16)		9	
5 매장 위생 · 안전관리	8(16)		9	
총 계	40(80)	5(20)	45(100)	

민간자격 외식운영관리사는 NCS 외식운영관리 및 그와 관련된 핵심직무역량을 기반으로 5개 과목으로 구성하였음

대분류(1)	중분류(1)	소분류(3)	세분류(12)
13. 음식서비스	01. 식음료조리 · 서비스	01. 음식조리	00. 음식조리공통직무
			01. 한식조리
			02. 양식조리
			03. 중식조리
			04. 일식조리
			05. 복어조리
		02.식음료서비스	01 식음료전개
			02. 소믈리에
			03. 커피관리
			04. 바텐더
			05. 식공간연출
		03. 외식경영	01. 외식운영관리

검정과목		NCS 분류번호	NCS 능력단위	NCS 외 핵심직무역량
1	식자재 · 메뉴 품질관리	1301030102_21v2	식자재관리	
		1301030103_21v2	메뉴 품질관리	메뉴 품질 평가 → 메뉴 평가 및 메뉴 분석
2	고객 서비스 · 마케팅관리	1301030101_21v2	외식고객 서비스관리	
		1301030109_21v2	매장 마케팅관리	● 인터넷 마케팅 ● 상권입지 분석 ● 광고, 인적판매 등 판매촉진
3	매장 인력 · 업무관리	1301030104_21v2	매장 시간대별 업무관리	
		1301030105_21v2	매장 인력관리	
		1301030106_21v2	매장 교육관리	
4	매장 손익관리	1301030110_21v2	매장 손익관리	
5	매장 위생 · 안전관리	1301030107_21v2	매장 위생관리	
		1301030108_21v2	매장 안전관리	

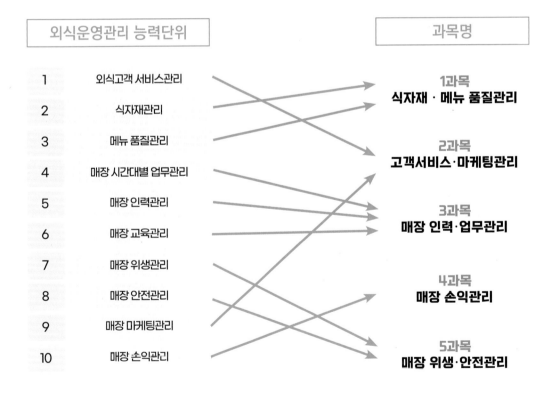

CONTENTS

2과목

고객 서비스 · 마케팅관리

3과목

매장 인력 · 업무관리

능력단위	과목명	능력단위요소		수행준거		
외식고객 서비스관리	식 자 재 · 메 뉴 품 질 관 리	적정 재고 발주하기	○	일정기간 판매량 분석결과에 따라 식자재별 적정 재고 기준표를 작성할 수 있다.	○	
				일일 마감시 수량 및 식자재 상태를 근거로 실재고 현황을 파악할 수 있다.		
식자재 관리				실재고 현황을 토대로 재고 기준표에 의거하여 식자재별 필요 수량을 산출할 수 있다.	○	
				식자재별 필요 수량을 산출 후 적정 식자재 발주시 각 식자재별 공급처에 연락하여 정확한 품목명과 수량을 발주할 수 있다.	○	
메뉴 품질관리		식자재 입고하기	○	식자재 입고 시 발주 수량과 입고 수량을 파악할 수 있다.		
				식자재 입고 시 식자재의 이상유무를 파악할 수 있다.	○	
매장 시간대별 업무관리				입고 검수 완료 시 업체에 완료 확인을 해주고 반품 및 부족분은 즉시 대응 조치할 수 있다.	○	
				식자재 입고 우선순위를 결정하고 식자재별로 입고시킬 수 있다.	○	
매장 인력관리		식자재 저장관리	○	식자재 저장관리 시 저장고 크기 및 식자재 사용 특성을 파악하여 저장고 정위치표를 만들 수 있다.		
				선입선출기준에 따라 금일 입고된 식자재를 나중에 사용하도록 뒷면에 놓고 기 입고된 식자재를 사용할 수 있도록 앞면에 배치할 수 있다.	○	
매장 교육관리				식자재 저장시 식자재의 이격 및 과다적재 여부를 확인하여 조치할 수 있다.	○	
				식자재 저장관리 시 저장고의 오염과 이상유무를 파악할 수 있다.		
매장 위생관리		메뉴 숙지하기	○	메뉴에 관련된 필요 식자재의 종류와 수량에 대해서 파악할 수 있다.		
				메뉴에 관련된 기본 조리법과 특수한 조리법을 설명할 수 있다.	○	
				메뉴의 조리와 관련된 필요 기물과 주방 설비의 기본 지식을 파악할 수 있다.	○ ○	
매장 안전관리				메뉴관련 지식 수준을 평가하고 지속적으로 향상시킬 수 있다.		
		메뉴 조리하기	○	조리법에 따라 필요한 재료를 준비할 수 있다.	○	
				조리법에 따라 먼저 준비할 수 있는 전처리를 실행할 수 있다.	○ ○	
매장 마케팅관리				본 조리에 필요한 주 재료를 조리법에 따라 조리할 수 있다.	○	
				완성된 메뉴를 미리 정해진 용기에 담아 메뉴 지식에 근거하여 최종적인 확인 절차를 수행할 수 있다.		
매장 손익관리		메뉴 품질 평가하기		메뉴 품질 평가 시 품질관리 기준에 따라 계획을 시간별, 일별, 대상 품목별로 수립할 수 있다.		
				메뉴 품질 평가표를 작성할 수 있다.		
비대면 서비스 운영관리				메뉴 품질 평가표에 따라 평가할 수 있다.		

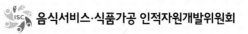

지식		기술		태도		NCS 외
매장 매출 분석 방법		판매량 분석 기술		사실에 근거한 판매량 분석 태도		
재고 기준표 작성 방법	○	식자재 품질 확인 기술		정확한 재고 수량 파악 의지		
식자재 품질에 대한 지식	○	전략적 공급처별 발주 기술	○	재고 기준표 준수 의지		
적정 재고 파악 및 발주에 대한 이론	○	필요수량 산출 능력		필요수량에 대한 정확한 발주 의지		
식자재 검수 기준 및 절차에 대한 지식		식자재별 품질상태 파악 능력		철저한 식자재 품질 관리 의지		
식자재 품질 기준에 대한 지식		저울 사용 기술		반품처리 상황에 따른 적극적인 대처 자세		
반품에 대한 대처방안 및 처리절차에 대한 지식	○	온도계 사용 기술		부족분처리에 대한 능동적인 자세		
부족분에 대한 대처방안 및 처리절차에 대한 지식		식자재별 입고 우선 순위 판단 기술	○	원가 절감을 위한 적극적인 태도		
식자재별 저장고에 대한 지식	○	식자재 저장특성 파악 능력		철저한 식자재 품질 관리 의지		
식자재별 저장기준에 대한 지식	○	정위치표 작성 기술		정확한 선입선출 준수 태도		
식자재별 저장일자에 대한 지식	○	선입선출에 따른 저장 능력		식자재 유효기간 준수 태도		
저장고의 위생 및 청결 유지방법에 대한 지식	○	저장고 오염과 이상유무 파악 능력		식자재 저장 원칙 준수		
메뉴관련 식자재에 대한 지식	○	식자재별 기본 손질 능력	○	올바른 조리법을 숙지하려는 자세		
메뉴 조리법에 대한 지식	○	메뉴에 따른 다양한 조리 능력	○	기물과 기구사용법에 대해 정확히 숙지하려는 태도		
조리 기물과 기구 및 주방 설비의 사용법	○			기물과 기구사용에 대한 안전사고 예방 의지		
식품안전에 대한 지식		각종 기물과 기구의 사용 기술	○	메뉴 관련 최신 트렌드에 대한 적극적인 수용 태도		
조리법에 따른 필요재료에 대한 지식	○	기본 재료 썰기 기술	○	조리법에 따른 기술을 성실히 이행하려는 자세		※ 메뉴 품질 평가 → 메뉴 평가 및 메뉴 분석
식재료별 전처리 방법에 대한 지식	○	기본 재료 가열 기술	○	주변정리, 정돈 및 청결을 유지하려는 자세		
		각종 조리도구 사용 기술				
완성된 메뉴 확인절차에 대한 지식		메뉴별 특성에 맞는 담기 기술	○	메뉴의 맛을 내려는 의지	○	
메뉴 품질에 대한 지식		시간별, 일별, 대상 품목별 품질체크 기준에 대한 작성 기술		메뉴 품질 평가절차 준수 의지		
완성된 메뉴의 표준에 대한 지식		메뉴 품질 보고서 작성 기술		기준을 충족하는 메뉴 품질 평가 의지		
		메뉴 레시피 작성 및 수정 기술				
평가결과에 따른 조리법 재구성에 대한 지식		평가 결과에 따른 조리법 재구성 기술		메뉴 품질관리를 통한 지속적인 조리법 개선 의지		

NCS 기반

외식
운영관리사

식자재 · 메뉴 품질관리

Contents

I. 식자재관리

01

식자재 발주하기

◆ 일정기간 판매량 분석결과에 따라 식자재별 적정 재고 기준표를 작성할 수 있다.

◆ 실재고 현황을 토대로 재고 기준표에 의거하여 식자재별 필요 수량을 산출할 수 있다.

◆ 식자재별 필요 수량을 산출 후 적정 식자재 발주 시 각 식자재별 공급처에 연락하여 정확한 품목명과 수량을 발주할 수 있다.

식자재관리

1 식자재관리의 의의

- 일반적으로 자재의 개념이 광범위하게 정의되어 있는 편이나 외식산업에서는 원자재로 보통 한정한다. 원자재란 음식을 만들기 위하여 직접적으로 투입되어 소모되는 소재들을 의미한다. 외식업체의 식자재관리는 식자재의 구매, 검수, 저장, 출고 등과 관련된 모든 업무를 의미한다.

- 효율적인 식자재관리는 비용을 절감하고 재고관리를 개선하여 외식업체의 수익성을 향상 하는 데 도움이 된다.

2 식자재관리의 단계

1) 구매관리

구매관리란 원하는 품질의 식자재를 적당한 가격과 조건으로 필요한 시기에 공급받아 생 산공정에 투입하여 우수한 제품을 필요한 시기에 공급하는 첫 단계이다. 식자재를 구매 하는데 지급되는 가격은 메뉴 가격을 결정하는 데 중요한 요소이고 구매된 식자재의 질은 제공될 음식의 질을 결정하는 기능을 한다.

구매의 기본기능에 대하여 살펴보면 다음과 같다. ① 구매 방침의 설정 ② 구매계획의 설 정 ③ 시장조사 및 원가분석 ④ 거래처의 선정 및 평가 ⑤ 계약 및 납기관리 ⑥ 규격 및 검 사관리 ⑦ 구매기법 및 가치분석 ⑧ 구매 활동의 업적평가 등이 있다. 이러한 기본적인 기 능을 전제로 구매관리 업무를 수행하게 된다.

2) 검수관리

외식업체에서 식자재는 핵심적인 요소이다. 따라서 식자재의 품질이 사업의 실패를 좌우 한다고 할 수 있다. 따라서 식자재를 세밀히 조사하고 확인하여 수령 또는 반품하는 행위 를 검수라 한다. 검수의 주요 목적은 식자재의 품질과 수량을 지정된 가격으로 정확히 수 령하는 데 있다고 하겠다.

3) 재고관리

식자재 재고관리란 외식업체에서 사용되는 식자재의 구매, 수령, 저장, 사용 및 재고 관련 활동을 조직화하고 최적화하는 과정이다.

4) 저장관리

외식업체는 식자재를 상품화하여 이익을 얻어 내는 구조이다. 따라서 상품화 이전 이후, 식자재에 대한 관리가 매우 중요하다. 식자재는 각 품목의 특성에 따라 저장 방법이 다르므로 냉장, 냉동, 일반창고 등으로 식자재의 특성을 잘 유지관리할 수 있는 조건을 제공해야 한다. 식자재의 효율적인 저장을 위해서는 공간 활용의 원칙, 분류저장의 원칙, 저장위치표시의 원칙, 품질 보존의 원칙, 선입선출의 원칙에 따라야 한다.

저장의 필요성은 다음과 같다.

(1) 계절적인 요인

식자재는 생산 시기에 따라 생산량과 가격이 달라질 수 있다. 성수기에는 가격이 저렴하고 품질도 좋으며, 생산량도 많으며, 비수기에는 이와 반대이거나 구하는 것 자체가 불가할 수도 있다. 어느 식자재를 언제 구매할 것인지에 따라 가격, 품질에 많은 영향을 줄 수 있다.

(2) 생산과 소비의 동시성

외식업의 특성상 생산과 소비가 거의 동시에 발생하는데 이에 따라 수요를 예측하지 못하면 판매를 못하게 되거나 재고가 많으면 식품의 변질이나 질 저하, 재고비용 증가 등이 발생할 수 있다.

(3) 식자재에 대한 안전관리

주요 식자재의 경우는 보관시설이나 장소에 대한 철저한 위생 및 안전관리가 요구된다. 제한 인원만 출입할 수 있게 하며, 출고와 입고 시 재고를 파악할 수 있는 시스템을 만들어 놓도록 한다.

5) 출고관리

입고된 식자재를 조리부서나 관련 부서에 제공하는 과정을 출고라 한다. 이러한 과정은 식자재에 대한 관리와 통제가 있어야 한다. 이때 출고요청서는 일일 원가관리에 필요한 정보를 제공하는 수단이 되므로 관리 담당자는 정확한 가격과 양을 정확히 기록하도록 한다.

◆ **식자재 취급 흐름도**

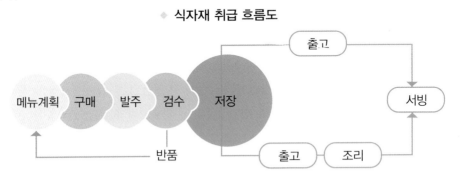

3 식자재 품질관리 기대효과

1) 원가절감

품질이 우수한 식자재를 사용함으로써 생산 과정에서 발생할 수 있는 재작업 및 폐기물 비용을 줄일 수 있다. 또한 고품질의 식자재는 제품의 수명을 늘려 재고 손실을 최소화할 수 있다.

2) 고객만족

고객들에게 더 나은 제품과 서비스를 제공할 수 있다. 품질이 우수한 식자재 사용을 통해 고객에게 신선하고 안전한 음식을 제공하며, 이는 고객 충성도를 높이고 긍정적인 평가 및 후기를 유도할 수 있다.

3) 품질관리를 통한 문제점 파악

식자재 공급 안정성, 품질 일관성, 식품 안전 문제, 비용, 외부요인 등 다양한 문제에 대한 관리를 통해서 외식업체의 문제점을 파악하고 개선할 수 있다.

4 재고관리의 정의

- 재고관리(Inventory Management)는 물품의 수요가 발생했을 때 신속하고 경제적으로 대응할 수 있도록 재고를 최적의 상태로 유지, 관리하기 위해서 발주 시기, 발주량, 적정 재고수준을 결정하고 시행하는 제반 과정이다.

1) 재고관리의 의의

- 재고관리는 단순히 수·발주를 위한 재고 통제의 개념뿐만 아니라 재고 수량의 최적 화를 통해서 적정 재고를 유지하여 매장의 수익 구조를 향상한다. 재고수준(Stock Level)은 공급 수준(Supply Level)이라고도 하며, 이는 장래의 수요에 대비하기 위하 여 미리 확보하여 재고로 보유하여야 할 자재의 수량 또는 일수라고 요약할 수 있고, 이러한 재고수준은 수요의 변동, 수송 수단, 가용자금, 저장시설, 회전율 등을 충분히 고려하여 과다 과소함이 없도록 하는 것이 중요하다.

- 식자재 저장고의 입·출고 품목과 수량은 전표를 통해서 파악할 수 있으며, 현물과 재 고 품목의 수량이 일치하도록 관리해야 한다. 공급받은 식자재는 모두 전표로 처리해 야 하며, 재고관리에 소홀히 하거나 태만할 경우 식자재 출납부 상의 품목 및 수량과 주방에서 사용한 품목 및 수량이 일치하지 않는 경우가 종종 발생할 수 있다.

- 재고 조사는 매장의 규모와 식자재의 종류와 수량에 따라 다르기는 하지만 일반적으로 일일 재고 조사, 주간 재고 조사, 월간 재고 조사로 구분할 수 있다.

- 일일 재고 조사는 하루 영업을 마감하는 시점에서 당일 사용한 품목 및 수량과 남아 있 는 품목 및 수량을 파악하는 지속적이고 반복적인 업무이다.

- 주간 재고 조사는 일주일을 기준으로 영업을 마감하는 시점에서 한 주간 동안 사용한 것과 남아 있는 식자재의 품목 및 수량을 파악하여 적정량의 식자재를 구매한다.

- 월간 재고 조사란 1개월간에 원자재를 사용하여 조리하고 상품을 고객에게 제공한 결 과 얼마만큼의 원료를 사용하고 남아있는지 그 양을 재고라 하며, 반드시 매월 한 번, 월말에 재고 조사를 시행한다.

- 식자재 재고관리에서 재고 수량을 줄인다면 매장 운영 비용을 줄일 수 있지만, 필요한 재고 수량이 부족할 때는 급발주 및 재고 부족으로 인한 경영상의 어려움을 초래할 수 있다.

- 식자재 재고관리의 기본적인 고려 사항은 재고 품목 및 조달 방법과 적정 재고를 위한 수요 예측 및 효율적인 재고관리 방법이다.

◆ 체인 본사의 재고관리 지침 사례

재고관리	재고 유지 프로그램 수립
	− 최소 취급 재고 목표 수립
	− 표준화된 양식에 의하여 발주 주기 계산
	− 정기적인 판매 우수, 부진 상품 리스트 매장 제공
	− 매장 직원별 구역관리 시스템 구축
	− 카테고리별, 아이템별 가격 장부 리스트 보유
	재고 회전율
	− 모든 프로그램의 조합을 통한 매출 예측 시스템
	− 현재 상황을 명확히 반영하고, 개선 방향이 적용된 목표 설정
	저회전 상품 삭제 시스템
	− 저회전 상품 삭제를 위한 문서로 만들어진 정책
	− 저회전 상품 삭제를 위한 직원 교육 프로그램
	− 저회전 상품을 평가하고 명확히 하는 시스템

2) 재고량 조사

(1) 재고량 점검

정기적으로 재고량을 점검한다. 장부상의 재고와 현물의 재고량을 대조하고 큰 차이가 생기면 원인을 파악해서 월말에 장부를 정리한다. 재고 회전율(Inventory Turnover)이란 일정기간에 재고가 몇 회전했는지를 나타내는 것으로 재고 품목의 평균 사용횟수나 판매횟수를 의미한다.

재고 회전율이 평균보다 낮은 경우 : 재고량이 많고 물품의 낭비나 부정 유출이 발생할 수 있으며 장기간 저장으로 물품의 손실이 커짐.
재고 회전율이 평균보다 큰 경우 : 재고량이 부족으로 생산에 차질이 있고 고객 만족도 저하, 이를 해결하기 위해 고가로 물품매입으로 손실의 우려가 있음.

$$재고회전률 = \frac{일정기간의\ 사용량(금액)}{평균\ 재고량(금액)}$$

$$평균재고량(금액) = \frac{기초재고량(금액) + 기말재고량(금액)}{2}$$

〈문제1〉 A 식당에서 5월 1일 설탕의 재고량이 20kg이고, 5월 31일 마감 재고량이 4kg, 5월 한 달 동안 40kg의 설탕을 사용했다면 설탕의 재고 회전율을 구하시오.

$$\text{설탕의 평균 재고량} = \frac{20 + 4}{2} = 12$$

$$\text{설탕의 회전율} = \frac{40}{12} = 3.3$$

〈문제2〉 A 식당에서 5월 초 재고액이 850,000원이고, 월말 재고액이 50,000이었다면, 5월 한 달 식품비의 총소요액이 3,000,000원이었다. 이 식당의 재고 회전율을 구하시오.

$$\text{설탕의 평균 재고량} = \frac{850,000 + 50,000}{2} = 450,000$$

$$\text{설탕의 회전율} = \frac{3,000,000}{450,000} = 6.6$$

(2) 재고량 수정

정확한 원가 산출을 위해서는 월 단위로 월초, 월말 재고량을 조정하고 분기별로 기초, 기말 재고량을 조정하여 원가 계산 기간 중에 실제 식자재비로 지출된 비용을 산정한다.

(3) 구매계획

효율적인 재고량 조사를 하기 위해서는 일상적으로 보관관리하는 것을 정리하고 상비 식품 목록을 작성해 구매계획을 확립한다.

(4) 전산 처리

식자재를 유형별, 규격별, 가공 수준별, 저장 기간 등으로 구분하여 카드에 목록화하고, 메뉴 작성, 발주, 검수, 보관, 조리 등의 흐름을 전산으로 시스템화할 필요가 있다.

3) 식자재 재고관리

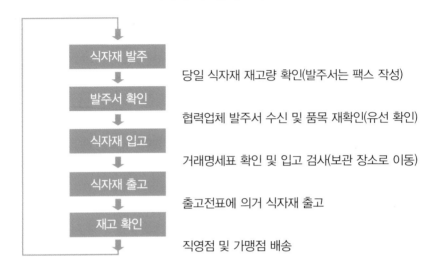

◆ **식자재 재고관리 흐름도**

식자재 발주 → 당일 식자재 재고량 확인(발주서는 팩스 작성)

발주서 확인 → 협력업체 발주서 수신 및 품목 재확인(유선 확인)

식자재 입고 → 거래명세표 확인 및 입고 검사(보관 장소로 이동)

식자재 출고 → 출고전표에 의거 식자재 출고

재고 확인 → 직영점 및 가맹점 배송

4) 완제품 재고관리

완제품은 오전 업무 시작 전 작업 지시서에 따라 일일 생산 수량을 결정하여 적정 재고량을 산출한다. 재고 수량 확인 및 다음 날 예상 출고 수량 등을 종합적으로 확인한다. 일일 업무가 종료되면 보관 장소로 이동하여 실재고 수량을 파악한 후 일일 재고 일지에 품목별 실재고 수량을 기록한다.

보관 조건별로 냉장, 냉동, 실온 보관 장소에 보관된 완제품 실재고 수량을 확인 후 일일 재고 일지에 품목별 실재고 수량을 기록한다.

5) 재고 파악

재고 조사를 하는 목적은 식자재비를 파악하여 손익을 정확하게 산출하기 위함이며, 손익을 정확하게 산출하기 위해서는 식자재비를 정확히 산출하는 것이 전제되어야 한다. 식자재 재고관리 시스템이란 매장에서 취급하는 식자재를 품목별로 적정 재고량을 설정하고 결품(품절)되기 이전에 미리 발주하여 적정 안전 재고를 유지하는 과정을 절차화하는 것을 말한다.

(1) 80/20의 법칙

80/20 법칙은 재고관리와 원가관리의 측면에서 접근하고 있는 이론으로써 특정 구매 물품 20%가 전체구매액의 80% 정도를 차지하고 있으며, 이 20%가 매출원가의 80% 정도를 차지하고 있다는 기법이다. 이 때문에 20%를 차지하고 있는 구매 물품은 나머지 80%를 차지하고 있는 구매 물품에 비해 구매 활동의 전체과정에 있어서 집중적으로 관리하자는 내용을 의미하고 있다. (라이킨법칙)

※ 파레토법칙(20:80법칙): '파레토(Pareto)'라는 이탈리아의 사회학자가 우연히 개미들을 관찰하다가 20%의 개미가 열심히 일하고, 나머지 80%는 게으름을 피우는 것을 보고 어떤 집단이든 20%가 전체를 이끌어간다는 사회적 현상을 20:80법칙이라 한다.
  예시)
  - 전체 상품의 20%가 매출액의 80%를 차지한다.
  - 20%의 인구가 80%의 돈을 가지고 있다.
  - 백화점 매출의 80%는 충성고객 20%에 의해 결정된다.

(2) ABC관리기법

ABC분석은 재고관리를 위한 관리기법으로써 A는 매우 잘 팔리는 품목류, B는 보통으로 판매되는 품목류, C는 잘 판매되지 않는 품목류 등으로 분류하는 것을 말한다. 재고관리 대상 품목이 많으면 재고 품목을 같은 수준으로 관리하지 않고 중점 품목을 집중적으로 관리한다. ABC분석에 의한 품목별 재고수준과 납기를 결정하여 조리에 필요한 적정 식자재 필요량을 산출한다.

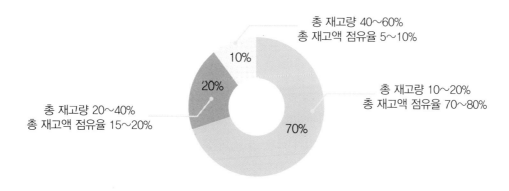

총 재고량 40~60%
총 재고액 점유율 5~10%

총 재고량 10~20%
총 재고액 점유율 70~80%

총 재고량 20~40%
총 재고액 점유율 15~20%

(3) 단일기간 재고모형

단일기간 재고모형(Single-Period Model)은 과일, 채소, 생선, 꽃 등과 같은 부패성 물질이나 신문, 잡지, 특수장비와 같이 사용 기간이 제한된 품목을 대상으로 재고 부족 비용과 재고 나머지 비용들의 합을 장기적으로 최소화하는 주문량 또는 재고수준을 결정함을 말한다.

(4) MRP(Material Requirement Planning)시스템

MRP(Material Requirement Planning)시스템은 최종품목의 구성품들이 언제, 얼마나 필요하며, 이들이 필요할 때 준비되게끔 하기 위해서는 언제 주문해야 하는지를 결정하는 기법이다. 이 시스템은 적정량의 품목을 적시에 주문하여 재고수준을 낮게 유지하는 것 외에 우선순위계획과 생산능력계획을 수립하는 데 필요한 정보를 제공하는 것을 말한다.

(5) VMI(Vender Managed Inventory)

VMI(Vender Managed Inventory)란 자사 내에 있는 재고를 거래처가 관리하게 하는 방법을 말하며 '벤더관리 재고방식' 또는 '예탁 재고방식'이라고도 한다. VMI의 원형은 '사용액 지급 방식'이다. 사용액 지급 방식은 소소하고 별로 값나가지 않는 부품 등의 관리 부담을 줄이기 위해 사용하는 방식이다. 이것이 IT의 발전에 따라 관리의 정밀도가 향상되면서 다양한 범주의 부품으로 적용이 확대되었다. 사용액 지급 방식은 거래처 소유의 원자재나 부품 등을 자사 내의 창고 등에 예탁해 두고 출고한 시점을 납품 시점으로 간주하는 방식이다. 이것은 '코크 방식'이라고도 하는데 간이 구매 방식의 일종이다. 발주 측 기업의 구매 부문은 VMI 방식을 채용함으로써 관련 품목에 대한 발주 업무를 생략할 수 있다. 거래처 측은 그만큼 더 책임감을 느끼고 발주 측 기업에 예탁하고 있는 원자재나 부품에서 불량품이 생기지 않도록 관리해야 한다.

(6) ERP(Enterpise Resource Planning)

전사적 자원관리(ERP)는 조직이 회계, 조달, 프로젝트관리, 위기관리와 규정 준수, 공급망 운영 등 일상적인 비즈니스 활동을 관리하는 데 사용하는 소프트웨어 유형을 의미합니다. 기업 내 생산, 물류, 재무, 회계, 영업과 구매, 재고 등 경영 활동 과정들을 통합적으로 연계해 관리해 주며, 기업에서 발생하는 정보들을 공유하고 새로운 정보

의 생성과 빠른 의사결정을 도와주는 전사적자원관리 시스템 또는 전사적 통합시스템을 말한다.

이렇듯 여러 가지 방법을 통해서도 재고관리를 시행하지만, 항상 재고관리에 성공하는 것만은 아니다. 이윤추구를 목적으로 하는 기업에서 재고관리를 실패하였을 경우 초래하는 손실 10가지를 살펴보면 다음과 같다.

① 상품 수익성의 악화 ② 고객의 불만 ③ 기회손실 ④ 경비의 증가 ⑤ 창고의 기능 저하 ⑥ 시장 재고, 상품 로스의 발생 ⑦ 종업원의 의욕 저하 ⑧ 가격 할인, 반품 등 사후처리 업무의 낭비 발생 ⑨ 거래처의 불신 ⑩ 판매계획, 이익계획, 생산계획 등의 미달로 사업 운명마저 바뀐다.

5 재고관리 시스템의 종류

• 재고관리 시스템은 수요량, 재고량, 발주량의 세 가지 상관관계에서 총비용이 최소가 되는 적정 재고량을 결정하는 방식으로 정량 발주형, 정기 발주형, 절충형 등으로 구분된다.

1) 정량 발주(Fixed-order Point System)

정량 발주 방식은 재고량이 일정 수준(발주점)에 도달하게 되면 일정량을 발주하는 시스템으로 Q시스템(Quantity System)이라고 부르기도 한다. 또한 경제적 발주량을 통해 발주하는 방식으로, 발주점(Order Point System) 혹은 계속적인 실사를 전제로 하여 계속실사 방식(Perpetual Inventory)이라고도 한다.

이 방식은 재고 부담이 낮은 저가 품목으로 재고 부담이 적고 항상 수요가 있으므로 일정한 양의 재고를 보유해야 하는 품목이다. 특히 수요 예측이 어려운 것이라도 사장품이 될 우려가 적은 물품의 구매에 유리하다. 정량 발주 방식에 의한 발주량 계산은 발주점을 정한다.

발주점 = (평균 소비량 × 조달기간) + 안전재고량

경제적 발주량과 발주점이 정해지면 재고량이 발주 전에 도착했을 때 미리 정해둔 경제적 발주량을 발주하게 된다. 그러므로 발주일은 부정기적이 된다. 수요와 공급 기간이 변동이 있으면, 완충 재고(buffer stock) 개념의 안전 재고를 확보하여야 한다. 안전 재고는 매장의 품질 비용을 증가시키지만, 운영 비용은 감소시킨다.

〈문제〉 A 식당은 매월 25일 재고 조사를 시행하고 있다. 이를 토대로 26일 발주를 하여 다음 달 1일에 입고가 되는 방식이다. 안전재고량은 15kg이다. A 식당의 평균 소비량은 1일 기준 5kg이다. 5월 26일 발주를 한다면, 입고 시까지 6일이 소요한다면 5월 26일의 식용유 발주점은 얼마일까?

(평균 소비량 x 조달기간) + 안전재고량 　 = 발주점
(5kg) 　　　 (6일) 　　　 (15kg) 　　 = (45kg)

2) 정기 발주(Fixed-order Period System)

정기 발주는 일정한 기간마다 정기적으로 발주를 하는 방식으로, 정기실사방식(Periodic Inventory System)이라고 하며, 발주 주기와 최대 재고수준에 영향을 받게 된다.

정량 발주는 다품목 소량을 대상으로 하지만, 정기 발주는 종류가 적고 중요 품목을 대상으로 한다. 고가품목으로 인해 재고 부담이 큰 것이나 조달기간이 오래 걸리는 품목, 소비량이 항상 일정하여 수요 예측이 가능한 품목이기 때문에 정기 발주 방식의 발주는 정기적으로 이루어진다. 발주 수량이 공급 기간에 따라 변하나 공급 주기는 일정하다.

◆ 재고관리 시스템의 모형

정기 발주	구분	정량 발주
정기적으로 부정량을 발주	개요	재고: 발주점에 이르면 정량발주
고가, 중요도 높은 A등급 품목 수요는 계속 있어 예측이 가능 수요 변동 폭이 큰 품목 조달이 어렵고 재고 부담이 크다.	적용품목	저렴, 중요도 낮은 B등급 품목 수요 변동 폭이 작은 품목 수요예측이 어렵다 조달이 쉽고, 재고부담이 적다 연간 소비량이 비교적 안정됨
정기적	발주시기	비정기적 (발주점에 도달 시)
부정량(최대 재고량−현재 재고량)	발주량	정량(경제적 발주량)
정기적인 실사 방법	재고조사	계속적인 실사 방법
조달기간, 발주주기, 수요변화에 대비	안전재고	조달기간 중 수요변화에 대비

◆ 식자재의 발주 방식

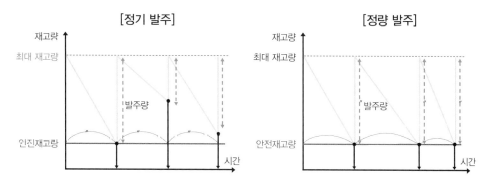

※ 발주량 구하기

[발주량] = 최대재고량 (발주 주기 중 소요량 + 공급기간 중 소요량 + 안전재고량) − 현재 재고량 − 발주 후 미납품량

〈문제〉 B 식당은 매월 25일 재고 조사를 시행하고 있다. 이를 토대로 26일 발주를 하여 다음 달 1일에 입고가 되는 방식이다. 현재 식당이 보유한 간장의 최대재고량은 100통이고, 안전재고량은 10통이다.

① 5월 25일 간장의 재고량을 조사한 결과 20통이었으며, 입고 시까지 사용할 양은 7통으로 예상되었다. 그렇다면 5월 26일의 식용유 발주량은 얼마일까?

답 : (100-20) + 7 = 87통(발주량)

② 10월 1일부터 25일까지 사용한 간장은 77통이었으며, 입고 시까지 사용할 양은 5통이다. 10월 26일의 식용유 발주량을 산출하시오.

답 : 77+5+10 = 92통(발주량)

3) 사용 자재비 산출하기

사용 자재비는 다음과 같은 식으로 산출된다.

(전 월말 재고액 + 당월 매입액) − 당월 말 재고액 = 당월 사용 자재비

〈문제〉 A 식당은 지난 5월 말 재고액이 200,000원이고, 6월 식자재 매입액이 2,500,000이었다면, 6월 말 한 달 식품비 재고액이 300,0000원이었다. 이 식당의 사용 자재비를 구하시오.

답 : (200,000 + 2,500,000) − 300,000 = 2,700,000원 (당월 사용 자재비)

4) 재고 조사 시 주의 사항

상품이 도착해 있음에도 불구하고 계산상 빠진 부분은 없는지 재확인하고, 입·출고관리를 철저히 하여 사용량을 정확히 산출한다. 재고로 계산하는 원자재는 사용 중인 것을 포함한 전체 원자재이다(사용하고 있는 자재의 검수에는 특히 주의할 것).

5) 재고 조사서 작성

    (1) 월말 30일에 실시

    (2) 영업시간 후에 실시

    (3) 품목별로 나누어 실시

    (4) 금액으로 환산하여 기재

    (5) 기타 사항은 담당 슈퍼바이저에게 문의

6 재고표 작성

- 발주 업무에 대한 절차 및 규정이 확립되어야 한다. 납품된 물품이 주문한 요건에 맞는가, 또는 불량품이 발견되는지를 확인하여 적절히 조치하며 기준에 부적합하면 반품 처리한 다. 저장은 폐기, 발효에 의한 손실을 최소화함으로써 적정 재고량을 유지함이 목적이다.

1) 기준 재고표를 작성(품목, 수량을 확인 후 재고표에 기록)

2) 재고 위치(항상 식별할 수 있도록 숫자와 문자를 이용 코드화)

3) 저장(입고품 검사 ▶ 합격판정 ▶ 수량 확인 ▶ 저장)

4) 유지관리(정기 또는 수시로 상태 점검 ▶ 〈이상 발견〉 ▶ 자재 관리 부서장 보고

    ※ 이상 유무 파악: 재고 수량 불일치(특별 재물 조사 실시)

                      품질 이상 발견(품질 검사 담당자에게 상태 판정 및 처리)

5) 부적합 자재관리(별도 표시 및 분리하여 관리)

6) 저장, 보관 시 주의할 재고 품목

- 자재 관리 담당자는 다음과 같은 자재에 대하여 특별히 관리하여야 한다. 온도, 일광, 습기로 변질되기 쉬운 품목, 상호 인접 저장함으로써 화학적 반응을 일으킬 수 있는 품 목, 곤충, 기타 동물로 인하여 훼손되기 쉬운 품목, 저장 보조물로 보호하지 않으면 변 질되기 쉬운 품목, 유통기한 근접 품목, 시장에서 공급이 부족한 품목, 공급 단가의 급 등이 예상되는 품목이다.

1 식자재 발주

- 설비, 작업 능력, 비용 효과 등을 고려하여 가공품, 반가공품, 신선 농축 수산물 등 식자 재를 어떤 형태로 구매할 것인가를 결정한다. 메뉴의 주기 및 계절성 등을 고려하여 계약 기간을 설정하고 보관시설 및 식자재의 유통 기간을 고려하여 발주 방법 및 운송 조건 등 을 결정한다.

1) 공급업체 선정

일관성 있는 품질의 식자재를 발주하기 위해서는 구매 방법과 공급업체의 선정 기준을 설 정하여야 한다.

2) 공급업체 선정 기준

단가와 기준에 적합한 식자재를 공급하고 납품 기일을 지키는 신용 거래업체, 식품위생법 시행령을 준수하는 적법한 업체, 개선 요구 사항이나 제품 정보에 대해 신속하게 대응하 는 업체를 선정하도록 한다.

3) 공급업체 계약 방법

(1) 경쟁입찰

공급 입찰 자격을 갖춘 희망자끼리 상호 경쟁을 통해 계약 체결에 대한 유리한 내용을 표시한 공급업체와 계약할 조건으로 각자의 견적가를 기재하도록 하는 방법으로 가장 적당한 조건을 제시한 공급업체를 낙찰자로 선정한다. 입찰을 위해서는 일정한 시간 적 여유를 두고 공고해야 하며, 입찰 공고에는 품명, 수량, 입찰 장소, 입찰 일시, 납품 장소 및 시기, 보증금, 등록 마감일, 계약 조건, 품질 기술서, 입찰 조건 등을 명시하여 야 한다.

(2) 수의계약

경쟁을 통하지 않고 계약을 이행할 자격을 가진 업체와 계약을 체결하는 방법이다. 복 수 및 단일 견적으로 구분하며, 일반 소규모 매장에서는 복수 견적을 통하여 가격과 품질을 비교하고 나서 가장 계약 조건이 유리한 납품업체와 계약을 체결한다.

◆ **식자재 구매 계약 방법**

입찰 계약 절차: 입찰공고 ➡ 입찰 ➡ 개찰 ➡ 낙찰 ➡ 계약체결
계약 절차: 견적서 요청 ➡ 발주서 송부 ➡ 계약체결(or 발주서가 법적 효력 발휘)

2 발주 방법

1) 발주 기간에 따른 방법

(1) 수시 발주: 필요할 때마다 발주

(2) 정기 발주: 식자재의 기간별 소모량을 파악하여 정기적으로 발주

(3) 장기 계약 발주: 지속해서 필요한 품목(쌀, 식용유) 장기 계약 일정에 따라 일정량을 납품

(4) 위탁 발주: 다품목 소량의 경우 구매단가 책정 특정 공급업체의 일괄 구매

2) 발주 주체에 따른 방법

(1) 중앙 발주: 발주 담당 부서에서 발주한다.

(2) 비 중앙 발주: 관련 부서나 유관 팀에서 독자적으로 발주한다.

(3) 공동 발주:소규모의 영업점끼리 모여서 공동으로 발주한다.

3 식자재 발주 절차

- 식자재의 필요 수량과 종류는 당일 방문하는 고객의 수와 제공되는 음식에 따라 결정하고 음식의 표준 레시피로 인원당 필요량을 산출한다. 이전의 판매 기록 또는 고객 수를 근거로 소요량을 예측하고 결정한다. 적절치 못한 식자재의 구입은 음식의 질은 물론 매장 경영을 어렵게 만드는 중요한 원인으로 작용한다. 제공할 음식이 확정된 후 그 음식에 따라 식자재의 품목과 수량을 정확히 산출하고 발주 의뢰서에 구매 일자, 식자재 품목, 수량, 예상 단가, 단위, 규격 등을 작성한다.

- 구매 담당 부서가 별도로 없을 때는 매장의 점장이나 관리자가 발주에 따른 구매 업무를 수행해야 하므로 직접 구매 명세서를 납품업체에 발송하거나 전화로 발주해야 한다.

- 구매 명세서는 식자재 구매에 대한 지침 및 기준이 되며, 입고 시 품질 검사를 위한 기본 서류로 활용된다. 구매 명세서는 사전에 테스트를 거쳐 납품업체에서 가장 적합한 자재의 종류와 품질 및 수량에 관한 결정을 내린 다음 명세서를 구체적으로 작성하도록 한다. 납품업체 간 선의의 경쟁을 유도하기 위해 두 개 이상의 업체로부터 견적을 받을 필요가 있다. 식자재의 단가를 최종적으로 확정하기 전에 사전에 다른 곳의 식자재 단가, 물가 동향 등을 시장조사로 파악한 후에 납품업체의 견적 가격이 타당한지 검토해야 한다.

1) 공급업체의 선정

합법적이고 건전하며 신뢰성 있다고 업계에 평판이 있는 업체를 선정한다. 식자재의 종류 및 규격에 적합한 공급 능력을 보유하고 있는지 확인하여 좋은 품질을 적정 가격에 납품받도록 한다. 또한 외식업의 특성상 고객과의 약속을 지키기 위해서는 공급업체는 항상 지정 일자에 납품 가능해지게 하여야 한다. 유통 과정과 위생 관리를 철저히 지키는 업체인지 반드시 확인한다.

경쟁입찰의 경우 납품업체와 단가 계약이 함께 이루어지므로 납품업체 선정 시 견적가가 납품가가 되지만, 수의계약의 경우는 거래 실적, 견적가 등을 고려하여 납품업체를 선정한 후 일부 품목에 대해서는 식자재의 단가를 재조정할 수 있다.

납품단가를 결정할 때는 다음 사항에 유의하도록 한다. 판매자와 가격을 협상해서 절충하도록 한다. 필수 품목에 대한 대체재를 검토하고 낮은 단가로 대체 가능한지를 검토한다. 계절별 식자재에 대해서는 대량 구매를 고려하되 구매 후 보관, 관리 비용을 검토할 필요가 있다. 장기저장 품목도 이에 해당한다. 중간 상인을 배제하고 제조업체나 현지 생산자와 직거래하는 방법도 있으나 이때에도 물류비용을 고려한다. 계약서의 단서 조항을 꼼꼼하게 확인하고 할인율 및 할인 혜택을 확인한 후 입고 시 현금 결제를 고려한다.

4 적정 수량 발주하기

• 발주 수량은 예정된 메뉴의 1인당 순수 사용량에 예측하는 식수 인원을 곱한다. 비 가식 부위처럼 폐기량이 발생하는 식자재는 이를 가산한다. 폐기율은 일반적으로 가정에 비해 높게 되며, 같은 품목일지라도 계절별, 크기별, 절단 방법, 사용 설비 등에 따라 폐기율을 고려해야 한다.

1) 실제 발주 시에는 발주 수량을 반올림하여 대략 계산한 양으로 환산하며, 식자재의 유통 형태, 포장 규격, 포장 단위 등을 참고한다.

(1) 메뉴에서 제시한 식자재 종류 및 수량을 산출한다.

(2) 1인당 순수 사용량에 해당하는 식수 인원을 곱한다.

(3) 비 가식 부위와 같은 폐기량을 고려한다.

2) 비저장품목의 발주량 산출

(1) 폐기할 부분이 없는 식품(두부, 쌀, 우유 등)

발주량 = 표준 레시피의 1인 분량 x 예측 식수

(2) 폐기할 부분이 있는 식품(과일, 채소, 육류 등)

발주량= 표준 레시피의 1인 분량 x 출고 계수

$$* 출고 계수 = \frac{100}{100 - 폐기율(\%)}$$

〈문제〉 **사과파이의 사과 발주량 구하기 : 사과파이 1인 분량은 80g이고 폐기율이 20%이다. 예상 식수가 120명이라면 발주량은 얼마일까?**

$$\text{출고 계수} = \frac{100}{100 - 20} = 1.25$$

$$\text{발주량} = 80g \times 1.25 \times 120 = 12,000g(12kg)$$

3) 발주는 메뉴를 기준으로 식자재를 납품업체에 주문하는 절차를 말한다. 모든 발주는 일정한 양식을 갖춘 문서에 의하여 발주 절차가 진행되며, 통상적으로 구매 담당자가 구매 의뢰서에 품질, 규격, 납품 일자와 시간을 명확히 작성하여 구매 책임자의 서명을 받은 후 납품업자에게 발주한다.

식자재 입고하기

◆ 식자재 입고 시 식자재의 이상유무를 파악할 수 있다.

◆ 입고 검수 완료 시 업체에 완료 확인을 해주고 반품 및 부족분은 즉시 대응 조치할 수 있다.

◆ 식자재 입고 우선순위를 결정하고 식자재별로 입고시킬 수 있다.

식자재 입·출고

1 식자재 입고 관리

- 공급업체의 납품 품목은 상호 계약 조건에 따라 납품되어야 하지만 여러 가지 여건에 의해서 납품이 정상적으로 이루어지지 않는 경우가 있다. 이와 같은 문제를 예방하기 위해 납품업체를 독려하거나 경고할 필요가 있다.

- 입고된 식자재의 검수는 발주에 맞는 품질, 수량, 신선도, 위생 상태 및 단가와 일치하는지를 확인하고 식자재를 받아야 한다. 검수 업무는 입고된 식자재의 인수, 확인, 서명 절차에 따라 진행된다. 검수 담당자는 구매 청구서의 사본에 작성된 품목별 수량, 단가를 확인하고 관능검사를 통해 식자재의 품질 상태를 평가한다. 식자재의 운송 과정에서 적정 보관 온도와 상태는 식자재의 신선도에 영향을 미치게 되므로 주의해야 한다. 철저한 위생 관리와 정확한 온도와 시간을 고려하여 검수하여야 한다.

◆ **식자재의 이동 동선**

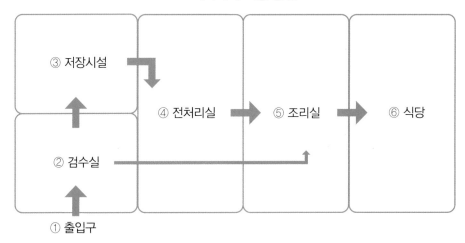

1) 검수 시 유의 사항

(1) 입고 검수 설비

검수 입고되는 식자재를 검수하는 검수 장소는 전처리 장소와 근접하게 연결되도록 한다. 이물질과 물기를 제거한 후 보관 장소에 입고하고 검수에 필요한 도구를 준비한다. 검수 업무를 위한 설비 조건은 다음과 같다.
  - 검수 장소는 물품이 입고, 저장시설 또는 전처리실로 이동하기에 적합한 곳에 위치
  - 위생 안전성이 충분히 확보된 장소
  - 수도, 배수가 잘되어 청소가 쉬워야 한다.
  - 물품을 검수하기 위한 조명 시설(HACCP 기준 540 Lux 이상)을 갖추어야 한다.
  - 검수 물품을 위한 검수대가 설치되어야 한다.
  - 검수를 위한 장비(저울, 온도계, 당도계, 가위 등)를 갖추어야 한다.
  - 물품과 사람의 이동을 위한 충분한 공간이 확보되어야 한다.

(2) 충분한 검수 시간

(3) 식자재 품질 규격서

일관성 있는 검수를 위하여 정확하게 기술된 식자재 품질 규격서가 작성되어야 한다.
식자재 품질 규격서에 포함되어야 할 내용은 다음과 같다.
  - 식자재 품명, 단위, 크기, 포장 단위, 포장 형태, 특징, 유통기한, 보관 조건, 제조사명
  - 식자재에 대한 설명(단위 수량, 숙성도, 산지 등)
  - 식자재에 대한 용도 및 기준 설명

(4) 위생 관리

입고된 식자재 온도를 측정한다. 냉장식품은 얼지 말아야 하며 0~10℃ 이하, 냉동식
품은 영하 18℃ 이하여야 한다. ISO, 유기 가공, HACCP 등 품질, 위생, 식품 안전 등
에 대한 인증 마크도 확인한다.

2 검수 절차

1) 납품/배송된 식자재와 구매 청구서 대조하기

2) 물품의 인수 및 반품

3) 식별표 부착

저장 식품의 경우 반드시 입고 일자를 표시하고, 보관 창고에 1일 이상 보관할 물품에는 식
별표를 부착하고, 포장품인 경우에는 포장지나 용기 표면에 식별을 위한 라벨을 부착한다.

4) 입고 및 운반

　검수가 완료된 물품은 종류에 따라 분류하고 보관 창고나 냉장고, 냉동고 등에 선입선출과 후입선출의 원칙에 따라 정리하여 보관하거나 적절한 장소로 운반한다.

5) 검수 일지 작성 및 확인

3 출고 수량 파악(원/부자재, 완성품 공통)

- 물품 출고 청구서를 확인하고 출고는 선입선출을 원칙으로 한다. 물품 청구서 내용대로 출고하고, 출납부를 작성한 다음 재고 조사표를 작성하여 재고 수량을 확인한다.

- 출납부에는 입출고 일자와 입고량, 출고량을 적는다. 또한 입출고로 인하여 수량이 변동된 결과를 적는다. 이를 재고량이라고 한다. 또한 입출고 관리를 시행한 담당자의 이름도 함께 기재하도록 한다.

2.2 식자재 검수

1 검수 관리

- 식자재 입고 시 발주 내용에 따라 공급업체가 납품한 식자재의 품질, 선도, 위생 상태, 수량 등을 철저히 확인하고 최대한 적정한 온도를 유지하여 위생적으로 저장하여야 한다. 검수하는 동안 교차 오염이 발생할 수도 있으므로 가능한 한 빠르고 정확하게 검수해야 한다. 검수가 끝나면 식품의 종류와 품질 기준에 따라 적합한 보관 창고로 즉시 이동시키도록 한다.

1) 도착한 식자재는 즉시 검수한다.

2) 운반 차량의 내부 온도가 규정 온도를 유지하였는지 자동 온도 기록지(타코 메타)를 통해서 확인한다(냉장 차량 0~10℃, 냉동 차량 영하 18℃ 이하). 차량 및 운전자의 복장과 청결을 확인한다.

3) 포장 상태를 확인한다.

4) 검수하는 동안 검수 품의 품질 변화를 방지하기 위하여 냉동식품, 냉장 식품, 채소류, 공산품의 순서로 한다.

5) 육류, 어류, 알류 등의 식품은 냉장 및 냉동 상태로 운송되었는지 확인한다.

6) 가열하지 않은 육류, 가금류, 해산물 등 신선 축산물은 입고 검수 시 품질을 최대한 유지할 수 있도록 다른 완제품과 입고 시간을 달리하여 검수한다.

7) 입고된 식자재는 청결한 장소에서 외포장지를 제거한 후 조리장과 사용 장소로 반입한다.

8) 입고 시 제거한 외포장지 라벨은 버리지 말고 해당 식자재를 모두 사용할 때까지 별도의 보관함에 보관하여 내용물과 표시 사항이 일치하는지 추적할 수 있게 하여야 한다.

9) 냉동식품은 녹은 흔적이 있는지 또는 얼렸다 녹기를 반복했는지 주의 깊게 확인하여야 한다.

10) 유통기한, 제조 일자 등을 확인하여야 한다.

11) 제조처나 원산지 표시가 없는 품목은 반품한다.

2 검수 장비 확인

- 식자재 입고 시 검수 장소는 식자재 운반과 저장에 드는 시간과 노력을 절감하기 위해 식자재 보관 장소와 가까워야 하고, 식자재 입고 시 공급업체 직원과 물류 운송 차량 기사 모두에게 접근이 용이해야 한다. 입고 검수 장소는 입고된 물품이 서로 섞이거나 교차 오염되지 않도록 청결해야 하며, 식별이 가능하도록 충분한 조명 시설과 검수대, 검수에 필요한 기본 장비를 갖춘 별도의 구분된 장소에서 검수해야 한다.

1) 검수대 : 입고 물품을 바닥에 내려놓거나 바닥과 직접 접촉해서는 안 된다.
2) 조명 : 입고된 물품의 표시 사항 및 품질 이상 유무 등을 확인할 수 있도록 540Lux 이상의 충분한 조도를 갖추어야 한다.
3) 저울 : 입고된 물품의 정확한 양을 측정하기 위하여 측정할 수 있는 범위의 저울을 갖춘다. 저울의 정확성을 확인하기 위하여 최소 1년마다 주기적으로 검·교정[1]하여야 한다. 검·교정한 결과 증빙 서류를 보관하고 검·교정 확인 필증을 저울에 부착한다.
4) 온도계 : 입고된 물품이 적정 온도를 유지한 채 운반되었는지 확인할 수 있는 정확한 온도계를 갖추어야 한다. 온도계는 입고 품목의 특성에 따라 접촉식 온도계와 비접촉식 온도계 등으로 나눌 수 있다.
5) 선반 : 입고 물품을 검수하는 동안 올려놓을 수 있도록 청결한 선반을 갖추어야 한다.
6) 운반 카트 : 검수가 완료되면 보관 장소로 즉시 운반할 수 있는 청결한 운반 카트를 갖추어야 한다.

※ 주의 사항
- 부적합품 발생 시 별도의 장소에 구분하여 보관
- 식재를 바닥에 방치하지 않아야 하며, 검수 후 신속하게(30분 이내) 적정 온도의 보관 장소로 이동

---

1 공구가 제대로 작동하고 정확한 판독 값을 제공하는지 확인

3 식자재 표시 사항 관리

1) 공산품

(1) 모든 식자재의 유통기한을 확인하고 유통기한이 지난 제품은 입고 시 즉시 반품한 다(반품한 식자재의 경우 '반품'이라는 식별 표시부착).

(2) 표시 사항이 있는 모든 원료 또는 제품은 사용 완료 시까지 표시 사항을 보관해야 한다.

(3) 원래 봉투는 포장된 채로 사용하며 오려서 붙이거나 포장지를 별도로 모아서 관리 한다.

(4) 소분한 원료는 유통기한 스티커 라벨을 붙여서 관리하고 입고되는 모든 식자재의 한글 표시 사항을 확인한다. 덜어서 사용하는 식자재는 별도로 라벨링하여 관리한 다. 제조일이 2024년 6월 1일이고 유통기한이 제조일로부터 14일이라고 표시되었 을 때 유통기한은 2024년 6월 15일까지이다.

(5) 수입 식품의 경우는 꼭 한글로 표시하도록 한다. 만약 표시가 안 된 채로 사입된 식자재는 보관을 금지하며, 표시 사항이 훼손되거나 유실된 식자재는 즉시 반품한 다.

2) 반가공품(점포매장 제조 원료)

매장에서 제조하여 보관하는 원료는 유통기한 스티커를 이용하여 제조일(개봉 일자란)만 기록하여 관리한다. 가능한 매장에서 조리한 반가공품은 당일 즉시 사용한다. 모든 식자 재는 부패, 변질의 우려가 없도록 관리한다.

3) 해동 관리

(1) 냉동 제품은 해동 시 반드시 라벨링 한다. 식자재에 표시된 해동 방법을 확인한 후 에 해동한다. (별도의 해동 방법이 없으면 냉장 해동)

(2) 냉장 해동 시 소량씩 덜어서 밀봉 후 냉장한다. 냉장 해동 시간 준수(72시간 이내) 해동 후에 재냉동하여 보관은 금지한다. 해동 시 라벨이 부착되어 있는지 확인한 다.

◆ 식자재 종류별 세척 방법

종류	세척 방법
생선 · 육류	<ul><li>먹는 물로 충분히 씻는다.</li><li>핏물(갈비, 사골, 잡뼈 등)은 충분히 뺀다(냉장상태 유지 권장).</li></ul>
조개류	<ul><li>애벌 세척 후, 소금물에 담궈 해감을 토하게 한다.</li><li>소금물로 씻는다.</li></ul>
채소 및 과일류	<ul><li>가열조리 하지 않고 제공되는 채소류나 과일류는 반드시 흐르는 물로 세척한 다음 육안검사를 실시하여 청결 상태와 이물질 잔존 여부를 확인한다.</li><li>육안검사 결과 세척 후 청결 상태가 불량한 경우는 재세척을 실시한다.</li></ul>
난류	<ul><li>세척 · 코팅 과정을 거쳐 위생적으로 처리된 제품(등급 판정란 등).</li><li>일반 작업 구역에서 껍데기를 깨서 뚜껑이 있는 용기에 담아 사용 전까지 냉장고에 보관하도록 한다(부득이하게 일반란을 사용할 경우, 특별한 관리를 요한다).</li><li>난류의 조리 시는 알을 깬 전후에 반드시 손 세척과 소독한다.</li><li>날달걀을 담았던 용기 · 기구는 그대로 재사용하지 않고 반드시 세척, 소독 후에 사용한다.</li></ul>

4 검수 담당자

- 식자재 검수 담당자의 업무는 표준 품질의 확보에 이바지할 수 있는 중대한 업무이다. 검수 요원의 업무는 매장에 납품되는 모든 식자재를 최초로 확인하고 최종적으로 적합 여부를 결정하기 때문에 물품의 품질 확인 및 평가, 검수 절차 및 방법, 물품에 문제 발생 시 처리 방법(반품, 취소 등) 및 절차, 검수 일지 작성 및 기록 보관 절차 등에 대한 지식 및 이해가 요구되며, 이에 대한 적절한 교육과 훈련을 받아야 한다.

1) 품성적 요건

매장의 검수원은 재산 관리적 기능이 강조됨을 고려하여 정직하고 성실하고 신뢰할 수 있어야 하며 가정환경과 대인관계 그리고 재정 보증이 확실하고 의지가 곧아야 하며, 가능한 구매자와 이해관계기 없어야 한다.

관대한 검수 태도는 불량한 식자재 납입에 의한 재산 가치의 감손을 초래할 뿐만 아니라 품질이 떨어지는 음식에 기인한 고객의 상실을 유발함으로써 원가 상승과 요리의 매출 감소라는 최악의 상태를 초래하는 요인이 된다.

2) 지식적 요건

검수자는 식자재 시장 동향, 신 출하 제품, 가격 정보에 상당한 지식이 요구된다. 확인된 식자재의 보관 방법, 음식의 조리 과정 및 특성 요인을 숙지하고 있으며, 표준 식자재 구매 명세서 및 납품 전표, 발주서, 견적서 및 검수 보고서의 작성, 도량의 기기 조작법에 관한 지식을 갖추고 부정직한 식품을 판매하는 상인의 술수 유형 및 퇴치법을 인지하고 있어야 한다.

5 입고 검사

- 구매 요청에 따라 입고된 식자재의 품질, 규격, 수량 등이 구매하고자 하는 품목 목록과 일치하는지를 검사한다.

1) 검수 방법

(1) 전수 검수

납품된 전 품목을 검사하는 방법으로 수량이 적거나 고가의 품목일 상황에 해당하며, 우수한 품질의 식자재가 입고될 가능성이 높으나 시간과 비용이 많이 소요되는 단점이 있다.

(2) 발췌 검수

검수 항목이 많거나 대량 구매 품목에 대하여 대표성이 있으며 편중되지 않도록 표본을 발췌하여 검사하는 방법으로 검수 비용과 시간을 절약할 수 있다.

6 입·출고 검수하기

1) 납품된 물품과 구매 청구서(Purchase Request)를 대조한다.

2) 입고된 물품과 거래명세표(송장, Invoice)를 대조한다.

적합품은 인수하고 부적합품은 반품하고 꼬리표를 부착한다. 입고하고 보관 장소로 옮겨서 보관한 다음 검수 일지를 작성한다. 거래명세서(송장, Invoice)와 세금계산서의 공통점은 거래 발생 시 발행하는 문서이며, 공급자와 공급받는 자 용으로 2장이 발행된다. 차이점은 거래명세서(=거래명세표)는 필수적으로 발행되지는 않으며 세액 공제나 법적인 증빙이 되지 않는다. 반면 세금계산서는 필수적으로 발행해야 하며, 법적인 증빙이 가능하다.

7 입고 순서 결정하기

- 입고 시 선입선출을 준수한다. 입고된 물품은 입고 일자를 입고 물품 포장에 기재하여 눈에 잘 띄도록 보관한다. 먼저 입고된 물품부터 먼저 사용하고 저장품의 입고 또는 보관 시 선입선출을 위해 먼저 입고된 물품을 전면에 배치한다.

- 저장관리 기준을 준수하여 당일 조리하는 식자재는 1~2시간, 신선 식품은 입고일부터 2~3일, 냉동식품은 예상 판매 시기에 따라 1주일 정도, 상온 식품은 주, 월별 단위로 저장 관리한다. 보관 및 정리 시 같은 유형의 식자재는 같은 장소에 배치하고 사용 빈도, 크기, 중량에 따라 정리한다. 저장 창고마다 장부를 비치하여 매일 입고, 출고, 재고 사항을 기재하여 재고 조사 시 실제 현물 재고와 일치하는지 수시로 점검한다. 저장고 내에 온도, 습도, 해충, 먼지 등을 관리한다. 열쇠로 잠그거나 잠금장치를 하여 저장실 담당자별로 관리한다. 품목에 따른 재고량은 재고 수량, 건조 정도, 포장 규격에 따라 저장한다.

◆ 반품 판단 기준

반품 사항 여부	비고
진공 포장이 풀린 경우	훈제류
곰팡이가 생기거나 변색이 된 경우	유통기한 이내(단, 매장 관리 부주의 제외)
봉지가 부풀어 팽창한 경우(소스류)	적정 온도에 보관하지 않은 제품 제외
유통기한이 지난 경우	매상 관리 부주의 제외
캔류가 파괴되거나 내용물이 흐를 경우	제품 불량 및 배송 직원 부주의 시(당일 반품)

◆ 식자재의 검수 절차

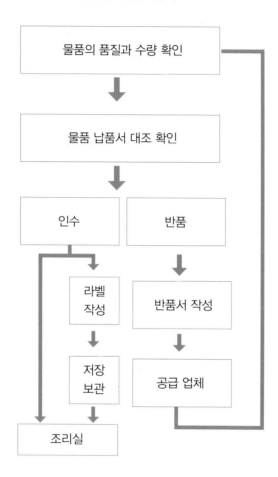

식자재 저장 관리하기

◆ 선입선출기준에 따라 금일 입고된 식자재를 나중에 사용하도록 뒷면에 놓고 기 입고된 식자재를 사용할 수 있도록 앞면에 배치할 수 있다.

◆ 식자재 저장시 식자재의 이격 및 과다적재 여부를 확인하여 조치할 수 있다.

식자재 저장

1 식자재 저장

- 저장 공간의 효율적인 활용과 효과적인 입·출고 수행을 위하여 식자재의 유형별 보관 분류 체계를 설정하고 품목별로 일정한 장소에 위치하도록 관리하여야 한다. 식자재 저장 구역의 위치는 식자재의 입출고가 편리해야 하며 입출고 지역과 검수 및 저장, 전처리 구역이 연결될 수 있도록 근접한 위치에 두도록 한다.

- 저장고의 저장위치는 입·출고가 쉽도록 출입구와 저장고의 위치가 근거리에 있어야 한다. 공간을 합리적으로 관리하여 선입선출할 수 있고 제품의 소재 파악과 재고 조사가 편리하도록 배열하고 식별검사가 용이해야 한다. 또한 위험·재해 요소를 제거하고 식자재의 가치가 감소하고 품질이 변질되지 않도록 해야 한다.

- 개별 품목에 대한 재고 파악, 입·출고 관리 및 선입선출이 쉽도록 일정한 분류 체계에 의하여 개별 품목의 위치를 표시하여야 한다. 저장된 물품들에 대해 품목별로 위치를 명확하게 표시한다. 저장위치를 표식화하여 누구라도 쉽게 찾을 수 있도록 하면 실사 재고 조사를 시행할 때 시간과 노력을 최소화할 수 있다.

- 식품의 종류별로 보관이 쉽도록 선반의 형태 및 구성한다. 물품의 중량에 적합한지 확인하여 무거운 것은 아래 칸에 가벼운 것은 위 칸에 저장하고 선입선출이 쉽도록 항상 위치를 전면으로 향해서 품목별로 정리 정돈 및 매일 청결을 유지한다. 마지막 퇴근자는 반드시 전등을 끄고 잠금장치를 확인 후 퇴근한다.

2 식자재 보관 기준 준수

- 저장관리는 최상의 품질 상태를 유지 보존하기 위하여 식자재의 1일 사용량을 유지하여 악성 재고량을 줄이는 것이다. 저장관리로 인한 최소한의 유지비와 발주에 따른 여러 비용을 줄이려면 식자재의 유지, 관리로 최상의 품질을 유지하는 것이다.

- 식자재를 잘 저장하기 위해서는 저장조건을 합리화하고 식품의 호흡 활동을 억제하며, 기후 변화 조건을 고려하거나 냉장 및 냉동기를 사용하고 있다.

1) 냉장 저장

냉장 시설의 온도는 5℃ 이하로 하고 상하기 쉬운 자재는 3℃ 전후로 유지한다. 온도계는 냉장고의 가장 따뜻한 곳 또는 출입문 앞쪽에 설치하고 5℃를 기준으로 상하로 1.5℃ 범위를 유지하도록 한다. 창고형 냉장고의 선반은 청소가 쉬운 금속성 자재를 이용하고 이동 조작이 쉽도록 설계된 것이어야 한다. 냉장고 상단부터 채소 및 과일류, 중간은 육류, 하단에는 생선 순으로 보관한다.

2) 냉동 저장

냉동 저장은 영하 18℃ 이하의 온도에서 저장하며 냉동 기간이 길어질수록 오염 및 부패할 확률이 높아진다. 냉동실에 저장하는 식품은 보관 개시일을 표기하고 긴 시간 동안 냉동실에 방치하지 않도록 한다. 냉장, 냉동고는 적정용량의 70% 이하로 보관한다.

◆ 식품 유형별 유통기한

식품	냉장 보존(0~4℃) 유통기한	냉동 보존(−18℃) 유통기한
식육류(삼겹살 · 돈육)		6개월
가공육(소시지)	1주	15일
가금육(닭고기)		6개월
어패류(삼치 · 조개 · 새우 등)		3개월
달걀(메추리알)	1주	
우유	5~7일(제조일 기준)	
버터	2주	
슬라이스치즈(모차렐라치즈)	6개월	
냉동 튀김류		3~6개월
돈가스 소스	2개월	
닭볶음탕 · 탕수육 소스, 각종 소스나 드레싱	4개월	

3) 건조 저장

건조 저장은 상하지 않는 식품을 15~21℃, 습도 50~60%에서 장기간 저장하는 방법이다. 건조 저장 시 고려해야 할 사항은 적절한 환풍과 해충의 침입을 방지해야 한다. 건조 저장 원료들은 수분을 흡습하게 되면 본래의 맛과 향이 소실되고 변질될 우려가 크다. 용기 뚜껑은 밀폐해야 하고 바닥에 직접 놓지 말고 벽과 바닥으로부터 일정 간격을 띄어 보관해야 한다.

4) 상온 저장

상온에서 식품을 보관할 때는 정해진 장소에 구분하여 보관하고 식품과 비식품을 각각 분리하여 보관하여야 한다. 선입선출이 쉬워야 하고 식품 보관 선반은 바닥으로부터 15cm 이상 공간을 띄워 청소가 쉽게 한다. 대용량의 제품을 소량씩 나누어 보관할 때는 제품명과 유통기한을 반드시 표기하여 식자재의 오염과 변질을 방지하여야 한다.

장마철 등 고온 다습한 환경에서는 곰팡이 번식을 주의해야 하며 유통기한이 짧은 식품부터 유통기한 표시 라벨이 잘 보이도록 보관하여야 한다. 세척제 및 소독액 등 화학적 유해 물질은 MSDS와 함께 별도의 전용 보관실에 격리 보관해야 한다. 건조하고 상온에서 보관할 수 있는 제품은 1~35℃ 온도에서 50~60%의 상대습도를 유지한다.

※ MSDS(Material Safety Data Sheet) : 화학물질을 안전하게 사용하고 관리하기 위하여, 필요한 정보를 기재한 문서로 제조자명, 제품명, 성분과 성질, 취급상의 주의, 적용 법규, 사고 시의 응급처치 방법 등이 기입되어 있다.

저장고 관리

1 저장고 관리

- 식자재의 저장은 식자재가 입고되어 음식으로 조리되기까지 품질과 선도를 최선의 상태로 유지하여야 한다. 품질과 선도를 최선의 상태로 유지하기 위해서는 보관 기간 동안 오염을 방지하기 위하여 바닥과 벽으로부터 간격을 띄워야 하고 보관실의 온·습도 관리 등 보관 조건을 준수하여야 한다.

- 냉동식품과 비교하면 유통기한이 짧으므로 주의하고, 온도의 변화가 심하지 않도록 일정 온도를 유지한다. 개봉한 제품은 당일 소비하는 것이 좋으며, 보관해야 할 경우, 랩이나 위생 팩으로 포장, 보관한다.

※ 저장고 선정 시 유의 사항 : 저장고는 온도가 높지 않은 곳(25℃ 이하)으로 습기가 없고 통풍이 잘되며 직접 햇빛이 들어오지 않으며 해충 유입이 안 되고 잠금장치를 설치할 수 있어야 한다.

◆ 저장 온도별 저장 방법

분류		저장 방법
실온 저장	실온 저장	− 건조한 자재를 보관
	공기 순환 저장	− 산소를 이산화탄소로 대체하여 저장
냉장 저장	냉장 저장	− 0~10℃에서 저장 − 채소류(5~10℃) − 생선 및 육류(0~5℃) − 기타 가공식품(5℃ 내외)
	냉각	− 0~1℃ 범위에서 얼지 않도록 저장
냉동 저장	동결 저장	− 영하 18℃ 이하에서 저장 − 육류(영하 20℃ 내외)
	급속 동결	− 초저온(영하 40℃ 이하)

출처: 식품의약품안전처(2013). 식자재관리 및 위생 매뉴얼. 저장 온도별 저장 방법. p.9.

※ 가스 저장법: CA (Controlled Atmosphere) 저장법
식품을 저장할 때 기체상의 가스 조성을 바꾸어 식품을 장기 보존하는 방법. 고온, 고습이라도 보존할 수 있으므로 건조나 저온에 의한 품질의 변질을 막을 수 있다. 주로 이산화탄소(CO_2)가 이용되고 있지만, 오존(O_3)도 시험적으로 이용되고 있다. 〈자료: 채범석, 김을상, 영양학 사전〉

2 식자재 보관 및 저장

1) 주식류

   (1) 건조하면서도 서늘하고 통풍이 잘되는 위생적인 용기에 보관한다.

   (2) 곰팡이가 피어 있거나 색깔이 변한 곡류는 식용으로 사용을 금지한다.

   (3) 습도 50~60%를 준수한다.

◆ **주식류의 보관 및 저장 기준**

분류	품명	보관온도(℃)	보관 기간	비고
주식류	쌀	15~25	3개월	건조한 장소
	보리쌀		3개월	건조한 장소
	밀가루		3개월(9~12개월)	
	식빵		48시간	
	건면		4개월	건조한 장소
	숙면		24시간	
	라면		3개월	
	시리얼		6개월	건조한 장소
	파스타		2~4개월	건조한 장소

출처: 식품의약품안전처(2013). 식자재관리 및 위생 매뉴얼. 주식류의 보관 및 저장. p.10.

2) 채소 및 과일류

   채소류는 쉽게 상하고 칼이 닿는 경우 더 쉽게 상하므로 관리를 철저히 해야 한다. 선입선출(먼저 들어온 물건을 먼저 사용)해야 하고, 사용하고 남으면 랩이나 위생팩으로 포장하거나 신문지를 사용하여 신선도를 유지한다.

   (1) 서늘하고 통풍이 잘되는 위생적인 용기에 보관한다.

   (2) 채소는 반드시 물기를 제거한 후 포장지에 싸서 냉장 보관한다.

   (3) 세척한 채소와 세척하지 않은 채소가 섞이지 않도록 분리 보관한다.

   (4) 3℃ 이하에서 냉장 보관하면 냉해를 입을 수 있다.

   (5) 양파와 감자를 장기간 보관할 경우 껍질을 벗기지 않은 상태로 그늘지고 서늘한 장소에 보관한다.

(6) 비가식 부위를 제거한 후 흐르는 물에 3회 이상 씻는다.

(7) 감자의 녹색 및 발아 부위는 제거 후에 사용한다.

과일류는 바구니 등을 이용하여 따로 보관하는 것이 좋다. 사과같이 색이 잘 변하는 과일은 껍질을 벗기거나 남은 경우 레몬을 설탕물에 담가 방지하도록 한다. 바나나는 상온에 보관하고 수박이나 멜론 등은 랩을 사용하여 표면이 마르지 않도록 하며, 딸기 등은 쉽게 뭉그러지고 상하기 쉬우므로 눌리지 않게 보관한다.

◆ 채소류의 보관 및 저장 기준

분류	품명	보관 온도(℃)	보관 기간	비 고
채소류	잎채류	4~6	1일	세척한 상태
		15~26	3일	세척하지 않은 상태
	근채류	4~6	2일	
		15~25	3개월	무(7일 보관)
	과채류	7~10	5일	
		15~25	3일	
	구근류(감자)	20	7~30일	세척하지 않은 상태

출처: 식품의약품안전처(2013). 식자재관리 및 위생 매뉴얼. 채소류의 보관 및 저장. p.11.

3) 조미료류

(1) 모든 조미료는 15~25℃에서 보관하고 유리나 합성수지제 용기에 넣어 직사광선을 피해 서늘한 곳에 보관한다.

(2) 플라스틱 용기에 보관, 사용하고 습기로 인해 딱딱하게 굳거나 이물질이 섞이지 않도록 뚜껑을 잘 덮어서 보관하도록 한다. 물이 묻은 용기의 사용은 피하도록 한다. 개봉한 후에는 이물질 및 해충이 들어가지 않도록 밀봉해야 한다.

◆ 조미료의 보관 및 저장 기준

분류	품명	보관온도(℃)	보관 기간	비 고
조미료	간장	25	6개월~1년	
	된장	25	6개월~1년	
	고추장	25	6개월~1년	
	고춧가루	25	3~6개월	서늘하고 통풍이 잘되는 곳
	식초	25	1~2년	서늘하고 직사광선을 피할 것
양념류	향신료	25	6개월	
	겨자	25	2~6개월	건조한 곳
	소금	25		(습도 60~80%)
	소스류	25	2년	
감미료	백설탕	25	1년	
	흑설탕	25	1년	건조한 곳
	벌꿀 · 시럽	25	1년	(습도 60~80%)

출처: 식품의약품안전처(2013). 식자재관리 및 위생 매뉴얼. 조미료류의 보관 및 저장. p.12.

4) 유지류

(1) 직사광선을 받지 않는 서늘한 곳에 보관한다.

(2) 15~25℃에서 보관한다.

(3) 생선과 같이 냄새가 많이 나는 식품과 분리 보관한다.

◆ 유지류의 보관 및 저장 기준

분류	품명	보관 온도(℃)	보관 기간	비고
유지류	참기름	15~25	6~12개월	
	들기름	15~25	15일~3개월	
	미강유	15~25	8개월~1년	
	옥수수기름	15~25	8개월~1년	
	콩기름	15~25	8개월~1년	
	마요네즈	15~25	2개월	
	샐러드드레싱	15~25	2개월	
	샐러드 오일	15~25	6~9개월	
	식물성 쇼트닝	15~25	2~4개월	건조한 곳 (습도 50~60%)

출처: 식품의약품안전처(2013). 식자재관리 및 위생 매뉴얼. 유지류의 보관 및 저장. p.13.

5) 육류 및 생선류

(1) 육류를 3~4일 정도 저장하고자 할 때는 4℃ 이하로 보관하고 장기간 저장할 때는 냉동 보관한다.

(2) 달걀은 세척하지 않은 상태로 냉장 보관한다.

(3) 생선은 내장을 제거하고 소금물로 깨끗이 세척하고 물기를 제거한 다음 다른 식품과 분리하여 냉장 보관한다.

(4) 조개류는 소금물로 해감, 세척한 후에 냉장 또는 냉동 보관한다.

(5) 냉동육류 및 해물류: 냉동 보관이 원칙이고, 녹인 것은 다시 얼리지 않도록 한다. 냉동식품도 유통기한을 확인하여 잘 지키도록 한다.

(6) 어묵은 냉장 상태로 보관한다.

(7) 건어물류는 건조하고 서늘한 곳에 보관하는데 냉동 보관을 원칙으로 하고 메뉴별 사용량에 따라 위생 팩으로 개별 포장, 사용하는 것이 편리하고 위생상으로도 좋다.

(8) 두부는 반드시 찬물에 담갔다가 냉장 보관한다.

(9) 개봉한 캔은 바로 사용하는 것이 원칙이며 밀폐 용기 보관 시 유통기한을 표시하도록 한다.

(10) 양념류는 플라스틱 용기에 보관, 사용하고 습기로 인해 딱딱하게 굳거나 이물질이 섞이지 않도록 뚜껑을 잘 덮어서 보관한다. 물이 묻은 용기의 사용은 피하도록 한다.

◆ 유제품, 통조림 및 기타 식품의 보관 및 저장 기준

분류	품명	보관온도(℃)	보관 기간	비 고
우유, 유제품	우유	10	약 7일	미개봉
	버터	10	6개월	미개봉(가염)
	치즈	5	6~12개월	미개봉(프로세스 치즈)
통조림	과일	15~21	1년	건조한 곳 습도 50~60%
	과일 주스	15~21	6~9개월	
	해산물	15~21	1년	
	수프	15~21	1년	
	채소	15~21	1년	
유제품	무당연유	15~21	1년	건조한 곳 습도 50~60%
	분유	15~21	6~9개월	
	육아용 분유	15~21	12~18개월	
기타	아이스크림	−18 이하	3개월	
	냉동 과일	−18 이하	8~12개월	
	과일 주스	−18 이하	8~12개월	
	채소	−18 이하	8개월	
	감자튀김	−18 이하	2~6개월	
	케이크	−18 이하	3~4개월	
	과일파이	−18 이하	3~4개월	
	베이킹소다	15~21	8~12개월	건조한 곳 습도 50~60%
	건조한 콩	15~21	1~2년	
	과자	15~21	1~6개월	
	건조한 과일	15~21	1년	
	잼 · 젤리	15~21	1년	
	피클	15~21	1년	
	옥수수전분	15~21	2~3년	
	이스트	15~21	18개월	

출처: 식품의약품안전처(2013). 식자재관리 및 위생 매뉴얼. 유제품. 통조림 및 기타 식품의 보관 및 저장 기준. p.16.

◆ 육류 및 생선류의 보관 및 저장 기준

분류	품명	보관 온도(℃)		보관 기간		비고
		냉장	냉동	냉장	냉동	
육류	소고기	4	−12~−18	3~5일	1~3개월	냉장 냉동
	돼지고기	4	−12~−18	2~3일	15일~1개월	
가금류	닭고기	4	−12~−18	2~3일	15일~1개월	
생선류	생선	4	−12~−18	1~2일	15일~1개월	
패류	조개	4	−12~−18	1~2일	15일~1개월	
기타 어육류	두부	4	−12~−18	1~2일	15일~1개월	냉수/해동
	달걀	4	−12~−18	7~2주	15일~1개월	냉장
갑각류	어묵	4	−12~−18	2일~5주	15일~1개월	냉장
	게 · 새우		−12~−18		3~4개월	

출처: 식품의약품안전처(2013). 식자재관리 및 위생 매뉴얼. 어육류의 보관 및 저장. p.15.

◆ 식품의 신선도가 유지될 수 있는 냉동 보관 권장 기간

식품의 종류	냉동 보관 권장 기간
생선(익힌 것)	1개월
해산물	2~3개월
베이컨, 소시지	1~2개월
햄, 핫도그, 런천햄	1~2개월
생선(익히지 않은 것)	2~3개월
소고기(익힌 것)	2~3개월
소고기(빵가루 첨가, 익히지 않은 것)	3~4개월
간 소고기(익히지 않은 것)	4~12개월
소고기(익히지 않은 것)	6~12개월
옥수수	8개월
당근	8개월
건조 완두콩	8개월
닭내장(익히지 않은 것)	3~4개월
부위별 절단된 닭(익히지 않은 것)	9개월
닭(익히지 않은 것)	12개월

출처: 식품의약품안전처(2013). 식자재관리 및 위생 매뉴얼. 냉동 보관 권장 기준. p.17.

Contents

II. 메뉴 품질관리

01

메뉴 숙지하기

◆ 메뉴에 관련된 기본 조리법과 특수한 조리법을 설명할 수 있다.

◆ 메뉴의 조리와 관련된 필요 기물과 주방 설비의 기본 지식을 파악할 수 있다.

◆ 메뉴관련 지식 수준을 평가하고 지속적으로 향상시킬 수 있다.

1.1 식자재와 식자재 관리

1 식자재

1) 식자재의 개념

- 사전적 의미로 음식을 만드는 데 사용되는 모든 자재를 통틀어 이르는 말로서, 메뉴 생산을 위한 필수적인 요소이다.
- 넓은 의미로는 주된 음식의 자재와 부가적 음식인 음료를 포괄하는 말로서 완전한 음식 생산을 위해 소용되는 물적 자원을 의미한다.
- 메뉴를 만들기 위한 기본 자재이며, 판매되는 메뉴의 가격 결정에 있어 가장 큰 부분을 차지하기 때문에 매우 중요(메뉴 원가 중 30~40% 정도 차지)하다. 메뉴 선정 시 우선적으로 식자재를 고려해야 하며, 특히 계절적 요인과 가격을 고려하여 선정한다.

2) 식자재의 특성

(1) 자연조건에 따라 식자재의 품질과 생산량에 많은 영향을 받고 있는 실정이며, 특히 농산물은 자연조건의 영향을 가장 많이 받기 때문에 가격 및 공급량의 변동 폭이 큰 편이다.

(2) 식자재의 모양, 품질 등에 있어서 균일화, 규격화시키기가 어려우며, 식자재는 취급하는 과정에 있어서 품질 저하가 쉽게 발생하므로 신중하게 관리할 필요가 있다.

3) 식자재의 중요성

(1) 외식업체 이윤을 결정하는 중요한 요소-식자재는 메뉴를 만들기 위한 기본 재료로써, 소비자에게 판매되는 메뉴의 가격 결정에서 가장 큰 부분을 차지하기 때문에 매우 중요하다.

(2) 메뉴의 계획단계에서부터 결정-사용되는 식자재는 항시 일정한 품질과 양을 유지하면서 공급량이 원활해야 하며, 식자재 손실률이 낮고 생산량이 많아야 한다.

(3) 식자재의 안전성은 메뉴의 안전성과 직결되며, 예를 들어 소의 광우병, 돼지의 구제역, 닭의 조류인플루엔자 등 식자재의 질병과 관련된 문제, 농산물의 잔류 농약 문제, 유전자 변형 농산물 문제, 트랜스 지방에 대한 문제, 식자재들의 원산지 위변조 문제 등에 많은 영향을 받는다.

4) 대표 식자재 종류

(1) 장류

(가) 간장 : 구수한 맛과 단맛, 그리고 짠맛이 조화로운 천연의 조미료로서 육류 섭취
가 부족했던 우리나라 식생활에서 단백질 공급원인 우수한 조미료이다.

(나) 된장 : 우리나라 단백질 급원 식품이면서 조미료인 된장은 재래식 된장과 개량
된장으로 분류한다. 재래식 된장은 개량된장에 비해 단백질이 적고, 수분, 회분,
염분이 많은 편이며, 특히 쌀(보리)에서 부족하기 쉬운 필수아미노산인 라이신
(Lysine) 함량이 높아 쌀밥을 주식으로 하는 한국인의 식생활에 단백질 보충원으
로 좋은 식품이다.

(다) 고추장 : 임진왜란 전후 무렵에, 우리나라에 들어온 고추로 만든 고추장은 우리
나라의 고유한 발효 식품으로 적당량 섭취 시 식욕 촉진과 소화를 도움을 준다.
– 콩으로부터 얻어지는 단백질원으로 영양학적으로도 우수한 식품 – 구수한 맛,
찹쌀, 멥쌀, 보리쌀 등의 탄수화물 식품에서 얻어지는 당질과 단맛, 고춧가루로
부터 붉은색과 매운맛, 간을 맞추기 위해 사용된 간장과 소금으로부터 나오는 짠
맛이 함께 어우러진 조화미가 강조된 맛이다.

(2) 향신료

식자재 또는 조리과정 중에 발생하는 이미, 이취를 제거하거나 음식의 맛과 향을 증진
시키고 때로는 약용이나 미용을 위해 사용되기도 한다. 또한 향신료는 식물의 꽃, 잎,
씨앗, 줄기, 뿌리, 껍질 등에서 얻을 수 있다.

(가) 파 : 자극적인 냄새와 독특한 맛으로 향신료 중에서 가장 많이 사용하고 있으며
특히, 고기나 생선 등의 비린내를 없애주거나 국물요리에서 국물을 시원하게 내
는 재료로 많이 이용한다.

(나) 마늘 : 백합과에 속하는 다년생 채소로 알싸하면서도 혈액 순환을 돕는 역할을
하며, 파보다 내한성[2] 및 더위에 약한 채소로 분류된다.

(다) 후추 : 향이 강한 향신료로 덜 익은 열매를 뜨거운 물에 담근 후 말린 검은 후추
와 다 익은 후추 열매를 발효시켜 과피 제거 후 건조시킨 흰 후추로 분류한다. 일
반적으로 흰 후추보다 검은 후추가 매운맛이 더 강하다.

---

2 추위를 견디는 성질

2 식자재관리

1) 식자재관리의 정의

- 외식업체의 영업활동에 필요한 모든 식자재를 보다 효율적으로 관리하기 위한 과학적인 관리기술이다.
- 즉, 필요한 식자재를 정확하게 파악하여 조리에 필요한 식자재의 품질, 등급 등을 결정하고 소요량을 산정하고 발주하여 구매 후 검수하고, 즉시 사용하지 않는 식자재는 분류하여 저장하였다가 적당량 출고하는 등의 전 과정을 합리적이며 능률적으로 수행하는 관리기술이다.

2) 식자재관리의 목적

(1) 메뉴에 따라 적정한 조건에 식품을 구입, 보관하고 이를 사용하기 위한 방법을 시스템화하여 원활한 메뉴관리를 할 수 있도록 한다.

(2) 식자재를 구입하는 순간부터 조리 전 단계까지 식자재관리를 통해 원가를 절감하고 이익을 창출할 수 있도록 한다.

3) 식자재관리의 효과

(1) 최적의 식자재 품질을 유지하여 고객에게 최상의 메뉴 제공이 가능하다.

(2) 식자재의 손실을 최소화하여 원가 절감을 통한 이익의 증대가 가능하다.

(3) 정확한 검수 및 재고관리 능력이 향상된다.

(4) 메뉴 분석의 기초 자료로 제공되어 외식업체 수익관리 및 고객 선호메뉴의 파악이 가능하다.

(5) 종사원들의 원가 의식을 고취하고, 정확한 원가계산을 통해 손실을 줄일 수 있다.

 고객에게 최상의 메뉴 제공   식자재 원가 절감을 통한 이익 증대   정확한 검수 및 재고관리 능력 향상   레스토랑 수익 관리 및 고객 선호메뉴 파악 가능   종사원들의 원가 의식 고취

4) 식자재관리의 기본 고려사항

(1) 단순하게 저가의 식자재를 대량 구입하여 원가 절감하기보다는 고객의 다양한 욕구를 충족시킬 수 있는 메뉴를 개발하고 이를 통해 매출을 증대하고 수익을 창출한다.

(2) 구매하는 식자재의 상태에 따라 생산 활동의 단계가 확장되거나 축소될 수도 있다. 원식자재를 구매하여 전처리부터 실시하는 경우와 반조리된 상태에서 조리를 하는 경우는 요구되는 인력의 숙련도나 인력의 수, 조리과정에서 요구되는 공간, 기기 등에 있어서 차이가 있다.

5) 식자재 저장 시 우선 확인할 사항

(1) 조리 및 식용 가능한 식자재와 집기류, 용기, 세척제, 공산품, 청소용품 등 비식자재를 구분한다.

(2) 교차 오염의 가능성이 있는 식자재를 구분한다.

(3) 온도, 습도, 직사광선 등 저장조건을 확인한다.

(4) 저장조건에 따라 보관 장소로 이동한다.

(5) 제조일자 또는 유통기한, 자체 사용 기한 등을 확인한다. 이때 자체 사용 기한은 포장지에 표시된 제조 일자 또는 유통기한보다 짧아야 한다.

6) 식자재 저장관리

(1) 식자재 저장관리의 목적

(가) 식자재의 신선도 저하를 막기 위해 적정재고량 유지

(나) 식자재 손실 방지를 위한 올바른 출고관리 실시

(다) 일일 식자재 출고량을 기재하여 식자재 재고량을 정확히 파악

(라) 식자재의 사용시점에 맞춰 출고가 이루어질 수 있도록 관리

(2) 식자재 저장관리의 일반원칙

(가) 저장고의 식자재 저장위치를 지정하여 항상 지정된 위치에 보관함으로서 쉽게 입·출고 가능하게 관리한다.

(나) 식자재의 성질, 용도 등에 따라 분류기준을 정하여 같은 종류끼리 분류하여 저장한다.

(다) 식자재별로 저장기간이나 저장을 위한 적정 온도, 습도가 상이하므로 식자재의 품질을 유지할 수 있도록 관리한다.

(라) 먼저 입고된 식자재부터 순서대로 출고하는 선입선출법(FIFO : First-in, First-out)의 원칙에 따라 관리한다.

1.2 메뉴 조리법 파악

1 조리의 정의

- 준비한 식자재를 열을 이용하거나 기타 필요한 조미료를 첨가하고 조리 기구를 이용하여, 데치기, 삶기, 찌기, 굽기, 오븐구이, 볶음, 튀김 등의 행위를 하는 것을 의미한다.

2 조리의 목적

1) 위생성

식자재에 포함된 유해물 또는 먹을 수 없는 비가식부를 제거하여 위생을 향상시킨다.

2) 영양성

식자재별 영양성분을 조합하고 가열 연화시켜 소화 흡수가 잘되도록 하여 영양 효과를 향상시킨다. 그러나 어떠한 조리법이든 영양가 손실은 불가피하므로 적당한 조리방법을 택하여 영양가 손실을 최대한 감소시키는 것이 중요하다.

3) 기호성

식욕을 증진하고 풍미를 증가시켜 외관적으로 보기 좋게 할 뿐 아니라, 먹는 즐거움을 향상시킨다.

4) 상품성

조리과정을 통해 메뉴의 상품적 가치와 경제적 이윤을 창출시킬 수 있다.

5) 국제성

글로벌 트렌드 시장에 발맞추어 시대에 뒤처지지 않으려는 목적을 달성할 수 있다.

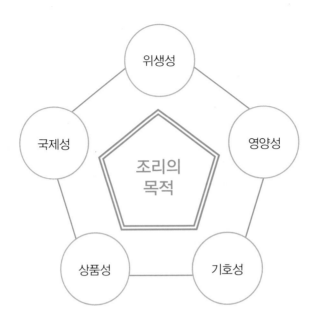

위생성

영양성

기호성

상품성

국제성

조리의
목적

3 기본 조리법

1) 비가열조리법

   (1) 식자재를 가열하지 않고 조리하는 방법으로 영양소 손실을 최소화한다.

   (2) 심하게 세척하거나 손질하는 경우 영양소 손실이 있을 수 있으므로 주의해야 한다.

   (3) 일반적으로 채소나 과일을 생으로 먹거나 신선한 육류, 어류 등을 회로 먹는 경우의 조리방법이다. 예) 샐러드, 육회, 생선회 등

   (4) 이때 식자재의 신선도 확인과 위생적인 처리가 필수적이다.

2) 습열조리법(Moist Techniques)

   (1) 조리법이 간단하며 경제적인 방법이다.

   (2) 액체를 이용하여 열을 전달하여 조리하는 방법이며 가열시간이 오래 걸릴 수 있으나 식자재를 골고루 익힐 수 있다.

   (3) 스팀조리의 경우 물이니 액체를 추가로 첨가하지 않더라도 조리과정 중에 식자재 자체에서 수분이 스며 나와 조리매개체가 된다.

(4) 습열조리법의 종류

(가) 끓이기(Boiling, 보일링)

물이나 육수 등을 끓인 후 식자재를 짧은 시간 넣고 조리하는 방법으로 익힌 후 빨리 꺼내 찬물에 식혀주는 조리법으로 액체 속에서 대류(Convection)의 움직임이 빠른 특성을 이용하여 조리한 방법이다. 이는 음식을 빠르고 쉽게 조리하는 방법 으로 다만 너무 오래 끓일 경우 식자재의 수용성 영양분이 손실되거나 풍미가 떨 어지는 경우가 있다.

(나) 삶기(Poaching, 포칭)

66~85℃ 온도의 풍미가 뛰어난 액체에서 부드럽게 음식을 조리하는 방법으로 전 자레인지 또는 오븐을 이용하여 조리하며 끓는점보다 낮은 온도에서 단시간 내 조 리가 가능하다. 일반적으로 달걀이나 생선 조리 시 덮일 정도로만 액체를 넣고 조 리하며, 남은 액체는 소스를 만들 때 사용하는 조리방법이다.

(다) 데치기(Blanching, 블랜칭)

짧은 시간에 재빨리 재료를 익혀내는 조리법으로 적은 양의 식자재를 많은 양의 물 또는 기름 속에 집어넣어 단시간 조리하는 방법이다. 블랜칭은 일반적으로 소 고기나 돼지고기와 같은 질긴 고기를 썰 때 사용되며 부드럽고 풍미 있는 요리를 만들 수 있다. 주로 사용되는 자재는 푸른색을 지닌 채소로써 엽록소를 높은 열에 서 고정화하기 위함으로 데친 후에는 즉시 찬물에 담가 식혀야 한다.

(라) 찌기(Steaming, 스티밍)

뚜껑이 있는 용기에 물이나 육수를 끓여서 증기를 이용하여 밀폐된 공간에서 조리 하는 방법으로 액체가 끓는점 이상의 온도에 도달했을 때 기화되면서 발생하는 수 증기를 이용한다. 이 수증기는 밀폐시킨 공간에서 가열해서 조리할 수 있게 한다. 일반적으로 채소나 생선 등을 조리할 때 사용하는 방법으로 타 조리방법보다 풍미 를 높이고 영양소 손실이 적은 편이다. 찜통에서 직접 가열하여 발생하는 증기를 이용하여 조리하는 방법인 가압방식 스티밍 방법과 고압증기를 방출하여 초고속 으로 조리할 수 있는 찜통을 이용하여 채소나 가공육의 조리에 주로 사용하는 고 압방식 스티밍 방법이 있다.

| ❶ 끓이기
(Boiling,
보일링) | ❷ 삶기
(Poaching,
포칭) | ❸ 데치기
(Blanching,
블랜칭) | ❹ 찌기
(Steaming,
스티밍) | ❺ 기타: 가압방식
스티밍 방법,
고압방식
스티밍 방법 등 |

3) 건열조리법(Dry Techniques)

(1) 열의 전달을 위해 오일이나 지방과 함께 뜨거운 열, 공기의 복사 에너지 등을 이용하여 조리하는 방법으로 식자재 표면의 수분을 증발시키고, 내부의 수분은 함유하고 있어 부드럽고 농축된 맛을 느낄 수 있으며 수용성 비타민의 파괴가 적은 장점이 있다. 조리과정에서 수분을 사용하지 않으며, 식자재 자체에서 수분이 나오더라도 곧바로 증발되도록 한다.

(2) 건열조리법의 종류

(가) 소테(Sauté)

소량의 버터 또는 오일을 뜨겁게 달군 팬에 넣고 뜨거운 열 또는 공기의 복사 에너지 등을 이용하여 고온에서 살짝 볶는 방법으로 많은 양의 조리보다는 적은 양을 순간적으로 조리하는 데 매우 유용한 조리법이다. 낮은 온도의 오일에서 식재료를 튀길 경우 수분이 빠져나가기도 전에 기름이 흡수되어 식감이 눅눅해지며 음식의 품질이 저해된다. 전도열에 의한 대표적인 조리방법이다.

(나) 그릴링(Grilling; 굽기)

가스, 전기, 숯 또는 나무와 같은 열원에서 적당히 달군 석쇠 위에 식자재를 직화로 조리하는 방법으로 비교적 빨리 조리할 수 있는 연한 식자재를 조리하는 건열조리방법이다. 그릴조리의 한 방법인 그리들링(Griddling)은 석쇠 대신 평평한 철판 위에서 조리하는 방법으로 일반적으로 달걀 요리, 팬케이크 등을 조리하는 방법이다.

(다) 튀기기(Deep-Frying)

180~190℃ 정도의 뜨거운 기름에 식자재가 완전히 잠기도록 하여 튀기는 조리방법으로 건열조리방법 중 하나이며, 식자재 내부에 있는 수분이 수증기로 변화하여 기름 표면에 기포로 떠오르게 된다.

(라) 기타

오븐 등에서 건조한 대류열을 이용한 조리하는 로스팅(Roasting)이나 빵을 굽는 베이킹(Baking) 등이 있다.

4) 복합열조리법(Combination Techniques)

(1) 건열조리법과 습열조리법 모두를 사용한 조리법으로 일반적으로 두 단계에 걸쳐 조리한다. 즉, 조리 시작 시 하나의 방법을 사용하고, 나머지 다른 방법으로 조리 과정을 마무리하는 방식이다.

(2) 복합열조리법의 종류

(가) 브레이징(Braising)

결합조직이 많은 질긴 덩어리 고기에 이용하는 조리법으로 식자재를 팬에서 한번 조리하여 색깔을 낸 후 육수 또는 소스 등의 조리용 액체에 2/3 정도 잠기게 하여 다시 조리하는 방법이다. 장시간에 걸쳐 천천히 조리하여 풍미가 뛰어난 음식이 만들어진다.

(나) 스튜잉(Stewing)

질긴 고기를 잘게 썰어서 팬에서 한번 조리하여 색깔을 낸 후 뚜껑이 있는 냄비에 재료가 덮힐 정도로 많은 양의 조리용 액체를 넣고 약한 불로 장시간 조리하는 방법이다. 고기나 생선, 채소 따위를 양념하여 국물이 약간 또는 거의 없게 천천히 끓이는 조리방법으로 부드럽고 풍미 가득한 요리를 만들 때 사용하는 조리법이다.

4 특수 조리법

1) 진공포장조리법(Sous Vide Cooking, Vacuum Cooking)

(1) 차단성 필름으로 진공포장한 후 저온 살균하여 생산하는 방법으로 보통 재가열

에 앞서 냉장 저장, 저온 살균, 진공 포장을 포함한 가공에 의해 다양한 음식이 생산된다. 최근에는 'Cuisineen Papillote Sous Vide', 'Cussion Sous Vide', 'Sou Svide Cook-Chill'로 알려진 가공 방법이 다양하게 등장하고 있다.

(2) 수비드(Sous Vide)는 '진공 상태'라는 프랑스어로 진공 상태로 포장한 식자재를 클리프턴 푸드 레인지(Clifton food range)에 넣어 일정한 저온의 물속에서 오랫동안 익히는 조리법으로 타 조리법보다 맛과 풍미가 훨씬 뛰어난 편이다. 진공을 통해 삼투압 작용을 강화시켜 재료의 질감까지도 더 부드럽게 바꿔놓기도 한다.

2) 쿡칠시스템(Cook Chill System)

(1) 식품의 저장을 위해 냉장 방식을 이용함으로써 식품의 분배와 생산을 공간적, 시간적으로 분리시켜 여유 시간이 생기도록 하며, 중앙 조리 주방에서 급식을 준비하여 인근의 사업체, 학교, 병원, 양로원 등으로 분배할 수 있는 방식으로 편의식품을 이용하여 조리하거나 전통적인 방법으로 조리하여 바로 배식하는 것이 아니라 특별히 고안된 냉각기에서 설정된 시간에 따라 급속하게 냉각시킨 냉장고에서 저장하는 방식이다.

(2) 음식의 중심 온도가 70℃ 이상 유지되도록 하여 2분 이상 가열한 후 즉시 또는 최대 30분 이내에 냉각 → 냉각기에서 90분 이내에 음식의 중심 온도가 0~3℃ 이내로 도달 → 음식을 저장한 냉장고에서 급식을 위해 출고 시에는 30분 이내 재가열(재가열 시 음식의 중심 온도가 70℃가 될 때까지 가열) 순으로 진행된다. 음식의 저장 기간에 대한 기준이나 지침은 나라마다 차이가 있지만, 쿡칠 시스템을 사용할 때 냉장고의 온도는 엄격한 관리와 통제가 필수이며, 냉장의 형태로 각 매장으로 운반 후 매장 주방에서 재가열해서 배식한다.

5 식자재별 기본 조리법

1) 쌀의 조리

(1) 밥 : 쌀 또는 잡곡류 씻기 → 불리기 → 가열하기 → 보온

(2) 떡 : 쌀가루 반죽하기 → 성형히기 → 찌기

(3) 쌀국수 : 쌀전분을 가열하거나 압출성형과정을 거치면서 형성된 젤구조를 만들어
이용

2) 밀의 조리

(1) 면류 : 마른국수, 파스타, 라면 등

(2) 빵, 케이크, 과자류 등

3) 콩의 조리

(1) 두부 : 두유 만들기 → 응고 → 탈수 → 성형

(2) 튀긴두부(유부) : 단단하게 만든 두부를 얇게 썰어서 110~120℃에서 튀긴 후
180~200℃에서 다시 튀겨 기호성과 보존성을 증가시킨다.

(3) 청국장 : 콩을 삶아서 볏짚의 발효균을 이용하여 40℃ 정도에서 2~3일 두면 끈끈
한 실이 생긴다.

4) 육류의 조리

(1) 건열조리 : 수분이나 액체를 사용하지 않고, 150~250℃의 고온에서 조리하는 방
법. 삼겹살 구이 등

(2) 습열조리 : 물을 열 전달 매체로 하여 가열하는 조리방법. 찌개나 수육 등

(3) 복합소리 : 먼저 건열조리로 단백질을 응고시킨 후에 습열조리로 마무리

(4) 건조 : 육류의 수분을 감소시켜 저장성을 높여주는 가공저장방법. 육포 등

(5) 염장, 훈연 : 햄, 베이컨, 소시지 등

5) 어패류의 조리

(1) 흰살생선 : 탕, 찌개, 전유어, 회 등에 적합

(2) 붉은살생선 : 구이, 튀김 등의 조리에 적합

(3) 신선한 생선 : 회, 구이, 맑은탕 등 양념을 약하게 하는 조리법

(4) 신선도가 떨어지는 생선 : 조림, 매운탕 등 조미료나 향신료를 많이 첨가하여 양
념과 혼합된 맛으로 조리

1 조리의 기본적인 구성 요소

• 특정 장소(주방 및 보조 시설물)에서, 특정한 사람(조리사)에 의해, 특정 자재(식자재)를 이용하여, 특정한 장비(조리용 장비 및 도구)를 가지고 조리 작업을 실시한다.

1) 주방공간

주방공간은 식자재의 흐름에 따라 검수구역, 저장구역, 전처리구역, 조리구역, 식기세척 구역 등으로 구분하여 주방의 업무순서와 맞춰 동선을 최소화할 수 있다. 주방공간에서 식자재 전처리부터 시작하여 조리하고 접시에 세팅하여 최종 고객에게 전달되기 전까지의 모든 과정이 진행되며, 더불어 고객의 식사 이후 식기세척과 음식물 쓰레기 처리, 조리 후 남은 식자재의 보관, 조리도구와 기물 등의 보관 등이 이루어지는 외식업체의 핵심적인 공간이다. 따라서 주방공간의 설계는 조리종사원의 업무 효율성을 증가시켜 인건비를 절감시키는 동시에 만족도를 높이고 주방에서의 안전사고를 감소시킬 수 있으며, 식자재 반입부터 조리, 잔여 식자재 저장관리까지 식자재의 관리를 통한 식자재 원가절감을 가능하게 하는 등 전반적인 주방의 효율성을 향상시키는 데 도움을 줄 수 있다.

2) 주방설비

주방 설계에 따른 부대설비로서, 주방에서 업무를 할 수 있도록 돕는 설비류를 의미한다. 벽, 바닥, 천장의 설비, 냉·난방 시설을 비롯한 환기 등의 공조시설, 조명과 채광 시설, 급수와 배수를 위한 상하수도, 가스, 스팀 등의 가스 배관과 전기 배선 시설과 식기세척기, 기물 세척 장소 등을 포함한다. 주방은 조리과정에 높은 열과 습기가 발생하며, 튀김류 등에 의해 기름이나 각종 음식물 등이 튀는 경우가 많으므로 오염되기 쉬운 공간이다. 따라서 주방 벽면은 잘 닦이는 재질이면서, 오염물에 의한 더러움이 쉽게 확인될 수 있는 밝은 색상으로 강한 도자기 재질의 유광 타일이 적당하다. 이때 바닥에서 최소 1.5m 높이까지 타일 시공을 해야 한다.

(1) 주방 바닥은 위생적으로 관리할 수 있도록 청소하기 쉬워야 하며, 기름 등이 바닥에 튀는 경우가 많으므로 미끄럽지 않은 재질의 바닥재를 사용한다. 원활한 배수가 이루어지도록 배수구 방향으로 완만한 경사가 이루어지도록 시공해야 한다.

(2) 주방 천장은 바닥으로부터 2.5~3m 정도로 하며, 마감 재질은 습기에 강하고 불에 타기 어려우며 소음을 흡수하는 재질로 보통 타일이나 노출 콘크리트 등을 사용한다.

(3) 공조시설은 '공기 조화 시설'의 줄임말로 온도, 습도, 공기의 질을 관리하는 기기 설비를 의미한다. 주방의 공조시설로는 급/배기시스템, 덕트, 환풍기, 송풍기, 집진기 등이 있다.

(4) 주방 조명은 주방에서의 조리작업 중에 필수적인 요소로 메뉴 생산성과 메뉴의 품질에 영향을 주는 중요한 요소이다. 주방의 조명이 너무 밝은 경우, 조리종사자가 쉽게 피로해지고 전기요금 증가의 원인이 된다. 반대로 주방의 조명이 너무 어두운 경우에는 메뉴의 완성도를 파악하기 어렵고 음식의 색상을 잘못 인식하거나 조리과정 중에 잦은 실수가 나타날 수 있다. 따라서 조리작업 용도에 따라 적절한 밝기와 색상의 조명을 선택하는 것이 중요하다. 그리고 주방 조명은 발열이 심하지 않고, 혹시라도 전구가 깨지는 사고 발생 시 피해를 줄이기 위해 보호커버가 설치된 조명을 사용한다. 최근에는 수명이 길면서 전력소모가 적고 타 전구보다 발열이 적은 LED를 간접조명의 형태로 설치하는 경우가 많다.

3) 주방기기

주방기기는 음식 조리와 보관 그리고 그 외의 주방 업무를 위해 사용하는 모든 기계류를 의미한다.

(1) 주방기기의 종류

(가) 검수 및 저장구역에는 선반, 냉장/냉동고, 저울 등의 측정기기 등이 있다.

(나) 사전 조리구역에는 식자재를 세척하고 절단하는 등의 작업에 필요한 작업대, 싱크대, 세척기, 절단기, 혼합기 등이 있다.

(다) 조리구역에는 조리에 필요한 레인지, 오븐, 회전식 국솥과 만능조리기, 그릴과 밥솥, 튀김기 등이 있다.

(라) 그 외 식기세척기, 음식물 처리기, 소독기, 음료 냉장고 등이 있다.

(2) 주방기기의 조건

    (가) 주방기기의 필요성 : 메뉴계획을 통한 해당 주방기기의 필요성, 음식의 품질 이나 조리종사자의 업무 효율, 메뉴원가 절감 등에 도움이 되는지의 검토가 필요하다.

    (나) 효율적 조리종사자 관리 : 조리종사자의 작업량이나 작업의 난이도 감소를 통한 인건비 절감효과 및 업무 효율을 통해 직원의 근무 만족도를 향상시킨 다.

    (다) 장비의 경제적 수명 : 기기의 내구성이나 사용 환경에 따라 상이하므로 매장 운영 조건에 가장 적합한 기기 선정이 중요하다.

    (라) 적정한 비용 : 초기 구매비용, 기기 설치비, 운영비(에너지 효율), 유지/보수 비용 등을 고려한다.

    (마) 주방기기의 크기와 배치 : 현재 주방공간에 새로운 주방기기 배치가 가능한 지, 현재 메뉴 생산에 있어서 주방기기의 크기가 적정한지에 대한 검토가 필 요하다.

    (바) 그 외 새로운 주방기기의 성능, 안전성, 위생, 디자인 등을 함께 고려한다.

4) 주방기물

기물(器物)은 그릇 기(器)와 물건 물(物)이 합친 단어로, 그릇류를 의미하지만, 일반적으로 외식업에서 주방기물은 주방에서 조리 생산 활동에 필요한 도구들로써 음식을 담고 조리할 때 사용하는 조리도구와 각종 소도구, 음식을 담는 식기류 등을 포함한다. 사용하는 공간에 따라 주방기물과 홀기물로 구분할 수 있다. 주방기물은 주방에서 조리하는 과정에 사용하는 조리도구, 조리기구, 보관용기 등이 있다. 조리도구는 조리를 위해 사용하는 작은 기구나 장치로서 칼, 가위, 도마, 국자, 주걱, 서빙용 스푼, 믹싱볼 등이 있으며, 조리기구로는 프라이팬, 냄비, 솥 등이 있다. 보관용기로 바트, 식자재 보관용기, 소스병 양념통, 양동이 등을 의미한다. 홀기물로는 테이블 웨어(요리를 담는 그릇류 총칭), 커트러리 (요리를 먹기 위해 사용하는 소도구), 서빙용품(편리하게 식사할 수 있도록 도와주는 기물로 트레이, 서빙도구 등) 등이 있다.

(1) 주방기물의 조건

(가) 주방의 노동력 절약방법 중에서 가장 효율적인 것들이다.

(나) 최상의 음식을 조리하기 위한 기물 선택 시 주안점−필요성, 비용, 기물의 성능 또한 특별한 요구에 대한 만족도, 안전성 및 위생 등을 고려해야 하며, 능률적이고 안전한 작업 수행을 위해서는 각종 기물을 효과적으로 선택 구비하여 배치하고, 조리사의 올바른 사용과 유지 관리가 필요하다.

2 주방기기 및 주방기물 준비 시 고려할 점

1) 기능성

식자재와 메뉴에 따라 요구되는 주방 장비의 조건이 다르므로 이를 고려하여 전문적인 기능을 가진 장비를 선택해야 한다. 따라서 장비 구입 시 기물 조작의 용이성, 분해, 조립, 청소의 용이성, 기물의 간편성, 기물의 사용 기간 그리고 성능에 부합되는 비용인가를 고려하여 기물의 성능을 평가 선택해야 한다.

2) 위생성

불특정 다수의 고객에게 메뉴를 제공하기 때문에 식중독 사고에 대한 예방이 필요하다.

3) 안전성

주방에서 주방기기에 의존하여 조리하는 경우가 대부분이므로 주방기기 자체적으로 정상적 마모에 견딜 수 있고 각종 안전사고에 대한 안전성이 전제되어야 한다.

4) 내구성과 유지관리

주방 장비가 고장 나거나 사용하기 어려운 경우 주방 업무에 있어서 많은 지장을 초래하므로 잔고장 없이 유지하는 것이 중요하다.

5) 생산성

주방은 한정된 공간에서 최소의 인력으로 작업을 해야 하므로 이를 위해 주방설계 시부터 동선을 고려하여 주방기기의 합리적인 배치를 통한 생산성 향상이 중요하다. 또한 기물 선정 시 최초의 가격, 설치 비용, 수리비, 감가상각, 보험료, 재정 비용, 작업 비용 그리고 생산 가치와 소비 가치 등의 항목으로 고려하여 선택해야 한다.

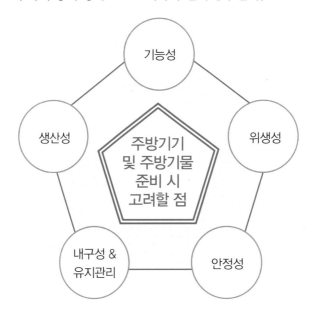

02

메뉴 조리하기

◆ 조리법에 따라 필요한 재료를 준비할 수 있다.

◆ 조리법에 따라 먼저 준비할 수 있는 전처리를 실행할 수 있다.

◆ 본 조리에 필요한 주 재료를 조리법에 따라 조리할 수 있다.

◆ 완성된 메뉴를 미리 정해진 용기에 담아 메뉴 지식에 근거하여 최종적인 확인 절
차를 수행할 수 있다.

2.1 필요한 자재 준비 및 조리 실행

1 식자재 준비 시 고려사항

1) 항시 쉽게 구매 가능하며 일상에서 많이 접할 수 있는 식자재 준비

2) 다종, 다양한 식자재 준비

3) 구매 시 항상 일정한 품질과 가격을 유지할 수 있는 식자재 선택

4) 식중독 등의 위험이 없는 안전성이 있는 식자재 선택

5) 고객들의 식습관과 선호도를 고려하여 식자재 선택

2 조리 공정

- 다양한 요리 중 어떤 특정한 하나의 결과물을 만들어 내기 위해 여러 자재를 투입하여 일정한 과정을 거치게 된다. 생산 공정별 단체 급식이나 외식업에 적용할 때 가장 어려운 점은 식품 제조 가공업에서 적용되는 시스템처럼 품목별 접근을 하기가 곤란하다는 것이다.

- 조리 공정 단계를 입고 및 검수, 저장, 전처리, 보관, 조리, 판매, 세척으로 가정한다. 식품 제조 가공업체에는 HACCP을 적용하기 위해 식품 품목을 유용한 도구로 사용하여 제품의 생산공정을 추적한다. 그러나 소매 단위에서는 다양한 유형의 식자재들이 다양한 메뉴 생산을 위해 동시에 작업을 수행한다.

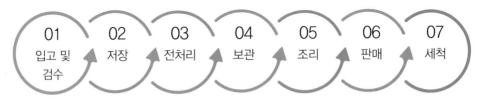

1) 조리 공정의 표준화

  (1) 조리 공정의 표준화는 식품 조리에서 수행되는 작업 공정을 광범위하게 분류하기 위해 요소를 분석하고, 각 중요 관리점을 통제할 관리 기준을 설정하기 위해 필요하다.

(2) 식품 조리 공정의 표준화를 위한 고려사항

    (가) 식품 취급, 가열 조리 시간 및 온도 그리고 개인위생에 대한 훈련

    (나) 모든 잠재 위험 식품을 안전한 내부 온도까지 가열 조리

    (다) 가열 조리 시간을 예측하기 위하여 각 부분의 크기와 두께를 통제

    (라) 식품을 포장할 때는 온도 변화 및 교차 오염 방지를 위해 따로 포장

    (마) 허가된 식품을 사용할 것

    (바) 균일한 온도 유지

3 메뉴조리 수행순서

1) 식자재 준비의 방법 및 과정을 파악

2) 식자재 준비

3) 조리 실시

    (1) 공정 Ⅰ : 검수 → 전처리 → 판매

    (2) 공정 Ⅱ : 검수 → 전처리 → 조리 → 저장 → 판매

    (3) 공정 Ⅲ : 검수 → 저장 → 전처리 → 조리 → 냉각 → 재가열 → 보온 저장 → 판매

4 전처리 방법

1) 세척

식자재를 조리하는 공정에서 중요한 단계이며, 식자재 외부에 부착된 오염물질이나 유해 물질을 제거함으로써 위생적으로 안전하게 보존하고 외관을 보기 좋게 하는 과정이다.

2) 침수

식자재를 물에 담가 오염물 제거와 동시에 건조식품(미역, 건채소 등)은 팽윤시키는 목적으로 활용하는 전처리 방법이다.

3) 썰기

식자재의 크기와 모양을 조절하여 식사 시 식감을 좋게 한다. 식자재의 표면적을 넓게 하여 가열조리 시 열전도율을 높여 조리시간을 단축시키고 조미료의 침투를 쉽게 한다. 그리고 식자재의 비가식부분(뿌리, 지느러미, 아가미 등)을 제거할 때 사용하는 전처리 방법이다.

4) 분쇄와 마쇄

주로 건조 식자재를 가루로 만드는 작업이 분쇄이며, 마쇄는 재료를 써는 것보다 더 곱고 작은 입자로 만드는 과정으로 갈거나 으깨거나 체에 밭치는 조작방법이다.

5) 교반과 혼합

식자재를 젓거나 섞는 방법이다.

6) 냉동과 해동

냉동은 빙점 이하의 온도에서 식품을 장기간 저장하는 것이며, 해동은 냉동된 식자재를 녹이는 과정이다.

2.2 완성 메뉴 최종 확인

1 메뉴 상품

- 외식산업에서 비롯된 메뉴 상품에 관한 연구가 중점 대상일 뿐만 아니라 메뉴 전략은 외식산업의 시작과 끝이라고 할 수 있을 만큼 성패를 좌우하며 장기적인 존재 가치로 기업의 성장과 발전에 절대적인 자리를 차지한다.

- 관광호텔 또는 외식업체에서 판매하는 서비스 상품으로 숙련된 서비스 종사자들에 의해 판매 가능한 음식이나 음료 및 과자류, 케이크류, 빙과류 등 먹고 마시는 상품들을 통틀어 '식·음료 상품'이라고 정의한다.

2 메뉴 상품의 중요성

1) 메뉴를 통하여 식·음료 상품을 구매하고, 고객에게는 고객과의 약속이라는 기대 가치를 전달한다.

2) 메뉴는 식당의 경영 방침과 세부 일정을 결정하는 토대로 집약되어 있다.

3) 메뉴는 식당의 특성과 이미지를 조성해 주는 수단이다.

4) 메뉴는 무형의 서비스맨임과 동시에 세일즈맨이나.

5) 메뉴는 서비스 접객원들과의 의사소통 연결체이다.

6) 메뉴는 요리 연구의 기초 자료이다.

7) 메뉴는 서비스의 약점 보강을 위한 유형이다.

3 음식 디자인 연출

- 푸드스타일리스트는 콘셉트와 대상에 맞게 식품의 자재, 식기를 잘 선택해야 하고 감각적인 음식 공간을 연출함과 동시에 분위기에 맞는 음식을 만들어 먹음직스럽게 보이도록 연출하는 사람이다.

1) 음식 디자인의 기본요소

  (1) 맛 – 음식의 근원적 요소인 '맛'은 음식 디자인의 풍미 요소로서 음식을 입안에 넣었을 때 입안에서 느껴지는 맛과 질감, 풍미(Flavor)의 조화가 필요하다.

  (2) 멋 – 음식 디자인의 요소로서 고객들은 음식을 받게 되면 먼저 눈으로 음식의 가치를 평가하는 중요한 요소로서, 멋의 요소에는 접시에 담는 스타일의 선택이나 배열 등에 의한 전체적인 균형, 통일감, 흐름, 색상의 대비 또는 질감 등을 통해 시각적 외양(Appearance)을 표현(Presentation) 등이 포함된다.

  (3) 어울림 – 단품 요리는 하나의 요리만을 위한 음식 디자인을 하는데, 예를 들어 한 접시 안에 부드럽거나 바삭거리는 두 가지 질감을 대비되게 연출한다. 코스 요리는 두 가지 이상의 요리가 균형 있게 플레이팅을 실시하는데, 예를 들어 한 코스에 크림 같은 특정 품질을 강조하면 다음 코스 메뉴는 바삭바삭한 코스 요리를 제공하여 명쾌한 대조를 이루도록 하는 것이 중요하다.

  (4) 창의성 – 창의성은 음식을 담는 스타일 평가(Plating evaluation) 항목으로 다양한 스타일의 음식 연출(Plate presentation)을 위한 요소이다. 조리사에게 필요한 창의성은 새로운 가능성을 통찰하는 능력, 기존의 방식을 색다르게 창의적으로 생각하는 능력, 시대적 변화에 맞는 기획력, 혁신적인 마인드 및 스토리텔링 능력, 기존의 업무에 대하여 혁신하는 능력 등이 반영된다.

2) 식품의 맛에 관여하는 요인

  물리적인 조건 : 온도, 굳기, 점도 등
  심리적인 조건 : 형태, 외관, 색상, 냄새 등

4 음식과 색

1) 색의 온도감(Temperature of Color)에 따른 분류

  (1) 난색(暖色; Warm Color) – 시각적으로 따뜻한 느낌을 주는 색으로 빨강, 주황, 노랑 계통 – 장파장의 색이며, 편안하고 포근하며 유쾌, 만족감을 느끼게 하는 색채 – 식욕을 돋우는 역할을 하며 진출색이며 팽창색이 이에 속한다.

(2) 한색(寒色; Cool Color) – 차가운 느낌과 서늘한 느낌을 주는 색이며 신선한 느낌을 주는 색 – 보통 파장이 짧은 색으로 물의 색을 연상하게 하는 파란색 계통 – 자극적이지 않으며 차분하고 조용하며 정적인 느낌

(3) 중성색(中性色; Neutral Color) – 난색과 한색의 중간색으로 연두, 녹색, 자주, 보라 계통의 색 – 시각적으로 따뜻하지도 차지도 않은 느낌을 주는 색채 – 식욕을 감퇴시키는 색

2) 색과 맛 이미지

(1) 주황색은 식욕을 증진시키는 색으로 이탈리아 요리점 등이나 패밀리 외식업체에서 자주 사용되는 색이다.

(2) 분홍색은 달콤함을 전하는 색으로 크림색과 조합하여 케이크나 사탕 등 달콤한 과자의 패키지에 사용되고 있는 색이다.

(3) 노란색은 비타민C 색이기도 하며 자양강장제나 칼로리 밸런스 등의 영양 보조 식품, 그 밖의 영양 보조제의 패키지에서 흔히 이용한다.

(4) 파란색은 냉동식품이나 간단한 음료수 표현에 적합하며, 시원함, 스포티한 느낌, 청량감 등의 이미지는 스포츠음료나 청량음료, 생수 등에 이용되며 혈압을 떨어뜨리고 정신적 흥분을 억제하는 등의 침정 효과를 주는 색이다.

(5) 초록색은 자연의 색, 편안함을 주는 색, 에너지의 근원, 아름다움의 기본이 되는 색이다. 녹색이 몸에 좋다고 이야기하는 것은 녹십자의 마크에 녹색이 사용되어 그러한 이미지가 정착되었기 때문이다.

(6) 갈색은 미각의 표현에 적합한 색으로서 맛이 깊고 진하고 향기롭다는 느낌을 전해 주기 때문에 카레나 스튜, 커피, 초콜릿 등 여러 종류의 식품 패키지에서 자주 사용. 특히 진한 갈색은 한약이 연상되는데 쓴맛 또는 매운맛에도 자주 사용되는 추세이다.

(7) 검은색은 와인 초콜릿과 같은 고급스러운 느낌의 제품에 종종 쓰이며, 쓴맛이나 매운맛의 미각을 돋보이게 하므로 블랙커피나 블랙초콜릿, 흑맥주, 카레 등의 쓴맛이나 매운맛이 강한 제품의 패키지에 자주 이용한다.

(8) 흰색은 엷은 맛, 깔끔함, 저칼로리 등의 이미지를 주므로 다이어트 식품 등에 이용. 약간 노란색이 가미된 흰색은 크리미(거품 타입)의 맛이나 달콤함을 표현하여 밀크티, 밀크커피, 화이트소스, 화이트초콜릿 등의 식품 패키지에 사용한다.

5 메뉴 상품의 특징

1) 상품의 구성 요소가 다양

2) 유형과 무형이 조합된 상품

3) 재고가 불가능

4) 복수의 동시 소비가 불가능

5) 환불 불가한 상품

6) 가격 체계가 불균등

7) 유형적인 면에서 동질성이 가능하나 이질성도 강한 편

8) 수요의 편차가 큰 편

9) 노동 집약과 기술 집약적이어서 기계화가 어렵고, 단순노동에 의존하는 산업

10) 소비자의 장소적 의존도가 높은 편

6 조리 공정을 파악

1) 주문 생산 공정(Make-to-Order Process)

   (1) 공정에서의 모든 활동이 개별 고객 주문에 따라 실시

   (2) 따라서 대부분의 경우 주문을 받고 나서 생산하기 시작하지만, 일부의 경우에는 구성품을 미리 준비하여 두었다가 고객 주문에 따라 메뉴를 조리하지만, 이러한 완제품은 표준 제품이지만 재고로 보유하지는 않는다.

2) 계획 생산 공정(Make-to-Stock Process)

   (1) 공정 활동이 제품의 수요 예측에 의해서 이루어지고 생산된 제품은 재고로 보유한다. 계획 생산 공정은 제품 라인에서 표준 제품을 생산하고 이들을 재고로 보유하였다가 고객의 주문이 있으면 즉시 납품한다.

(2) 재고 부족으로 즉시 납품하지 못하는 경우도 발생하게 되는데, 이를 방지하기 위해서 기업에서는 수요 예측, 재고관리, 생산 능력 계획을 잘 수행한다.

(3) 계획 생산 기업에서는 고객의 주문이 아니라 재고의 보충에 초점을 맞추며, 주기는 생산자로부터 시작. 가격이 알맞고 재고가 있으면 고객의 주문은 재고로부터 충당하고, 그렇지 못하면 추후 납품(back order)하기로 합의한다.

3) 조립 생산 공정(Make-to-Assemble Process)

(1) 구성품과 중간 조립품을 미리 생산하여 재고로 보유하였다가 고객으로부터 주문이 있으면 고객 명세서에 따라 최종 제품을 생산하는데, 이렇게 함으로써 중간 조립품의 제한된 재고를 가지고 다양한 고객의 욕구가 충족 가능하다.

(2) 중간 조립품을 계획 생산하여 재고로 보유하고, 완제품은 고객의 주문에 따라 생산하는 두 공정의 혼합 형태이다.

7 완성된 메뉴 점검

1) 메뉴 전체를 점검 시 면, 선, 점의 순서로 스타일링 실시한다. → 가장 쉽게 스타일링하는 방법은 먼저 배경의 가로 세로 형태를 '면'으로 활용하고, 다음으로 식기, 소품, 음식의 형태를 선으로 활용하며, 포인트가 되는 음식의 장식을 점으로 활용한다.

2) 음식을 담는 식기는 계절의 통일감을 느낄 수 있도록 하며, 또한 목적에 맞는 식기를 선택(예: 겨울에 투명 식기를 사용하면 더욱 추운 느낌을 주므로 따뜻한 느낌의 자기 그릇을 사용)한다.

3) 음식의 색상과 식기, 바닥 색상을 통일성 있게 하면서 그중 하나에 포인트 색상으로 변화시킨다.

4) 장식에 따라 메뉴 상품의 가치가 평가될 수 있으므로 음식의 맛과 조화가 잘 이루어 지도록 새로운 스타일로 장식을 연출하는 것이 중요하다.

8 완성된 메뉴의 색상에 따라 메뉴의 맛을 연상

1) 사람들은 음식의 맛을 색과 연동하여 느낀다.

2) 음식의 색을 보고 시식하기도 전에 그 맛의 느낌을 알아내기도 한다.

3) 미각 이미지를 나타내는 색상에서 난색 계열로 단맛을 느끼게 하는 색은 오렌지색, 적색, 황색 게열과 달콤한 맛을 나타내는 분홍색 등이 대표적이다.

4) 신맛을 느끼게 하는 색은 황색 기미를 띤 녹색, 녹색 기미를 띤 황색이 있다.

5) 쓴맛을 나타내는 색은 청색, 갈색, 올리브그린, 보라색이 있다.

6) 짠맛을 나타내는 색은 청색, 연한 녹색과 기미를 띤 회색이 대표적이다.

7) 매운맛은 고추를 연상하게 하는 적색과 검정이 대표적이며, 배색으로 탁한 적색이 적 격이다.

음식의 맛을
색과 연동하여
생각

음식의 색을
보고 시식 전
맛의 느낌을
판단

미각 이미지를
나타내는 색상

03

메뉴평가 및 메뉴분석

◆ 메뉴품질평가 시 품질관리 기준에 따라 계획을 시간별, 일별, 대상 품목별로 수립
  할 수 있다.
◆ 메뉴품질평가표를 작성할 수 있다.
◆ 메뉴품질평가표에 따라 평가할 수 있다.

메뉴평가

⬛ 메뉴평가의 개념

- 외식업체에서 향후 판매할 메뉴가 매출증대와 고객 욕구를 충족시킬 수 있는지 여부를 확인하는 방법으로서 메뉴계획 및 메뉴 개발이 이루어진 후, 메뉴를 판매하기 전과 메뉴를 판매하는 과정에서 실시된다. 소비자의 메뉴 선호도, 맛, 수용가격 등을 평가하는 활동을 의미한다.

- 메뉴평가는 메뉴의 전체적인 느낌, 메뉴의 다양성, 메뉴의 모양, 시각적 효과, 서비스 유형, 목표고객의 유형, 기타 외식업체가 중시하는 특정 요소 등이 포함되며, 크게 메뉴설계에 대한 평가, 다양성 평가, 수익성 평가 등으로 구분되어 평가되어 진다.

⬛ 메뉴평가의 유형

1) 내부평가

외식업체 내부에서 이루어지는 평가로서 주로 원가를 고려한 가격의 적정성, 조리 및 서비스의 편의성 등을 평가한다.

2) 외부평가

전문가 집단과 소비자 집단에 의한 평가로 실시되며, 전문가 집단은 음식의 맛, 향, 색, 양을 포함한 전반적인 느낌과 선호도 등을 평가하며, 소비자 집단 평가는 질문지나 인터뷰를 통하여 이루어진다.

3.2 메뉴분석

1 메뉴분석의 개념

- 메뉴분석은 메뉴판매 후에 실시되는 사후적 개념의 평가방법으로 고객의 메뉴만족도와 외식업체 입장에서의 수익성 두 가지 측면에서 평가하는 객관적 평가방법이다.

- 메뉴분석을 통해 향후 외식업체가 나아갈 사업방향을 결정하기 위한 전략적인 단계로서 현재 메뉴가격의 적정성, 식자재 가격의 적정성, 수익 극대화를 위한 메뉴 판매량, 변경이나 삭제가 필요한 메뉴 파악, 메뉴북 디자인, 메뉴별 고객선호도의 차이 등을 파악하고 문제를 해결할 수 있도록 도와준다.

- 고객 입장에서의 메뉴선호도에 따른 만족, 경영자 입장에서의 수익성, 종사원 입장에서의 노력에 따른 최대 매출을 실현할 수 있는 메뉴 믹스분석 등에 초점을 맞춰 분석된다.

고객 입장
메뉴선호도에
따른 만족

경영자 입장
수익성

종사원 입장
노력에 따른 최대 매출을
실현할 수 있는
메뉴 믹스분석 등

2 ABC분석

- 메뉴분석 방법 중 가장 간편하게 방법으로 비용 산출 없이 매출액만으로 분석이 가능하므로 소규모 외식업체에서 많이 활용하는 방법이다. ABC분석은 상품의 상위 20%가 80%의 높은 매출을 차지한다는 파레토분석(8:2법칙)을 적용하여, 극히 일부분의 메뉴에 의해 대부분의 매출이 일어난다는 것을 알 수 있는 분석방법이다.

1) 메뉴별 매출액 합계를 산출하여 합계가 높은 메뉴부터 A상품군, B상품군, C상품군의 3분류로 나누어 분석하는 방법이다. A상품군은 매출액 상위 80%를 차지하는 메뉴군으로 대표메뉴 또는 주력메뉴에 해당하며, B상품군은 80%~90(95)%를 차지하는 메

뉴군으로 보조메뉴 및 유인메뉴에 해당한다. C상품군은 나머지 5~10%의 메뉴군으로 삭제 또는 개선이 필요한 메뉴로 분류한다.

2) 이러한 분석을 통해 메뉴별 판매상태를 확인할 수 있으며, 고객의 메뉴선호 성향을 파악하여 향후 신메뉴 개발에 도움을 줄 수 있다. 그러나 단순하게 메뉴의 판매수량과 판매금액만을 기준으로 분석하여 메뉴생산과정이나 인건비, 조리강도 등을 제외하였기에 여러 한계점을 지니고 있다.

3 메뉴 엔지니어링

1) 메뉴분석 방법 중 가장 대표적인 방법으로 미국의 M. Kasavana와 D. Smith에 의해 만들어진 방법으로 메뉴선호도(판매량)과 수익성(공헌이익=판매가격−변동비)을 평가하여 메뉴에 관한 의사 결정을 지원하는 정량적 도구이다.

2) 메뉴 엔지니어링은 가장 대표적인 메뉴분석기법이지만 식자재비만 반영하고 인건비와 경비를 제외하였으며, 환경적 영향요인을 배제했다는 한계점이 있다.

3) 메뉴선호도와 수익성을 기준으로 4가지의 메뉴군으로 분류할 수 있다.

(1) Stars 메뉴 : 메뉴선호도와 수익성이 모두 높은 메뉴로서 분석된 메뉴 중에서 가장 수익성이 높으면서 고객에게 인기 있는 메뉴군이다. 여기에 속하는 메뉴는 대부분 고객을 유인하는 메뉴이며 정책적으로 판매촉진하는 메뉴이다. 이러한 메뉴는 현재 메뉴의 품질을 엄격하게 관리하여 현 상태를 그대로 유지할 수 있도록 관리활동이 필요하며, 가격탄력성이 낮을 경우에는 조심스럽게 가격 인상을 시도하여 좀더 높은 공헌이익을 얻을 수 있도록 하며, 메뉴북에서는 눈에 잘 띄는 곳에 배치하는 것도 좋은 방법이다.

(2) Puzzles 메뉴 : 수익성은 높지만 메뉴선호도가 상대적으로 낮은 메뉴로서 여기에 속하는 메뉴는 비교적 대중적인 인기는 적으나 높은 공헌이익을 창출하는 메뉴군이다. 이러한 메뉴는 메뉴선호도를 높여서 Stars 메뉴에 포함될 수 있도록 노력할 필요가 있다. 예를 들어 적극적인 마케팅활동을 하거나 판매가격을 인하하여 선호도를 높이도록 한다. 또는 메뉴명을 변경하거나 메뉴북에서의 위치를 조정하여 고객이 잘 볼 수 있도록 하는 방법도 있다.

(3) Plowhorses 메뉴 : 메뉴선호도는 높으나 수익성이 상대적으로 낮은 메뉴로서 비교적 대중성 있는 메뉴이지만 인기에 비해 공헌이익이 낮은 문제가 있다. 따라서 수익성을 높여서 Stars 메뉴가 될 수 있도록 개선방안을 연구할 필요가 있다. 예를 들어 식자재 원가를 낮추어 공헌이익을 높이거나 경쟁업체와 비교하여 메뉴의 차별성이 크다면 판매가격 인상을 시도해 보는 것도 좋다. 또는 메뉴북에서의 재배치나 스타일링 변경 등을 통해 가격인상하는 방법을 모색해 보는 것도 필요하다.

(4) Dogs 메뉴 : 메뉴선호도와 수익성이 모두 낮은 메뉴로서 가장 바람직하지 못한 메뉴군에 속한다. 따라서 선호도와 수익성을 동시에 높이는 개선방법이 필요하며, 다른 메뉴군들과의 관련성이 없거나 적은 경우 원칙적으로 제거하기도 한다. 하지만 무작정 Dogs 메뉴를 삭제할 경우 다른 메뉴가 Dogs 메뉴가 될 수 있으므로 신중히게 결징해야 한다.

01 식자재관리의 의의에 대한 설명 중 잘못된 것을 선택하시오. (난이도: ★★)

① 외식산업에서 자재는 원재료로 음식에 투입되는 소재이다.
② 식자재관리는 식자재의 구매, 검수, 저장, 출고 등과 관련된 모든 업무이다.
③ 외식업에서 식자재는 영업이익에 아주 작은 부분 기여한다.
④ 각 식자재의 유효기간, 포장상태 등 보존특성을 잘 파악해야 한다.

02 식자재 재고관리에 대한 올바른 설명 중 잘못된 것을 선택하시오. (난이도: ★★)

① 물품의 수요가 발생했을 때 신속하고 경제적으로 대응한다.
② 재고 유지관리는 발주 시기, 발주량, 적정재고수준에 따라 결정한다.
③ 재고조사는 매장의 규모, 식자재 종류와 수량에 따라 다르다.
④ 재고는 항상 최고재고량을 유지하도록 하여야 한다.

03 다음 중 재고관리에 대한 설명 중 올바른 것은? (난이도: ★★)

① 식자재 재고관리에서 재고수량을 줄이면 매장 운영 비용을 줄일 수 있다.
② 매월 한 번 반드시 월초에 재고를 시행하는 것이 월간 재고 조사이다.
③ 일주일 영업 중 하루 동안만 실시하는 것을 1일 재고 조사이다.
④ 1일 재고 조사는 수량 부족으로 긴급 발주나 재고 부족의 어려움을 초래한다.

04 재고관리의 의의에 대한 설명 중 올바른 것을 선택하시오. (난이도: ★)

① 저장고의 입고와 출고 품목과 수량은 전표를 통해서는 파악을 할 수 없다.
② 재고관리 소홀과 태만으로 수불부상의 품목과 수량이 불일치할 수 있다.
③ 수량의 최적화로 적정재고를 유지할 수 있지만, 수익 구조는 영향이 없다.
④ 공급받은 모든 식자재를 전표로 처리할 필요 없다.

정답 01 ③   02 ④   03 ①   04 ②

05 재고 유지 프로그램 수립을 위해서 요구되는 사항이 <u>아닌</u> 것은? (난이도: ★★)

① 최소 취급 재고 목표 수립
② 정기적으로 판매 우수상품 및 부진 리스트를 매장에 제공
③ 매장 직원 개인별로 섹션 관리 시스템 구축은 불필요함
④ 카테고리별, 아이템별 가격 장부 리스트 보유

06 재고 회전율에 대한 설명으로 <u>틀린</u> 것을 고르시오. (난이도: ★)

① 일정기간 재고가 몇 회전했는지를 파악한다.
② 재고 품목의 평균 사용횟수를 의미한다.
③ 재고 회전율은 일징기간 사용량을 평균 재고량으로 나눠준다.
④ 매장 직원 개인별로 판매실적을 파악할 수 있다.

07 "정량 발주"에 대한 설명으로 <u>틀린</u> 것을 고르시오. (난이도: ★★★)

① 재고가 일정 수준(발주점)에 이르면 일정 발주량, 즉 경제적 발주량을 발주해야
   한다.
② 안전 재고는 매장의 품질 비용을 증가시키지만, 운영 비용은 감소한다.
③ 수요와 공급 기간이 변동이 있을 경우 안전 재고를 확보하여야 한다.
④ 정량 발주 방식은 저가품목이어서 재고 부담이 적다.

08 "정기 발주"에 대한 설명으로 <u>틀린</u> 것을 고르시오. (난이도: ★★★)

① 정기 발주는 일정한 기간나나 성기적으로 발주를 하는 방식이다.
② 정기 발주는 종류가 적고 중요품목을 대상으로 하는데, 고가품목이다.
③ 발주 수량이 공급 기간에 따라 변하기 때문에 공급 주기도 일정하지 않다.
④ 재고 부담이 크고, 조달 기간이 오래 걸리는 품목이다.

정답 05 ③   06 ④   07 ②   08 ③

09 실재고 현황 파악에 대한 설명으로 <u>틀린</u> 것을 고르시오. (난이도: ★)

① 식품 재고의 정리 정돈으로 재료 찾는 시간을 절약할 수 있다.
② 종업원에게 재고 사용과 관리 교육을 수시로 한다.
③ 초과 재고를 방지하는 것은 막을 수 없다.
④ 잘못된 재고관리는 즉시 바로 잡아야 한다.

10 식자재관리 담당자의 업무가 잘못된 것을 고르시오. (난이도: ★★)

① 온도, 일광, 습기로 변질되기 쉬운 품목을 특별 관리한다.
② 유통기한 근접 품목은 특별히 관리한다.
③ 곤충, 기타 동물로 인해 피해가 예상되는 품목은 주의 깊게 관리한다.
④ 화학적 반응을 일으킬 가능성이 있는 품목은 관리 목록에서 제외한다.

다음 각 설명에 대해서 빈칸에 알맞은 것을 쓰세요. (주관식)

01 재고관리 시스템은 수요량, 재고량, (   )의 세 가지 상관관계에서 총비용이 최소가 되는 적정 재고량을 결정하는 방식으로 정량 발주형, 정기 발주형, 절충형 등으로 구분된다. (난이도: ★)

02 (   )는 수요와 공급 기간이 확실한 경우에는 예상 발주 수량과 실제 수요량이 유사하게 되지만, 수요와 공급 기간에 변동이 있을 경우 완충 재고(buffer stock)개념의 안전 재고를 확보하여야 한다. (난이도: ★★★)

03 입고된 식자재의 온도를 측정한다. 냉장식품은 얼지 않아야 하며 (℃) 이하, 냉동식품은 (℃) 이하여야 한다. (난이도: ★★)

04 (   )보관실은 냉장 또는 냉동 온도 관리가 필요 없는 식자재로서 일반적으로 50~60%의 상대습도를 유지한다. (난이도: ★★)

05 A식당은 지난 5월 말 재고액이 200,000원이고, 6월 식재료 매입액이 2,500,0000이었다면, 6월 말 한 달 식품비 재고액이 300,000원이었다. 이 식당의 사용 재료비를 구하시오. (난이도: ★★★)

정답 01 발주량   02 정량 발주   03 0~10, -18   04 실온   05 2,400,000원

01 다음 중 식자재에 대한 설명 중 **틀린** 것은? (난이도: ★★)

① 자연조건에 따라 식재료의 품질과 생산량에 많은 영향을 받는 편
② 음식을 만드는 데 사용되는 모든 재료를 일컫는 말로 메뉴 생산을 위한 필수요소
③ 메뉴 선정 시 우선적으로 식자재를 고려
④ 메뉴 원가 중 50% 이상으로 가장 큰 부분을 차지

02 다음 중 식자재의 중요성에 대한 설명 중 **틀린** 것은? (난이도: ★)

① 외식업체 이윤을 결정하는 중요한 요소
② 메뉴의 계획단계에서부터 결정
③ 식자재의 안정성은 메뉴의 안전성과 직결
④ 메뉴 원가 중 고정비로서 모든 메뉴가 동일한 비율 유지

03 다음 중 식자재관리 효과에 관한 설명으로 **틀린** 것은? (난이도: ★)

① 최적의 식재료 품질을 유지하여 고객에게 최상의 메뉴 제공 가능
② 식자재 손실을 최소화하여 식자재 원가절감을 통한 이익 증대 가능
③ 고객이 선호하는 식재료와 조리방법 파악 가능
④ 정확한 검수 및 재고관리 능력이 향상

04 다음 중 조리의 목적에 해당하지 않는 것은? (난이도: ★)

① 전통성
② 영양성
③ 기호성
④ 위생성

정답 01 ④   02 ④   03 ③   04 ①

05 주방공간은 식재료 흐름에 따라 업무순서와 동선의 최소화에 맞게 설계되어야 하는 바, 주방공간 설계 시 입구부터 구역설정을 할 때 맞는 순서는? (난이도: ★★)

① 검수구역 → 전처리구역 → 조리구역 → 저장구역 → 식기세척구역
② 저장구역 → 검수구역 → 전처리구역 → 식기세척구역 → 조리구역
③ 검수구역 → 저장구역 → 전처리구역 → 조리구역 → 식기세척구역
④ 전처리구역 → 검수구역 → 저장구역 → 조리구역 → 식기세척구역

06 다음 중 습열조리법에 해당하는 것은? (난이도: ★★★)

① 소테(Saute)
② 그릴링(Grilling)
③ 브레이징(Braising)
④ 포칭(Poaching)

07 다음 중 복합열조리법으로 맞게 짝지어진 것은? (난이도: ★★★)

① 브레이징(Braising), 스튜잉(Stewing)
② 브레이징(Braising), 블랜칭(Blancging)
③ 스튜잉(Stewing), 소테(Saute)
④ 포칭(Poaching), 그릴링(Grilling)

08 다음 중 주방설비에 대한 설명으로 틀린 것은? (난이도: ★★★)

① 주방 바닥에서 최소 1.5m 높이까지 타일 시공을 해야 한다.
② 주방 소명은 메뉴 품질에 영향을 주기 때문에 최대한 밝은 조명을 사용한다.
③ 주방의 공조시설로는 급/배기 시스템, 덕트, 환풍기, 송풍기, 집진기 등이 있다.
④ 주방 천장은 바닥으로부터 2.5~3m 정도로 해야 한다.

정답 05 ③ 06 ④ 07 ① 08 ②

09 다음 중 주방기기 및 주방기물 준비 시 고려할 사항으로 맞게 연결된 것은? (난이도: ★★)

① 기능성, 위생성, 안전성
② 위생성, 디자인, 생산성
③ 안전성, 브랜드, 내구성
④ 유지관리, 가격할인율, 기능성

10 다음 중 조리구역에서 사용하는 주방기기에 해당하지 않는 것은? (난이도: ★★)

① 회전식 국솥
② 만능조리기
③ 절단기
④ 오븐

11 다음 중 ABC분석에 대한 설명으로 틀린 것은? (난이도: ★)

① 메뉴분석 방법 중 가장 간편한 방법
② 파레토분석(8:2법칙) 방법 적용
③ 메뉴별 판매량이 높은 메뉴부터 A, B, C상품군으로 구분
④ A상품군은 상위 80%를 차지하는 메뉴군으로 대표메뉴 또는 주력메뉴에 해당

12 다음 중 메뉴 엔지니어링에 대한 설명으로 틀린 것은? (난이도: ★)

① 메뉴분석 방법 중 가장 대표적인 방법
② 메뉴선호도와 수익성의 상관관계를 파악하여 평가하는 정량적 도구
③ Stars 메뉴는 가장 수익성이 높으면서 고객에게 인기 있는 메뉴군
④ Plowhorses 메뉴는 수익성은 높으나 메뉴선호도가 상대적으로 낮은 메뉴군

13 다음 중 전처리의 방법 중 잘못 짝지어진 것은? (난이도: ★★)

① 마쇄: 식재료를 젓거나 섞는 방법
② 수세: 식재료에 부착된 오염물질이나 유해물질을 제거하는 과정
③ 침수: 식재료를 물에 담가 오염물 제거, 건조식품 팽윤 등의 목적으로 활용
④ 분쇄: 주로 건조 식재료를 가루로 만드는 작업

정답 09 ①　　10 ③　　11 ③　　12 ④　　13 ①

다음 각 설명에 대해서 빈칸에 알맞은 것을 쓰세요. (주관식)

01 (A)는 콘셉트와 대상에 맞게 식품의 재료, 식기를 잘 선택하고 감각적인 음식 공간을 연출함과 동시에 분위기에 맞는 음식을 만들어 먹음직스럽게 보이도록 연출하는 사람을 의미한다. (A)에 해당하는 직업은 무엇인가? (난이도: ★)

02 외식업체에서 향후 판매할 메뉴가 매출증대와 고객 욕구를 충족시킬 수 있는지 여부를 확인하는 방법으로 메뉴계획 및 메뉴 개발 이후, 메뉴 판매 전과 메뉴 판매 과정에서 실시되며 소비자의 메뉴 선호도, 맛, 수용가격 등을 평가하는 활동을 무엇이라고 하는가? (난이도: ★★)

03 메뉴분석 방법 중 가장 간편한 방법으로 상품의 상위 20%가 80%의 높은 매출을 차지한다는 파레토분석을 적용하여 비용 산출 없이 매출액만으로 분석이 가능한 소규모 외식업체에서 많이 활용하는 방법은 무엇인가? (난이도: ★)

04 메뉴 엔지니어링은 가장 대표적인 메뉴 분석 방법으로 미국의 M. Kasavana와 D. Smith에 의해 만들어졌다. 이는 (A)와 수익성(공헌이익)을 평가하여 메뉴에 관한 의사 결정을 지원하는 정량적 도구이다. A에 해당하는 평가요인은 무엇인가? (난이도: ★★★)

05 메뉴 엔지니어링을 통해 메뉴분석 시 분석된 메뉴 중에서 수익성은 높지만 메뉴선호도가 상대적으로 낮은 메뉴로서 여기에 속하는 메뉴는 비교적 대중적인 인기는 적으나 높은 공헌이익을 창출하는 메뉴군은 무엇인가? (난이도: ★★)

정답 **01** 푸드스타일리스트   **02** 메뉴 평가   **03** ABC분석   **04** 메뉴 선호도 또는 판매량   **05** Puzzles 메뉴

"외식운영관리사NCS(National Competency Standards, 국가직무능력표준) 연계표는
음식서비스 · 식품가공 인적자원개발위원회(ISC)에서 작성함"

능력단위	과목명	능력단위요소		수 행 준 거		
외식고객 서비스관리	고 객 서 비 스 · 마 케 팅 관 리	**기본응대 서비스 하기**	○	기본 응대 서비스 매뉴얼을 활용하여 매장에 맞는 응대 서비스 매뉴얼을 제작할 수 있다.	○	
				매장 응대 서비스 매뉴얼을 직원에게 설명할 수 있다.	○	
식자재관리				매장 응대 서비스 매뉴얼에 따라 서비스 수준이 유지될 수 있도록 관리할 수 있다.	○	
메뉴 품질관리		**포지션별 응대 서비스 하기**	○	고객의 동선에 따라 입점 안내부터 퇴점시까지의 포지션별 응대 서비스 목록을 만들 수 있다.	○	
				고객 포지션에 맞는 응대 서비스를 실행할 수 있다.	○	
매장 시간대별 업무관리				고객 포지션별 응대 직원에 대한 적절한 응대 수준을 평가할 수 있다.	○	
				포지션별 응대 서비스 평가결과를 바탕으로 원활한 서비스가 진행될 수 있도록 개선할 수 있다.	○	
매장 인력관리		**상황별 응대 서비스 하기**	○	매장 상황에 따라 응대 서비스 항목을 만들 수 있다.	○	
				상황별 서비스에 맞는 응대 서비스 매뉴얼을 만들 수 있다.	○	
				상황별 응대 서비스 매뉴얼에 따라 매장 직원에게 상황별 응대 요령을 숙지시킬 수 있다.	○	
				상황별 고객 응대 서비스를 평가하고 개선할 수 있다.		
매장 교육관리		**매장 마케팅 계획 수립하기**	○	통제할 수 없는 거시적 환경과 마케팅 활동에 직접적으로 영향을 미치는 미시적 환경을 분석할 수 있다.	○	
				매장 마케팅환경 분석 시 SWOT분석을 실시할 수 있다.	○	
매장 위생관리				매장 마케팅계획 수립 시 목표를 설정하고 객수 및 객단가 증진 방법 등의 매장 마케팅 계획을 수립할 수 있다.		
				매장 마케팅계획이 브랜드 이미지와 연계될 수 있도록 수립할 수 있다.		
				차별화된 마케팅 기법을 수립할 수 있다.		
매장 안전관리		**매장 마케팅 활동 실행하기**	○	매장 마케팅계획에 따라 세부 활동 계획을 수립할 수 있다.	○	
				세부 활동 실행 시 효율적으로 홍보할 수 있는 채널을 선택할 수 있다.	○	
매장 마케팅관리				세부 활동 실행 시 고객인지도가 극대화 될 수 있는 홍보물을 제작할 수 있다.	○	
				세부 활동 실행 시 마케팅 내용을 정확하게 인지하고 적극적으로 실행할 수 있다.		
매장 손익관리		**매장 마케팅 성과 분석하기**		매장 마케팅성과 분석 시 마케팅활동에 따른 매장 매출 상황을 분석할 수 있다.		
				매장 마케팅성과 분석 시 마케팅활동 비용을 정확히 분석할 수 있다.		
비대면 서비스 운영관리				매장 마케팅성과 분석 시 마케팅 목표 대비 성과에 따른 달성도를 분석할 수 있다.		
				매장 마케팅성과 분석 시 실질적인 마케팅 성과 결과를 정리하고 시사점을 도출할 수 있다.		

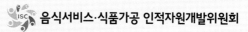
음식서비스·식품가공 인적자원개발위원회

지식		기술		태도		NCS 외
고객 응대 서비스 지식	○	기본 응대 서비스 매뉴얼 응용 기술	○	응대 서비스 기준 항목 준수	○	
고객 접점에 대한 지식		매장 응대 서비스 수행 능력	○	적극적인 응대 서비스 매뉴얼 실천 의지		
고객 만족에 대한 지식		매장 응대 서비스 매뉴얼에 대한 관리 능력		기본 응대 서비스에 대한 긍정적 사고		
매장 응대 서비스 매뉴얼 작성 지식	○	매장 응대 서비스 매뉴얼 작성 능력	○	고객 응대 서비스에 대한 적극적 자세		
고객 동선에 대한 지식		포지션별 고객응대에 대한 기준항목 작성 기술	○	포지션별 고객응대 기준지침에 대한 적극적인 수용		
고객 만족에 대한 지식						
고객 접점에 대한 지식		포지션별 고객응대에 대한 교육훈련 능력		포지션별 고객응대에 대한 긍정적 사고		
포지션별 응대 서비스 지식		포지션별 고객응대에 대한 평가 능력		포지션별 고객응대에 대한 적극적인 자세		
고객접점 서비스 평가 방법		포지션별 응대서비스 적용 능력				
고객 만족에 대한 지식		상황별 응대 서비스 기준항목 작성 기술	○	위기상황에 대한 예측 및 대처 능력		
고객 접점에 대한 지식		상황별 응대 서비스 적용 능력		상황별 응대 서비스 기준 지침에 대한 적극적인 수용 의지		
상황별 응대 서비스 지식	○	상황별 응대 서비스 교육 능력		상황별 응대 서비스에 대한 긍정적 자세		
서비스 실패에 대한 회복 지식		상황별 응대 서비스 평가 능력	○	상황별 응대 서비스에 대한 적극적 자세		
경제 환경에 대한 지식	○	매장 주위 환경 분석 기술	○	마케팅계획 수립에 대한 전략적 사고	○	
매장 마케팅 관련 지식	○	SWOT 분석 기술	○			
매장 매출 분석 지식		STP 수립 능력	○	매장 환경 분석에 대한 효율적이고 유연한 사고		
		목표 수립 능력	○			
고객 자료 분석 지식	○	전략 프로그램 도출 능력		마케팅계획에 대한 적극적인 참여 의지		※ 인터넷 마케팅
경쟁사 분석 지식	○	고객 니즈 파악 능력				
마케팅 세부 목표 수립 지식	○	각종 홍보 도구에 대한 장단점 평가 능력	○	목표 수립 달성에 대한 적극적 의지	○	※ 상권입지 분석
각종 홍보 도구 지식	○	대행 협력 업체 선정 능력		적극적으로 소통하려는 자세		※ 광고, 인적판매 등 판매촉진
		그래픽 구현능력				
홍보 제작 대행 업체 지식	○	협력 업체 및 직원간 원활한 의사소통 능력		마케팅실행에 대한 적극적인 참여 의지		
매장 매출 분석 지식		트렌드 분석 능력		매출 현황에 대한 객관적 분석 의지		
손익계산서 작성 지식		계획 대비 성과 분석 능력		매장 성과를 개선할 수 있다는 긍정적인 자세		
마케팅효과 분석 지식		효과 검증 및 대안 도출 능력		시사점을 도출하고 개선하려는 의지		

NCS 기반

외식
운영관리사

고객 서비스 · 마케팅관리

I. 고객 서비스관리

01

기본 응대 서비스

◆ 기본 응대 서비스 매뉴얼을 활용하여 매장에 맞는 응대 서비스 매뉴얼을 제작할 수 있다.

◆ 매장 응대 서비스 매뉴얼을 직원에게 설명할 수 있다.

◆ 매장 응대 서비스 매뉴얼에 따라 서비스 수준이 유지될 수 있도록 관리할 수 있다.

매장 응대 기준표 작성

1 서비스의 정의

1) 일상적인 서비스 정의

- 서비스라는 용어의 어원은 11세기부터 시작되었다. 웹스터사전에 의하면 서비스의 어원은 '노예의 상태'라는 뜻의 라틴어 'Servitium'과 노예를 뜻하는 프랑스어 'Servus', 그리고 영어의 Servant, Servitude, Servile 등에서 기원했다고 알려져 있다. 즉, 서비스란 '노예가 주인에게 충성을 바쳐 거든다'는 의미에서 출발했음을 알 수 있다.

서비스의 일상적인 의미

예시	의미
이 화장품 사면 서비스 없나요?	덤, 공짜
이 식당은 서비스가 만점이네요.	친절
역시 '삼성'이 최고야. 서비스가 완벽하니깐.	애프터 서비스
오늘은 내가 가족들을 위하여 서비스한다.	봉사
완벽한 서비스로 고객을 지켜드립니다.	안전

2) 경제학적 정의

경제학 분야에서는 서비스를 용역이라 부르며 유형적인 재화와 구분하고 있다. 결국 경제학에서 말하는 서비스는 비생산적 노동, 비물질적 재화로 정리할 수 있다. 또한 서비스는 행위(deeds), 과정(processes), 그 결과인 성과(performances)가 포함된다.

3) 경영학적 정의

서비스는 일반적으로 무형적인 속성을 띠는 일련의 행동으로서 고객과 서비스 종업원 또는 물리적 자원, 제품, 서비스 공급자의 시스템 사이의 상호작용 속에서 발생되며 이를 통해 고객이 지닌 문제점에 대한 해결책을 제시해 주는 것이다.

2 서비스 흐름도 작성

서비스 흐름도를 작성하기 위해서는 첫째 서비스의 흐름을 정리하고, 둘째 서비스 흐름은 고객들이 신속하고 안정감 있는 서비스를 받을 수 있도록 하며, 셋째 서비스 흐름도를 작성하여야 한다. 매장의 서비스 프로세스 흐름도는 고객에게 인사를 시작으로 하여 메뉴를 제공하고 이후 계산까지의 흐름을 담고 있다. 매장 응대 서비스는 태도, 몸짓 대화, 어조, 재치, 호칭, 주의력, 안내, 판매 제안, 문제 해결로 나누어 서비스 내용을 체크할 수 있다. 이 서비스 내용들은 고객들과의 상호소통과정에서 주의 있게 다루어야 하는 내용들이다.

◆ 매장의 서비스 프로세스 흐름도

◆ 매장 응대 서비스 기준표

구분	서비스 내용
태도(attitude)	서비스 제공자는 긍정적인 태도
몸짓 대화 (body language)	서비스 제공자의 얼굴 표정, 눈인사, 미소, 다듬어진 몸동작
어조(tone of voice)	항상 개방적이고 우호적인 어조 유지
재치(tact)	고객들에게 부담을 주지 않고 재치 있게 일 처리
호칭(naming)	고객들에게 만족 수준을 높이는 기회
주의력(attentiveness)	손님을 음식 판매의 대상으로 보는 것이 아니라 하나의 인격체로 대우
안내(guidance)	제공하는 서비스에 대하여 완벽한 이해
판매 제안 (suggestive selling)	고객들이 유용한 제품이나 서비스를 인식할 수 있는 상품을 소개
문제 해결 (problem solving)	고객에게 발생한 문제나 불평을 조용하고 부드럽고 호의적으로 해결

1 서비스 교육의 이해

- 서비스 교육의 설계는 학문성, 직관성, 현실 관련성, 적합성을 고려하여 설계되어야 하며 교육훈련 설계 과정에는 훈련 계획, 훈련 강사 전문성, 훈련 범위, 훈련 방식이 들어가야 한다.

◆ 서비스 교육훈련 설계 과정

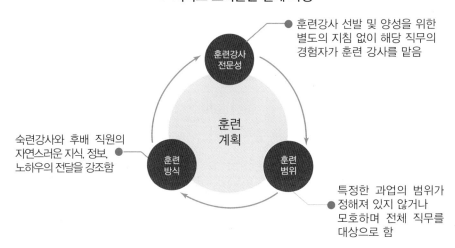

훈련강사 선발 및 양성을 위한 별도의 지침 없이 해당 직무의 경험자가 훈련 강사를 맡음

숙련강사와 후배 직원의 자연스러운 지식, 정보, 노하우의 전달을 강조함

특정한 과업의 범위가 정해져 있지 않거나 모호하며 전체 직무를 대상으로 함

2 서비스 교육 훈련의 종류

1) 오리엔테이션

동료 및 상사와의 접촉 기회 제공, 실무에 필요한 기초지식 습득을 통한 적응, 경영방침과 현황 파악 등을 위한 훈련으로 신입사원이나 신입생 등 새로운 환경에 놓인 사람들에 대한 환경 적응을 위한 교육이다.

2) 직장 내 교육훈련(OJT)

상사 또는 선배가 부하나 후배에게 직무에 필요한 지식, 기술, 태도를 일을 통하여 체계적이고, 경험 중심적으로 훈련시키는 방법으로 일반적으로 신입사원 때 업무에 적응하는 기간 진행하기도 하고 혹은 직무 이동 및 인사 발령에 따라 새로운 업무를 배울 때 하는 교육훈련 방식이다.

3) 직장 외 교육훈련(OFF-JT)

교육훈련 또는 연수시설의 외부 교육전문가를 회사 내에 초빙하여 교육을 진행하거나, 회사 밖의 전문 교육훈련 기관에 위탁하여 교육을 실시하는 방법으로 부서 고유의 업무가 아닌 회사 전반적인 시스템, 회사가 추구하는 가치관, 정신 교육 등을 할 때 쓰는 교육훈련 방식이다.

3 서비스 교육훈련의 진행과정

1) 수요조사 및 목표 설정

직무 교육훈련을 실시하기 전에 수요조사를 통해 훈련이 필요한 직무와 직원의 요구사항을 파악하고, 훈련이 필요한 대상 그룹의 업무 역할, 역량, 성과, 문제점 등을 파악하여 훈련의 목표와 학습목표를 설정한다.

2) 교육과정 설계

교육훈련의 내용과 방법, 훈련 일정 등 세부 교육과정을 설계한다.

3) 교육자 선정 및 교육자료 준비

직무 교육 가능한 교육자를 선정하고 필요한 교육자료를 준비한다.

4) 교육훈련 진행

계획된 일정과 방법에 따라 직무 교육훈련을 진행한다.

5) 평가 피드백

교육훈련이 끝난 후에는 교육 결과를 평가하고 피드백을 제공한다.

6) 결과보고 및 개선

교육 결과를 보고서로 작성하여 보고하고, 교육과정에서 발견된 문제점을 해결하고 개선하기 위한 계획을 수립한다.

◆ 서비스 교육과정 설계 예시

4 서비스 응대 기준표 교육 절차 계획

1) 서비스 응대 기준표의 교육 절차를 계획

교육 절차는 준비, 제시, 적용, 점검의 순서대로 이루어지며 교육 절차의 세부 내용은 교육의 목적과 교육 내용과 정해진 수업의 교육 및 학습을 종합적으로 계획하여야 한다.

◆ 응대 기준표 교육 절차

구분		세부 내용
제1단계	준비(preparation)	학습자에게 그들이 해야 할 행동을 보여준다.
제2단계	제시(presentation)	학습자가 해야 할 행동과 그 이유를 말해 준다.
제3단계	적용(application)	학습자가 실제 일을 시도해 보도록 한다.
제4단계	점검(inspection)	학습자의 행동에 대해 칭찬과 피드백을 제공한다.

2) 서비스 응대 기준표의 행동 방법을 설명

매장 응대 서비스 기준표는 서비스를 서비스 내용(서비스 흐름도 참고)에 따라 나누고 행동포인트(태도, 몸짓 대화, 어조, 재치, 호칭, 주의력, 안내, 문제 해결)를 응대 기준표(매우 부족, 부족, 보통, 우수, 매우 우수)에 맞추어 체크한다.

◆ 매장 응대 서비스 기준표 예시

구분	서비스 내용	행동 포인트	응대 기준표				
			매우 부족	부족	보통	우수	매우 우수
서비스1 ~ 서비스15	고객에게 인사~계산 후 잔돈지불, 신용카드 영수증 제공	태도					
		몸짓 대화					
		어조					
		재치					
		호칭					
		주의력					
		안내					
		문제 해결					

3) 서비스 응대 기준표의 기본 행동 서비스를 숙련

직무 분석과 문제 분석 그리고 대안 제시를 통하여 서비스를 숙련시킨다.

(1) 직무 분석 단계

직무 분석을 실시하는 경우에 일반적으로 다음과 같은 다섯 가지 단계를 거치게 된다. 1단계는 직무 또는 일의 능력 요건을 분석하는 단계이고, 2단계는 담당자의 능력 요건 습득 상태를 확인하는 단계이고, 3단계는 담당자의 훈련 필요 사항을 파악하는 단계이고, 4단계는 구성원 모두에게 공통으로 요구되는 훈련 필요성을 파악하는 단계이고, 마지막 5단계는 개별 지도 계획을 작성하여 실시하는 단계이다.

(2) 문제 분석 단계

문제 분석을 실시하는 경우에 일반적으로 다음과 같은 다섯 가지 단계를 거치게 된다. 1단계는 현재의 문제점을 파악하는 단계이고, 2단계는 문제의 증거(구체적 사실, 숫자, 상태 등)를 수집하는 단계이고, 3단계는 원인을 탐색하는 단계이고, 4단계는 문제점(핵심이 되는 원인)을 확정하는 단계이고, 마지막 5단계는 지도, 교육 훈련 계획을 작성하여 실시하는 단계이다.

(3) 대안 제시 단계

대안 제시를 실시하는 경우에 일반적으로 다음과 같은 네 단계를 거치게 된다. 1단계는 개인과의 대화를 통하여 목표 및 과제를 설정하는 단계이고, 2단계는 목표 달성을 위한 계획, 방법, 순서 등에 조언을 하는 단계이고, 3단계는 성과에 대한 대화를 통해서 성패의 문제점을 자기 반성시키도록 하거나 성패의 책임을 추궁하는 것이 아니라 원인을 규명하고 개선하는 방법을 찾도록 하는 단계이고, 마지막 4단계는 대화를 통해서 보다 고차원적인 목표를 설정하는 단계이다.

매장 서비스 수준 유지 관리

1 서비스 품질의 정의

• 루이스(Lewis)와 붐스는 서비스 품질을 "인도된 서비스가 고객의 기대와 얼마나 일치하는가의 척도"라고 정의하고, 서비스 품질은 고객의 기대에 일치되도록 일관성 있게 서비스를 제공하는 것을 의미한다고 하였다.

1) 서비스 품질의 특성

(1) 객관적 품질과 지각된 품질

서비스 품질은 객관적 품질과 소비자에게 지각된 주관적 품질의 특성을 지니고 있다. 객관적 품질은 사물이나 사건의 객관적인 면이나 특징을 포함하고 주관적 품질은 객체에 대한 사람들의 주관적인 반응을 나타낸다.

(2) 과정과 결과

결과품질은 고객이 기업과의 상호작용에서 무엇을 받는냐를 나타내며, 과정품질은 고객이 서비스를 어떻게 받는가 또는 서비스 제공과정을 어떻게 경험하는가를 나타낸다.

(3) 기대와 성과의 차이

서비스 품질은 기대와 성과의 비교에 의해 결정된다. 즉, 소비자들은 여러 영향요소에 의해 제공될 서비스에 대해 기대를 갖게 되며, 이러한 기대를 기준으로 실제로 제공받는 서비스의 성과를 비교함으로써 서비스 품질을 평가하게 되는 것이다.

2 서비스 품질의 구성요인

• 파라슈라만(Parasuraman) 등은 서비스 품질을 "고객이 서비스를 받는 동안 형성되는 지각된 성과와 서비스를 받기 전에 고객이 가졌던 기대와의 비교"로 정의하고, 이것을 고객이 지각한 성과에서 사전에 가졌던 기대를 뺀 것으로 보았다. 그들은 4개의 서비스산업을

대상으로 소비자와 경영자를 선정하여 탐색조사를 실시한 결과 서비스 품질을 구성하고 있는 10가지 차원, 즉 유형성, 신뢰성, 반응성, 능력, 예절, 신용성, 안정성, 접근 가능성, 의사소통, 고객이해를 발견하였다.

◈ **매장 서비스 수준의 결정 요소**

구분	세부 내용
유형성(tangibles)	물적 시설, 장비, 인력 등의 요인
신뢰성(reliability)	약속한 서비스를 정확하게 수행할 수 있는 능력
반응성(responsiveness)	고객을 돕고 신속한 서비스를 제공하기 위한 의지
능력(competence)	서비스 수행에 필요한 기술과 지식의 숙지
예절(courtesy)	고객에 대한 정중함과 친절함의 유지
신용성(credibility)	서비스 제공자의 진실
안전성(security)	위험이나 의심의 여지가 없는 상태
접근 가능성(access)	공급자에 대한 접근 용의성
의사소통(communication)	고객의 말에 귀 기울이고 이해할 수 있는 능력
고객 이해(understanding)	고객의 입장이 되어보고 관심을 기울이는 정도

포지션별 응대 서비스

◆ 고객의 동선에 따라 입점 안내부터 퇴점 시까지의 포지션별 응대 서비스 목록을 만들 수 있다.

◆ 고객 포지션에 맞는 응대 서비스를 실행할 수 있다.

◆ 고객 포지션별 응대 직원에 대한 적절한 응대 수준을 평가할 수 있다.

◆ 포지션별 응대 서비스 평가결과를 바탕으로 원활한 서비스가 진행될 수 있도록 개선할 수 있다.

1 기본적인 외식 서비스패키지 개발

1) 핵심서비스

핵심서비스는 한마디로 시장에서 서비스의 존재의의를 나타낸다. 예를 들면 '즐겁고 추억이 될 만한 식사'가 될 것이다.

2) 촉진서비스

핵심서비스를 이용하기 위해서 부대 서비스가 필요한 경우에는 촉진서비스가 핵심서비스 이용을 촉진시킬 수 있다. 예를 들면 주방 설비나 주방기기, 식자재 그리고 서비스 직원의 상품 지식 등을 말한다.

3) 보조서비스

보조서비스를 촉진서비스와 마찬가지로 부대서비스지만 그 사명이 다르다. 즉, 보조서비스는 핵심서비스의 이용이나 소비를 촉진하기보다 서비스를 경쟁자와 차별화하거나 가치를 증진시키기 위해서 이용된다. 예를 들면 인테리어, 주차시설, 그리고 기타 편의시설을 말한다.

2 외식 서비스 품질

- 외식업체의 서비스 품질은 고객만족에 영향을 미치는 요소, 즉 고객이 중요시하는 서비스 속성을 의미한다. 서비스는 그 고유한 특성으로 말미암아 객관적으로 품질을 평가하기 어렵다. 따라서 고객은 지각된 위험을 회피하기 위해 자신의 주관적 판단에 의해 평가할 수밖에 없다.

◆ **외식업체 서비스 품질 예시**

외식업체 서비스 품질	세부 내용
유형성	시설과 장비는 최신 종사원들의 옷차림새, 용모는 단정 건물 외관은 훌륭 부대시설(주차장, 화장실 등)은 최고의 수준 실내 장식 및 색상, 규모는 최고의 수준
신뢰성	고객에게 약속한 것을 꼭 수행할 의지가 있음 약속한 서비스를 제때 고객에게 정확히 제공 고객 서비스를 최우선으로 수행 고객 자료를 정확하게 기록 및 관리 고객의 문제를 진심으로 해결하려고 노력
반응성	서비스 내용에 대해 정확히 알려줌 항상 고객들을 도우려는 의지 고객 서비스를 신속히 잘 수행 바빠도 고객 요구 사항에 즉각 응함
보증성	고객 개개인에게 세심하고 자상한 관심 고객에게 항상 정중하게 예의 믿음이 가는 신선한 재료를 사용 메뉴 및 고객에게 응답할 충분한 업무 지식
공감성	고객이 묻는 요구사항을 잘 이해 최대 관심사는 고객 고객 개개인에게 세심한 관심 고객에게 확신을 주는 행동 고객이 편리한 시간에 영업 및 근무
음식의 질	음식의 양 음식의 영양가 음식의 맛 음식의 재료는 신선

3 응대 서비스 목록 작성 과정

1) 매장 내의 서비스 흐름을 파악

매장 내의 서비스 흐름을 파악하는 방법은 매장 내부의 고객들이 이용하는 서비스를 파악하고, 그에 따른 흐름을 파악하는 것이다. 이를 위해서는 매장 내부에서 고객들이 이용하는 서비스를 분류하고, 각 서비스별로 고객들이 이용하는 흐름을 파악해야 한다. 이를 위해서는 매장 내부에서 고객들의 행동을 관찰하거나 설문조사를 통해 데이터를 수집할 수 있다.

2) 출입구에서 고객을 맞이한다.

출입구에서 고객을 맞이할 때는 일어서서 "안녕하십니까? 무엇을 도와드릴까요?"라고 공손하게 인사를 드린 후 업무를 처리해 드리는 것이 좋다. 복장은 단정하게, 자세는 바르게, 말씨는 상냥하게 한다. 업무 여건상 앉아서 맞이할 때는 미소 띤 밝은 얼굴로 인사한다. 방문 목적이 무엇인지 확인하고, 빠른 시간 내에 해결한다. 시간이 걸리거나 본인의 업무가 아닌 경우에도 고객이 불쾌하지 않도록 친절하게 설명해야 한다. 고객의 질문에 대해서는 부드럽고 적극적인 음성으로 응대한다.

3) 예약 대장을 확인한다.

예약한 고객과 방문한 고객과의 일치 여부를 예약 대장에서 확인한다.

4) 고객을 테이블로 안내한다.

예약된 테이블로 고객을 안내하고 혹시라도 예약된 테이블이 사용 중일 경우에는 양해를 구하고 다른 테이블로 안내한다.

5) 물, 메뉴판, 기본 세팅물을 제공한다.

세팅된 도구들을 다시 정리해 주고 그 위에 차가운 물과 따뜻한 물을 둔 다음 고객에게 메뉴판을 전달한다.

6) 메뉴를 주문받는다.

메뉴를 주문받을 때 예약 시 메뉴를 확정했다면 추가메뉴나 메뉴 변경이 없는지 확인한다.

7) 메뉴 주문 내용을 확인 후 메뉴판을 수거한다.

메뉴는 신속하게 받아 적고 메뉴판을 수거해도 되는지 고객에게 물어본 이후 메뉴판을 수거한다.

8) 메뉴를 서빙한다.

메뉴의 순서에 맞게 메뉴를 서빙하고 고객마다 메뉴가 다를 경우 다른 고객에게 다른 메뉴가 가지 않게 서빙한다.

9) 추가 주문을 받는다.

부족한 게 없는지 확인한 후 추가 주문이 없는지 확인한다. 확인할 때 고객이 대화 중이라면 대화가 끝나기를 기다렸다가 추가 주문을 물어봐야 한다.

10) 식사 종료 후 테이블 및 집기류를 치운다.

고객이 테이블에서 일어나면 테이블을 다른 고객이 이용할 수 있도록 신속하게 치운다.

11) 계산을 한다.

메뉴를 확인하여 계산하고 고객이 가격에 대한 의문을 표시하면 메뉴판을 보여주면서 확인을 시켜주어야 한다.

12) 고객을 배웅한다.

재방문을 위한 좋은 인상을 주기 위해 고객에게 친절한 배웅 인사를 한다.

1 서비스의 IPA(Importance-Performance Analysis)분석의 개념

- IPA분석은 다양한 서비스 및 정책에 대한 강점과 약점을 분석하는 데 광범위하게 사용되고 있는 유용한 분석기법이다. 일반적으로 서비스는 다양한 요소들로 구성되어 있는데, 개별 구성 요소에 대해 고객이 느끼는 중요도를 만족도와 종합적으로 분석하는 것이다.

- IPA분석은 체계적인 만족도를 측정하기 위해 고객이 이용 전에 느끼는 각 속성별 중요도와 고객이 이용 후 느끼는 만족도를 동시에 비교·분석하는 평가 기법이다.

◆ IPA 매트릭스

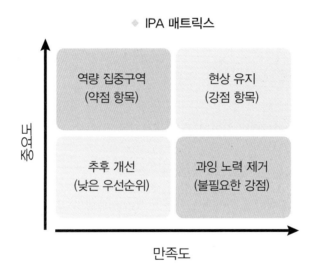

2 서비스의 중요도와 만족도 분석 의미

구체적으로 보면 IPA는 중요도와 만족도에 따라 '현상 유지(keep up the good work)' '집중 구역(concentrate here)' '낮은 우선순위(low priority)' '과잉 제거(possible overkill)' 영역으로 구분하고, 각각에 해당하는 서비스 속성 요소에 대한 경영 전략을 제시하는 것을 골자로 한다. IPA 기준에 의거해 소비자들이 느끼는 각 기업의 서비스 요소에 대한 중요도·만족도 조사를 하고 해당 기업이 효과적으로 서비스 품질 개선을 달성할 수 있는 방안을 고민할 수 있다.

3 메뉴 서빙의 중요성

메뉴 서비스 수준이 높을수록 모방이 힘들어지며, 서비스 수준이 높은 매장일수록 접점 종업원이 항상 일정한 서비스 품질 수준을 유지한다.

4 추가 주문의 중요성

추가 주문(suggest sales)이란 고객이 무엇을 필요로 하고 있는가를 잘 이해하고 거기에 맞는 상품을 권유하여 판매하는 것으로 접점 종업원이 제공하는 서비스 수준은 곧 회사 자체의 서비스 수준이 된다.

5 계산 처리의 중요성

계산 과정은 신속하고 정확하게 이루어질 수 있도록 훈련되어야 하며, 계산 중에 고객과의 대화를 통해 서비스의 품질과 만족도를 체크하여야 한다.

6 응대 서비스 실행하기

응대 서비스를 실행하는 것은 고객을 맞이하는 인사에서부터 메뉴를 서빙하고 배웅하기까지의 일련의 과정이다.

1) 고객을 반갑게 맞이한다.
2) 고객의 요구사항을 정확히 파악한다.
3) 고객의 요구사항에 맞는 서비스를 제공한다.
4) 고객의 불만사항이 있을 경우, 적극적으로 대처한다.
5) 고객에게 인사를 하고 감사의 말씀을 전한다.

2.3 응대 직원의 응대 수준 평가 및 개선

1 서비스 품질의 측정

- 서비스 품질의 측정방법은 1985년 파라슈라만 등이 지각된 서비스 품질과 관련된 개념 모델을 제시한 이래 발전되었으며 SERVQUAL 측정방법은 차이점에 의한 접근방법으로 지각된 서비스와 기대 서비스 간에 시차를 두지 않고 자료가 수집된다. SERVQUAL은 서비스 품질을 결정짓는 10가지 차원을 실증적 연구를 통해 5개 차원으로 압축시켰다.

1) 유형성(Tangibles) : 물적시설·장비·인력·서비스 제공자의 외모
2) 신뢰성(Reliability) : 약속된 서비스를 믿음직스럽고 정확하게 수행할 수 있는 능력
3) 반응성(Responsiveness) : 고객을 돕고 신속한 서비스를 제공하겠다는 의지
4) 확신성(Assurance) : 직원들의 능력, 예절, 신빙성, 안정성을 전달하는 능력
5) 공감성(Empathy) : 사려 깊은 개별적인 관심을 보일 준비성

◆ SERVQUAL 5차원

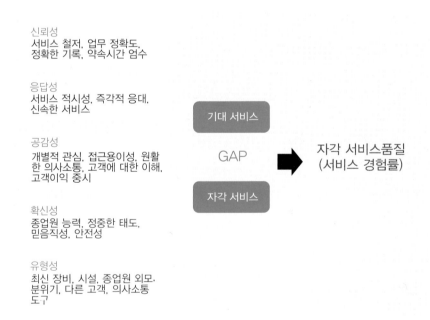

2 응대 직원의 응대 수준 평가 수행

서비스 응대 직원의 수준 평가는 출입구에서 고객을 맞이하는 순간에서부터 고객을 배웅하는 순간까지의 모든 응대 서비스 수준을 평가하는 것이다. 전화모니터링을 통해 직원의 고객 응대 태도 및 서비스 수준을 점검하고, 부진사항과 우수사례를 파악하거나, 고객만족도 설문조사를 통해 고객의 서비스 경험과 만족도를 측정하고, 개선점과 강점을 도출한다. VIP 고객 응대 교육을 통해 직원의 서비스 응대 수준을 향상시키고, 기업 서비스 핵심가치와 일치시킨다.

3 응대 직원의 응대 수준 개선 수행

서비스 응대 직원의 응대 수준 개선 수행은 고객을 맞이하는 순간부터 고객을 배웅하는 순간까지의 모든 응대 서비스 평가 결과를 바탕으로 서비스를 개선하는 것이다. 고객의 기대 수준을 이해하고 고객의 입장에서 생각하고 올바른 서비스 응대 화법을 배우고 연습한다면 응대 직원의 서비스 수준은 개선된다.

03

상황별 응대 서비스

◆ 매장 상황에 따라 응대 서비스 항목을 만들 수 있다.

◆ 상황별 서비스에 맞는 응대 서비스 매뉴얼을 만들 수 있다.

◆ 상황별 응대 서비스 매뉴얼에 따라 매장 직원에게 상황별 응대 요령을 숙지시킬
수 있다.

◆ 상황별 고객응대 서비스를 평가하고 개선할 수 있다.

3.1 매장 상황에 따른 응대 서비스 항목 작성

1 고객의 유형별 고객 응대 서비스

1) 신규고객

신규고객은 전반적인 운영 방식에 대해 묻는 경우가 많으며, 때로는 어떻게 질문해야 할지 모르기도 한다. 신규고객이 경험한 첫 고객 서비스가 만족스럽다면, 브랜드 충성도가 싹트고 반복 고객이 될 가능성이 매우 커진다.

2) 충동적인 고객

충동적인 고객은 마음에 드는 제품이나 서비스가 눈에 띄면 상대적으로 빠르게 구매하는데, 보통 설명을 꼼꼼히 읽거나 듣지 않는다. 따라서 구매한 제품이나 서비스가 자신이 생각한 것과 다르면 고객 불만을 제기할 가능성이 높다.

3) 화난 고객

화난 고객은 차분하고 분명한 어조로 고객이 곤경에서 벗어나려면 정확히 어떤 것이 필요한지 조목조목 알려줘야 한다. 공감 능력을 키우면 불만이 많은 고객을 매우 효과적으로 응대할 수 있다.

4) 주장이 강한 고객

주장이 강한 고객을 응대할 때는 더 효율적인 해결 방안이 있다는 사실을 증명하는 것이 중요하다. 동시에 고객니즈를 만족시켜주고 영향력을 지닌 고객처럼 느끼도록 정중히 응대하는 것이 필수이다.

2 비협조적 고객 응대 서비스

고객들은 항상 성인군자처럼 얌전하지도 않고, 항상 올바른 것도 아니다. 항상 어딘가에는 매우 다루기 어려운, 까다로운 고객이 있기 마련이며, 이 때문에 이런 고객들을 어떻게 다룰지 신경을 쓸 필요가 있다.

◆ 비협조적 고객의 대처방안

고객의 유형	대처방안
이기주의자 (egocentric)	– 이 사람의 자존심이 다른 사람의 자존심을 훼손시키지 않게 함 – 이 사람의 자존심에 호소함 – 규정을 들어 이야기하지 않도록 함
중상비방자 (bad-mouth)	– 보이지 않는 곳으로 이동시킴 – 욕설은 모르는 체하고, 핵심 문제를 들어봄 – 선택적으로 합의토록 함 – 이슈에 집중토록 함
히스테리자 (hysterical)	– 보이지 않는 곳으로 이동시킴 – 자신이 생각하는 문제점을 분출할 수 있도록 함 – 문제에 대해 책임을 짐 – 사과를 함
독재주의자 (dictatorial)	– 종업원을 못살게 굴지 않도록 함 – 그 사람을 목소리가 큰 사람으로 대우하지 않도록 함 – 우는 아이 젖 주는 식으로 해서는 안 됨 – 매우 직설적으로 이야기함
무임승차자 (freeloading)	– 그냥 참고 무료로 제공함 – 이런 사람은 예외적인 경우라는 것을 명심함 – 이 사람의 행적을 추적하고 법적 조치를 취함 – 다른 매장과 이 사람에 대한 정보를 공유함

3 고객 참여의 관리

서비스 전달과정에 고객의 참여를 늘리는 것은 서비스의 공급량을 증대시키고 서비스 차별화를 할 수 있는 전략이다. 장점은 고객이 서비스를 자신의 욕구에 맞출 수 있으며, 공급자가 서비스를 직접 생산할 때보다 저렴하고 더 빠르게 생산할 수 있다. 그러한 예로 셀프서비스가 있다.

1) 대고객신뢰의 개발

서비스 생산과정에 고객의 참여를 증대시키기 위한 활동은 고객의 입장을 도외시해서는 안 된다. 고객신뢰를 확보하기 위한 방안으로는

첫째, 뛰어난 고객서비스를 우선하기

둘째, 고객서비스 투명하기

셋째, 고객 피드백 및 리뷰 공유하기의 방법이 있다.

2) 편익의 촉진과 시험구매 자극

고객의 셀프서비스와 관련된 주요한 혜택은 바로 편의성, 맞춤 서비스의 제공 및 비용 절감에 있고 이는 고객의 편익을 촉진시키는 한 가지 방법이다. 고객 편익은 고객 만족으로 이어지고 새로운 제품이나 서비스에 시험구매를 자극할 수 있는 요인을 제공한다.

3) 고객습관의 이해

고객은 다른 고객을 닮고 싶어 하는 모방 심리를 갖고 있다. 고객은 서비스 직원보다 우월하다는 심리를 또한 갖고 있다. 고객은 모든 서비스를 독점하고 싶어 하는 심리가 있으며 고객은 언제나 중요한 사람으로 인식되고 기억해 주기를 바란다. 이 때문에 풀서비스를 셀프서비스로 전환하는 데 있어 따르는 주요 문제점은 왜 고객들이 처음에는 풀서비스 조건을 선호하는지 그 이유를 망각하기 때문이다.

4) 새로운 절차의 사전시험

모든 셀프서비스는 종업원뿐만 아니라 고객들에 의해 사전에 충분히 검토되어야 한다. 서비스가 불안정한 상태로 고객에게 제공된다면 서비스 실패가 발생하고 이를 돌이킬 수 없기 때문에 새로운 서비스는 제공되기 전 사전시험이 필요하다.

5) 소비자 행동의 결정요소 이해

셀프서비스 대안에 대한 소비자의 편익을 고려할 때 소비자 행동의 중요결정요소를 이해해야 한다. 소비자 행동의 결정요소는 크게 심리적 요인, 사회적 요인, 문화적 요인, 개인적 요인, 경제적 요인의 5가지 요인으로 분류해 볼 수 있다. 심리적 요인은 소비자의 인식과 태도에 영향을 미치며, 사회적 요인은 소비자가 속한 집단이나 사회환경에 따라 영향을 받는다. 문화적 요인은 소비자가 속한 문화권이나 지역에 따라 영향을 받으며, 개인적 요인은 소비자의 성격, 가치관 등 개인적 특성에 따라 영향을 받는다. 마지막으로 경제적 요인은 가격, 수익, 비용 등과 같은 경제적 요소에 따라 영향을 받는다.

4 매장 상황에 따른 응대 서비스 항목 작성 수행하기

1) 외식 이용 고객의 유형별(계층별) 고객 응대 서비스 특징

외식 이용 고객의 유형별(계층별) 고객 응대 서비스 특징을 확인하여 그에 맞는 서비스 항목을 작성할 수 있어야 한다. 어린이, 청소년, 중·장년층, 주부 고객, 노인 고객들은 각기 다른 특징을 이해하지 못하고 그에 적합한 서비스를 실행하지 않으면 고객과 서비스 공급자 사이에 문제가 발생할 수 있다.

(1) 어린이 고객 응대 서비스 특징

어린이 동반 고객의 특징은 어린이에 대한 관심을 고객 자신에 대한 관심으로 여긴다는 것이다. 응대요령으로는 어린아이의 특징을 파악해서 적절한 칭찬을 하고, 울거나 칭얼거릴 때 윽박지를 것이 아니라 살짝 안아주거나 다독거려 준다. 어린이를 위해 껌이나 사탕을 준비하는 것도 효과적이다.

(2) 청소년 고객 응대 서비스 특징

청소년 고객은 아동기에서 성인기에 이르는 과도기에 있기 때문에 신체적·정서적·도덕적·사회적 발달이 활발하게 이루어지는 시기이다. 감수성이 예민하고, 주변 환경의 영향을 많이 받는다. 또한, 정체성에 대한 혼란을 느끼는 경우가 많고 정신적으로 불안정하기 쉬운 시기이므로 고객 응대 시 주의를 요한다.

(3) 중·장년층의 성인 고객 응대 서비스 특징

중장년 고객은 가정적, 경제적, 사회적으로 안정적인 위치에 있기도 하지만, 불안정하고 어렵기도 하는 등 개인에 따라 편차가 매우 크다. 또한, 일반적으로 경제활동 참여율이 높고, 가족 중심적·독립적 자립 의식이 강하며, 사회공헌에 참여 의사는 높으나 실제 참여율은 저조한 세대이다. 합리적 소비와 자신의 기호를 분명하게 하는 것도 중·장년 고객의 서비스 특징에서 고려할 사항이다.

(4) 주부 고객 응대 서비스 특징

주부 고객은 품질·가격·디자인, 나아가 사후 서비스까지 어느 것 하나 그냥 지나치는 법 없이 꼼꼼히 따져보고 구매한다. 하지만 이런 점 때문에 3040 여성 소비자는 마

케팅 측면에서 오히려 득이 될 수 있다. 여성의 요구 조건과 기대 수준을 세심하게 파악하면 개선점과 신제품 아이디어를 얼마든지 찾아낼 수 있다.

(5) 노인 고객 응대 서비스 특징

노인 고객은 서비스나 상품을 구매할 때 신뢰(Trust)를 매우 중요하게 생각한다. 젊은 층에 비해 상대적으로 더욱 신뢰를 중시하고, 한 번 형성된 신뢰는 더 오래 지속된다는 특징을 보인다. 새로운 것을 시도하는 데 보수적이다. 어떤 물건을 잘못 구매하거나 계약하여 금전적 손실을 입는 경우, 만회가 쉽지 않기 때문에 매우 조심한다.

◆ 유형별(계층별) 고객 응대 서비스 특징

고객 유형	서비스 특징
어린이 고객	① 단순하고 호기심이 강하다. ② 새로운 것을 찾는다. ③ 집중하는 시간이 짧고 산만하다. ④ 온순하고 순종적이다.
청소년 고객	① 감수성이 예민하다. ② 반응이 빠르다. ③ 쉽게 이야기하고 전파한다. ④ 자기 주장과 개성이 강하다. ⑤ 사물을 직선적으로 보는 경향이 있다. ⑥ 매우 현실적이고 타협적이다. ⑦ 또래 집단으로 무리를 지어 다닌다.
중장년 고객	① 합리적이고 냉철하다. ② 실질적이고 소비 성향이 강하다. ③ 실천적이고 행동적이다. ④ 자신의 기호가 분명하다.
주부 고객	① 매장 방문에 대한 기억과 서비스에 대한 기대가 강하다. ② 신속한 경제성을 우선적으로 고려한다. ③ 의심이나 요구사항이 다른 계층보다 상대적으로 높다. ④ 외형적인 모습과 상품에 대한 관심이 크다. ⑤ 어린이에 대한 관심을 자신에 대한 관심으로 여긴다.
노인 고객	① 급격한 변화를 싫어하고 보수적이다. ② 인내심이 강하고 감정표출을 자제한다. ③ 지나친 간섭을 싫어한다. ④ 욕구에 대한 집착이 뚜렷하다.

2) 외식 이용 고객의 유형별(심리별) 고객 응대 서비스 특징

(1) 까다로운 고객 응대 서비스 특징

까다로운 고객은 성향이 예민하거나 '무슨 일에 있어서 꼼꼼한 고객을 의미한다.

(2) 근심 · 걱정형 고객 응대 서비스 특징

근심 · 걱정형 고객은 조급하거나 소극적일 수 있기 때문에 고객 의도를 파악하는 데
유의하여야 한다.

(3) 재촉, 성급한 고객 응대 서비스 특징

재촉 · 성격 급한 고객은 일반적으로 자신의 눈앞에 펼쳐진 상황을 처리하는 데 있어
빨리 결정하며 답답한 것을 참지 못하고 그 즉시 처리하려는 성향이 있어 일을 그르치
고 실수가 많다고 생각하기 쉽다. 하지만 상황변화에 대한 재빠른 판단과 의사결정으
로 차일피일 선택을 미루고 신중하게 생각하는 사람보다 사회에서 크게 성공한 사람
이 많다는 검증결과도 있다.

(4) 자존심이 강한 고객 응대 서비스 특징

자존심이 강한 고객은 권위적일 수 있고 과시욕이 있을 수 있는 고객이다. 그러한 자
존심을 건드리지 않고 고객을 응대해야 한다.

(5) 명랑, 쾌활한 고객 응대 서비스 특징

고객 중 명랑 · 쾌활한 고객은 응대하기가 편하며 응대 시 주변에 따뜻한 시선을 만들
어 주기에 적합한 고객이다.

(6) 온순, 얌전한 고객 응대 서비스 특징

내성적일 수 있는 온순 · 얌전한 고객은 긴장하게 되면 의사표현을 잘 못할 수 있고 불
편사항에 대하여도 적극적으로 이야기하지 않을 수 있다.

◈ 외식 이용 고객의 유형별(심리별) 고객 응대 서비스 특징

고객 유형	서비스 특징
까다로운 고객	① 사사건건 트집을 잡는 경향이 있다. ② 상품(메뉴)을 신뢰하지 못한다. ③ 입맛이 까다롭다. ④ 세심한 것에도 신경이 예민하다.
근심 · 걱정형 고객	① 매사에 고민이 많고 조급해한다. ② 겁이 많고 소극적이다. ③ 감정을 드러내지 않거나 망설인다.
재촉, 성급한 고객	① 성격이 급한 편이다. ② 종업원의 신속한 조치를 원한다. ③ 시간에 쫓기는 사정이 있을 수 있다.
자존심이 강한 고객	① 권위적이다. ② 반말을 하는 경우도 있다. ③ 안하무인격의 성향이 있다. ④ 자신이 어디에서든 최고의 대접을 받아야 한다고 생각한다. ⑤ 제멋에 사는 것을 좋아하거나 과시욕이 있다. ⑥ 책임자에게 접근하려고 한다.
명랑 · 쾌활한 고객	① 적극적이다. ② 비교적 상대하기 쉽다. ③ 후에 인간적인 교류까지 연계될 수 있다. ④ 외적인 의사표현을 확실히 한다.
온순 · 얌전한 고객	① 내성적이라 수줍어한다. ② 목소리에 긴장감이 없다. ③ 긴장하며 말을 한다. ④ 저자세의 모습을 보인다. ⑤ 속마음이나 불편 사항에 대한 내색을 하지 않는다.

3) 외식 이용 고객의 유형별(특별 계층) 고객 응대 서비스 특징

(1) 외국인 고객 응대 서비스 특징

외국인 고객을 응대하는 방법에는 여러 가지가 있다. 그중 한 가지 방법으로는, 고객이 사용하는 언어로 응대 서비스를 제공하는 것이 있다. 또 다른 하나는 메뉴판을 해당 국가의 언어로 만든 것을 제공하는 것이다.

(2) 장애인 고객 응대 서비스 특징

장애인 고객을 응대할 때는 다음과 같은 점들을 유의해야 한다.

① 장애인 당사자의 눈을 마주치고 응대하려고 노력해 주세요.

② 먼저 도움이 필요하신지 여부를 물어 주세요.

③ 계속 힐끔힐끔 쳐다본다든지 쭈뼛거리면서 응대를 망설이지 말아 주세요.

④ 시간이 다소 소요되더라도 의사를 확인하면서 업무를 진행해 주세요.

◆ **외식 이용 고객의 유형별(특별 계층) 고객 응대 서비스 특징**

고객 유형	서비스 특징
외국인 고객	① 대화가 어려울 수 있다. ② 문화의 이질감으로 인하여 취향이 다를 수 있다. ③ 분위기에 어색하다. ④ 상품 정보에 어둡다.
장애인 고객	① 거동이 불편하다. ② 미안해하거나 주위를 의식한다.

4) 외식 이용 고객의 시간대별 고객 응대 서비스 특징

(1) 피크타임 시 이용 고객 응대 서비스 특징

피크타임 시에는 고객 응대 서비스 실패 확률이 높아지기 때문에 서비스를 제공할 시 긴장을 유지하고 신속하고 빠르게 고객 서비스를 제공하여야 한다. 서비스 느리게 제공되면 충분한 서비스를 받지 못한 고객의 클레임이 발생할 수 있기 때문이다.

(2) 아이들 타임 시 이용 고객 응대 서비스 특징

피크타임과 반대로 매장에 고객이 거의 없는 유휴시간인 아이들 타임에는 재방문 고객을 유치하기 위해 서비스 제공에 집중하여야 한다. 아이를 동반한 가족 고객에게 맞춤화된 서비스를 제안하고 제공하는 등 피크타임에는 여유를 갖고 수행하기 어려운 활동들을 수행하여 고객 충성도를 제고할 수 있다.

◆ 외식 이용 고객의 시간대별 고객 응대 서비스 특징

고객 유형	서비스 특징
피크타임 시 이용 고객	① 신속하게 동작한다. ② 빠르고 경쾌하게 응대한다. ③ 서비스 사각지대의 발생을 방지한다. ④ 체계적인 역할 분담과 근무를 진행한다. ⑤ 고객 요구의 완급을 조절한다.
아이들 타임 시 이용 고객	① 정확한 서비스를 제공한다. ② 여유 있고 친근한 응대를 한다. ③ 좀 더 폭넓은 서비스를 제공한다. ④ 인력을 효율적으로 활용한다. ⑤ 고객 요구를 적극적으로 수렴한다.

5) 외식 이용 고객의 고객 유형별 고객 응대 서비스 특징

다양한 고객 유형에 따라서 고객 응대 서비스를 다르게 제공할 수 있고 또한 고객의 유형을 명확하게 알고 있어야만 응대 서비스에 차별화를 둘 수 있다. 물론 이러한 유형별 고객을 서비스 제공 시 바로 확인할 수 없기 때문에 충분한 시간을 가지고 고객을 관찰하여 그 특징을 정리하는 게 중요하다. 협조형, 경계형, 의기소침형, 프라이드 강한, 과장형, 피곤형, 이유형 고객의 특징을 정리하면 다음 표와 같다.

◆ 외식 이용 고객의 고객 유형별 고객 응대 서비스 특징

고객 유형	서비스 특징
협조형 고객	① 온순하고 조용하다. ② 서비스맨의 설명을 잘 들어준다. ③ 도중에 가로막지 않는 사람이다. ④ 서비스맨도 기분 좋게 설명할 수 있다. ⑤ 고객도 만족스럽게 식사를 하는 타입이다.
신중형 고객	① 비교하고 검토하는 타입이다. ② 메뉴 결정에 시간이 다소 오래 걸리는 고객이다. ③ 서비스맨이 지쳐 떨어지기 쉬우니 인내심을 필요로 한다.
경계형 고객	① 서비스맨이 가장 다루기 힘든 타입이다. ② 상태를 파악하면서 이해하도록 노력한다. ③ 성실한 설명으로 고객의 경계심을 최소화하는 태도와 자세를 보여야 한다.
의기소침형 고객	① 여성보다는 주로 남성에 많다. ② 부끄러움을 많이 타는 타입이다. ③ 설명이 길어지지 않도록 주의한다.
프라이드가 강한 고객	① 고객 스스로를 높이려는 타입이다. ② 저렴한 메뉴부터 소개하면 기분 나빠한다. ③ 비싼 메뉴를 설명하면 예산의 차이로 인해 자존심이 상해서 돌아가 버리는 경우가 있다. ④ 고객 심리 파악을 통해 중간 가격의 메뉴부터 소개한다.
과장형 고객	① '고객은 왕이다'라고 하는 의식이 강한 타입이다. ② 많은 칭찬과 존경의 표시를 하게 되면 의외로 쉽게 고가의 메뉴를 선뜻 주문하기도 한다.
피곤형 고객	① 이렇게 말하면 저렇게 말하고, 저렇게 말하면 이렇게 반박하면서 사람을 피곤하게 한다. ② 서비스맨의 입상에서 보면 교양이 없는 사람으로 보는 타입이다. ③ 거슬리게 하지 말고, 듣고 흘려 버리면서 요점만 잡아 나가는 것이 포인트이다.
이유형 고객	① 토론을 좋아하면서 본인만의 프라이드가 높은 고객이다. ② 무엇인가 꼭 한번 트집을 잡고 넘어가고, 그렇지 않으면 성에 차지 않는 타입이다. ③ 메뉴 설명을 하면 거기에서 트집을 잡아 토론을 벌이려고 한다. ④ 반박하여 거슬리게 해서는 안 되고, 틀린 말을 하더라도 그것을 직접 지적해서는 안 된다.

3.2 상황별 응대 지침서 작성 및 응대 요령 숙지

1 고객 응대의 정의

- 고객 응대업무란 주로 고객을 직접 대면하거나 정보통신망 등을 통하여 상대하면서 상품을 판매하거나 서비스를 제공하는 업무를 말한다.

- 고객 응대업무 과정에서 자신의 감정이 좋거나, 슬프거나, 화나는 상황이 있더라도 사업장에서 요구하는 감정과 표현을 고객에게 보여주는 등을 해야 하는 경우를 '감정노동'이라 한다.

2 감정노동의 원인

감정노동은 주로 고객 응대업무에서 요구되며, 감정을 상품화하고 지나친 친절을 요구하는 기업의 서비스 지침, 과도한 업무와 성과주의, 명확하지 않은 업무 범위, 전자 감시, 미스터리 쇼퍼와 같은 암행감찰제도 등에서 발생한다.

◈ 감정노동의 원인

기업	고객	사회문화
- 고객만족경영, 고객친절경영 등의 경영전략에 기초한 고객 응대 매뉴얼 - 목표달성 요구 - 과도한 친절 요구 - 감시제도 확대(CCTV, 암행감찰제도 등) - 일반적인 책임요구 등	- '고객은 무조건 왕'이라는 인식 기반으로 하는 무리한 요구 - 폭언 · 폭행 등	- 노동자 인권에 대한 낮은 인식 - 가부장적 성차별 문화로 인한 여성노동자 비하 등

3 상황별 응대 지침서 작성 및 응대 요령 숙지 수행하기

상황별 고객의 특성을 파악하여 이에 맞는 응대 시침서를 계층별, 심리별, 특별 계층, 시간대별로 나누어서 작성하고 이에 맞는 응대 요령을 숙지하여 수행하는 것이다.

3.3 상황별 고객 응대 내용 평가 및 개선

1 고객 응대 지향성의 정의

- 고객 응대 지향성은 고객 니즈를 기업 니즈보다 우선으로 생각하는 비즈니스 접근방식이다.

- 고객 응대 지향 기업은 고객 중심을 지속적으로 향상하지 않으면, 기업이 번창할 수 없다고 생각한다. 이는 비즈니스 목표를 고객 목표와 일치시키는 사고방식의 일종이다. 고객 지향 문화를 만든다는 것은 고객이 곧 기업임을 인정하는 일이다. 예를 들어, Zappos 창립자 Tony Hsieh는 "고객 서비스는 하나의 부서가 아니라 회사의 모든 부서가 해야 할 일"로 믿었던 것으로 유명하다.

2 고객 응대 지향 스킬(skill)

고객 응대 지향이란 고객의 요구/요청/우려사항을 신속하고 효율적으로 고객에 맞게 응대하고 철저하고 정확한 정보를 제공해 고객의 질의에 답하고 약속시간이나 서비스 품질을 보증하는 것이다. 직접적이고 정확하며 시의적절한 응대로 고객의 의견, 질문, 우려사항 및 이의를 해결하는 것 또한 고객 응대 지향 스킬이다. 고객 응대 지향 스킬은 아래와 같다.

1) 공감 능력

2) 고객 데이터에 대한 이해력과 행동력

3) 민첩성 : 고객 지향 기업은 고객 니즈에 신속하게 대응

4) 효과적인 커뮤니케이션

5) 적극적 경청

6) 문제 해결 스킬

7) 고객 중심

3 고객 지향성이 중요한 이유

고객 지향성은 비즈니스 비용을 절감하고 수익을 창출한다. 고객을 최우선으로 생각한다는 건 단지 기분이 좋거나 옳은 일이기 때문만이 아니라 수익에도 도움이 된다.

1) 기존고객을 유지하는 것이 신규고객을 창출하는 것보다 더 쉽다.

평균적으로 신규고객을 확보하는 일은 기존고객을 유지하는 일보다 6~7배 더 많은 시간이 필요하다. 고객 유지율이 5%만 올라가도 회사 수익이 25~95% 높아질 수 있다.

2) 고객 서비스는 충성도 향상으로 이어진다.

57%의 고객이 브랜드에 대한 충성심을 높이는 속성으로 고객 서비스를 손꼽았다. 같은 조사에서 우수한 고객 서비스 경험의 가장 중요한 부분은 문제를 신속하게 해결하는 능력이 있다.

4 고객 응대의 개선 성과

1) 서비스문화의 창조 및 유지

서비스문화를 확립한 기업은 권한이나, 가치관, 규범이 모두 고객 만족을 목적으로 이뤄지고 시행된다. 종업원들이 서비스 마인드를 가지고 고객지향적으로 행동하게 된다.

2) 서비스 품질의 향상과 유지

고품질의 서비스를 달성하기 위해서는 서비스 종업원의 태도와 그들의 기능수행이 필요하다. 현장의 서비스 종업원이 최대로 그 역할을 발휘하게 하려면 문화, 조직, 리더십이라는 세 가지가 상승적으로 작용해야 한다.

3) 조직적 통합

최고경영자와 지원과 내부활동의 통합이 필요하다. 조직 최고의 목적은 제일선에서 고객과 접촉하는 종업원들을 지원하여 그들이 창조력과 열의를 가지고 일할 수 있게 하는 것이다.

5 상황별 고객 응대 내용 평가 및 개선 수행하기

상황별 고객의 응대 내용을 평가하기 위해서 우선 유형별(계층별, 심리별, 특별 계층, 시간대별)로 나누어서 서비스 내용을 평가한 다음 평가 사항을 토대로 개선사항을 도출해야 한다.

매장 마케팅 계획 수립하기

◆ 통제할 수 없는 거시적 환경과 마케팅 활동에 직접적으로 영향을 미치는 미시적 환경을 분석할 수 있다.

◆ 매장 마케팅 환경분석 시 SWOT분석을 실시할 수 있다.

◆ 매장 마케팅 환경 수립 시 목표를 설정하고 객수 및 객단가 증진 방법 등의 매장 마케팅 계획을 수립할 수 있다.

◆ 매장 마케팅 계획이 브랜드 이미지와 연계될 수 있도록 수립할 수 있다.

◆ 차별화된 마케팅 기법을 수립할 수 있다.

매장 마케팅 환경분석

1 환경분석

- 환경분석(Environmental Analysis)은 매장 운영활동과 관련된 다양한 환경요인을 파악하고 새로운 트렌드의 출현이나 변화를 확인하여 이들을 통해 마케팅 전략상 시사점을 분석하는 활동으로 이전의 기업 마케팅 전략을 변경하거나 신규 사업의 시작 또는 신규시장에 진입하고자 하는 의사결정을 하고자 할 때 실시한다.

- 거시환경분석과 미시환경분석을 실시하는데, 거시환경분석을 위해서는 PEST분석을 실시하며, 미시환경분석을 위해 주로 3C분석을 실시한다.

- PEST분석과 3C분석 자료를 바탕으로 SWOT분석을 실시하여 마케팅 전략을 도출한다.

2 거시환경분석

1) 사회구성원 모두에게 광범위하게 영향을 미치는 요인으로써 기업과 고객과의 관계에 직접적으로 혹은 간접적으로 영향을 미치는 요인이며 대부분 기업이 통제할 수 없지만 기업에 큰 영향을 끼치는 요인들이다.

2) 거시환경 변수로 정치적 환경(Political Environment), 경제적 환경(Economical Environment), 사회 문화적 환경(Social-cultural Environment), 기술적 환경(Technological Environment) 등이 있으며 일명 'PEST 분석'이라고 한다.

3) 거시환경분석을 위한 특별한 분석방법이나 분석도구를 사용되지 않으며, 인터넷 검색이나 각종 전문기관 또는 민간연구소의 보고서, 언론 보도자료 등을 적절하게 인용한다. 따라서 많은 시간이 소요되지만 적은 비용이 소요된다.

   (1) 정치적 환경은 법률적 환경을 포함하며 정치·법률적으로 자신이 운영하는 매장에 영향을 미칠 수 있는 요인들을 파악한다. 예) 최저시급, 주 5일 근무제, 대체공휴일의 확대, 의료보험 체계의 변화, 원산지 표시 품목 확대, 청년창업지원확대 등

(2) 경제적 환경은 자신이 운영하는 매장이 속한 지역뿐만 아니라 국가 그리고 국제적인 경제상황을 파악하여 잠재적 매출 예측에 활용한다. 예) 국내총생산 하락, 이자율 상승, 실업률 증가, 소비심리 위축 등

(3) 사회 문화적 환경은 한 사회를 특징짓고 다른 사회와 구분되는 행동 양식과 상호관계를 포함하고 있으며, 어떠한 트렌드가 부각되고 침체되는지 등을 확인한다. 예) 대기오염, 전염병 관리, 보건 및 질병 관리 등

(4) 기술적 환경은 현재 외식업 운영에 있어서 영향을 미칠 수 있는 새로운 기술의 출현이나 신제품 개발 등을 의미한다. 예) 인터넷 마케팅 활성화, 새로운 조리기물이나 주방도구 개발, 키오스크 활용, 로봇서비스나 로봇 조리 등

PEST 분석

P
정치적 환경
(Political Environment)

E
경제적 환경
(Economical Environment)

S
사회 문화적 환경
(Social-cultural Environment)

T
기술적 환경
(Technological Environment)

3 미시환경분석

1) 기업이 고객의 욕구를 충족시키는 능력에 영향을 직접적으로 미치는 행위자로서 기업이 고객에게 제품과 서비스를 제공하는 능력을 결정하는 기업 환경에 속하는 요인들로 기업 내부 환경, 공급 업자, 마케팅 중간상, 고객, 경쟁업자, 공중 등으로 구성된다.

2) 과업 환경과 제한 환경으로 소비자, 공급자, 경쟁자, 노조, 종업원, 투자자, 이해관계자(Stakeholder), 정부 등이 포함된다.

3) 미시환경요인으로는 고객(Customer), 경쟁사(Competitors), 자사(Company) 등이 있으며, 이들 3가지를 합쳐서 '3C요소'라고 한다.

4) 자사분석은 내부적으로 통제가 가능한 변수이지만, 고객과 경쟁사는 외부미시환경으로서 약간의 통제가 가능하다. 고객분석을 통하여 고객들의 필요(Needs)와 욕구(Wants)를 파악하고, 경쟁사분석을 통하여 경쟁사와의 차별화 요소를 확인하고, 자사분석을 통해 자사만의 핵심역량을 확인할 수 있다.

(1) 고객분석

고객은 상품과 서비스를 구매하거나 이용하는 소비자로서 모든 외식업체는 모든 고객을 자사의 고객으로 할 수 없으며 자사에 맞는 특정 목표고객군을 결정하는 것이 중요하다. 고객들의 필요와 욕구를 분석하고, 소비자들이 지각하고 있는 만족과 불만족 요인을 통하여 소비자들의 변화된 욕구 또는 잠재된 욕구를 확인하는 작업이다. 외식업체는 특정 목표고객시장에 집중해야 하며, 인구통계학적 변수, 사이코그래픽스 변수, 소비자행동 변수 등을 분석하여 가장 적절한 목표시장에 집중하는 것이 바람직하다.

(2) 경쟁자분석

경쟁자란 일반적으로 소비자 입장에서 유사한 제품 혹은 서비스를 생산하는 기업을 의미하지만, 넓은 의미로는 소비자의 욕구를 충족시킬 수 있는 모든 업체를 의미한다. 경쟁자분석을 통하여 경쟁사의 미래 행동·전략을 예측할 수 있으며, 경쟁사와 대비된 자사를 스스로 평가할 수 있다. 경쟁자의 분류에 있어서 상품유형을 기준으로 동일상품 경쟁, 상품 범주에 의한 경쟁, 본원적 효익에 의한 경쟁, 예산에 따른 경쟁으로 구분할 수 있다. 또한 경쟁 유형에 의해서는 기존 경쟁자, 잠재 경쟁자, 대체 경쟁자로 구분할 수 있다.

(3) 자사분석

외식업체가 가지고 있는 유/무형의 경영자원이나 인적자원, 핵심역량 등 내적환경을 분석하는 활동으로서 최고경영자 또는 마케팅부서에 의해 통제 가능하다. 마이클 포터의 가치사슬모형(Value Chain Analysis)을 활용하여 분석 가능하다. 고객이 기꺼이 지불하고자 하는 가치를 가치사슬이라고 하며, 가치사슬모형은 외식업체의 식재료 구매, 조리, 판매 & 마케팅, 고객 서비스 등의 주활동과 메뉴 개발, 프로세스 개발, 인적 자원관리, 기획, 재무 등의 지원활동으로 구분할 수 있다.

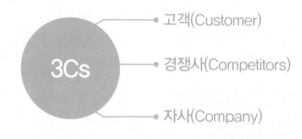

1.2 SWOT분석

1 개요

- 주로 전략 수립 초기에 주어진 상황을 분석하여 해당 조직의 내부적 강점을 활용하고 약점을 보완하거나 회피할 수 있도록 전략의 방향과 세부 전술을 수립하는 데 사용할 수 있는 실용적인 기법이다.

- 마케팅 환경이 점점 복잡해지고 변화의 속도가 빨라지고 있기 때문에 철저하게 데이터를 수집하고 분석해서 마케팅 전략 계획을 수립하여야 한다. 이때 현재 기업이 직면한 기회(Opportunity)와 위협(Threat)에 대한 평가 및 내부 환경 요인들의 강점(Strength)과 약점(Weakness)의 분석을 실시하고 분석한 네 가지를 상호 관련지어 분석하는 방법이다.

1) 강점과 약점 : 경쟁 기업과 비교를 통해 자사의 기업 내부 환경 요인 중에서 경쟁 기업보다 더 우월한 부분이 강점이 되고 경쟁 기업보다 더 열등한 요인들이 약점이 된다.

2) 기회와 위협 : 기업을 둘러싼 외부 환경 요인 즉, 산업에 종사하는 모든 기업이 동시에 느끼는 요소 중에서 자사에 기회가 되는 요인들과 자사에 위협이 되는 요인들이다.

3) 마케팅과 관련된 기회와 위협은 일반적으로 기업이 통제 불가능한 기업 외부 환경(마케팅 규제 및 법규, 경쟁 기업 역량, 소비자 트렌드, 수입 시장 환경 등)에서 오는 기회와 위협을 의미한다.

내부환경	강점(Strength) 경쟁자와 차별화된 장점 평판, 입지, 종업원, 분위기, 전망, 시장점유율 등 운영자가 인지하고 있는 긍정적 효과	약점(Weakness) 장점과 반대 상황 나쁜 평판, 나쁜 입지 등
외부환경	기회(Opportunity) 외부환경에서 인지하고 있는 내용 중 레스토랑에 미칠 수 있는 긍정적 효과	위협(Threat) 외부환경에서 인지하고 있는 내용 중 레스토랑에 미칠 수 있는 부정적 효과

2 SWOT분석 절차

1) 환경분석을 하는 목적은 잠재적인 시장 환경요인 중에서 최상의 환경요인을 선택하여 우선순위를 정하고, 현재 기업이 처해 있는 위치와 최적의 자원을 활용하여 추구하고 자 하는 목표에 가까이 가고자 한다.

2) 기업이 처해 있는 내부 환경 요인과 외부 환경요인을 찾아내는 방법이 필요하다.

    (1) 마케팅과 관련된 기업 내부 환경 요인은 자사의 마케팅 경영과 관련된 인력 및 조 직, 마케팅 환경을 구성하는 내부 경영 활동에 대한 모든 정보를 수집한다.

    (2) 마케팅과 관련된 기업 외부 환경요인은 자사의 마케팅 경영에 영향을 미치는 기업 외부의 산업, 시장, 정치, 문화적인 요소들이 자사에 어떤 영향력을 미치고 그 강 도가 얼마나 되는지 관련 정보를 수집한다.

3) 내부 환경 요인 중 강점 요인으로는 자사의 경쟁 우위, 독특한 능력, 독점적 기술 등 이 있다. 자사의 마케팅 경영 정보를 토대로 자사 마케팅의 경쟁 우위들이 무엇인지 기술한다. 그리고 마케팅 경쟁 우위는 경쟁 기업과 비교한 정보를 토대로 분석하므로 경쟁 기업의 마케팅 경영 정보가 이미 내부적으로 수집되고 정리한다.

4) 강점 요인과 반대되는 약점 요인은 시장 점유율의 약화, 낮은 제품 개발력, 공급자에 대한 취약성 등이 포함된다. 약점도 경쟁 기업 대비 자사의 마케팅 활동의 약점을 의 미하므로 경쟁 기업의 마케팅 경영 정보를 토대로 분석한다.

5) 외부 환경요인 중 기회 요인의 구성 요소는 품질 개선, 경제적 이점, 새로운 시장의 성장 등이 포함된다. 기업 외부 환경요인 중에서 자사의 마케팅 경영에 긍정적인 영향 을 미치는 환경요인들을 기술한다. 그리고 기회 요인은 자사의 내부 환경과 무관하게 산업 전반에 걸친 마케팅 환경의 개선과 마케팅 성과를 호전시키는 모든 외부 환경요 인이 포함된다.

6) 위협 요인은 자사의 기업 내부 환경과 무관하게 산업 전반에 걸쳐서 마케팅 경영에 위협이 되는 모든 외부 환경의 변화를 의미하며, 위협 요인으로는 원자재 부족, 고객의 불만 증가, 새로운 경쟁자 침입 등이 포함된다.

7) 위의 4가지 구성 요소를 검토하여 SWOT분석표를 작성하고 최적의 전략을 도출함으로써 제품에 관한 깊은 이해와 차별 방법의 결정, 전략적 대응 방안 제시, 전략 목표와 우선순위 결정, 실질적인 목적과 목표를 포함한 전술적 계획을 수립하는 SWOT분석 결과를 획득한다.

8) 이러한 결과를 가지고 경영의 중요한 의사결정을 하는 자료로써 활용한다.

   (1) SWOT분석은 S/O 전략, S/T 전략, W/O 전략, W/T 전략 등으로 구성된다.

   (2) S/O 전략 : 강점-기회 전략으로서 자사의 기업 내부 환경 요인 중에서 현재 마케팅 환경의 기회 요인에 가장 부응하는 강점을 살려 기회를 적극적으로 살리는 전략이다. 시장 상황을 살펴보면 기회 요인이 많이 있고 자사의 강점인 내부 역량으로 그 기회 요인을 전략적으로 활용할 수 있는 유리한 상황으로서 모든 기업이 추구하고자 하는 이상적인 상황이다. 기업은 기회 요인에 맞게 강점을 활용할 수 있는 시장 기회 선점 전략, 시장 및 제품 다각화 전략 등을 수립한다.

   (3) S/T 전략 : 강점-위협 전략으로서 자사의 기업 내부 환경 요인 중에서 현재 마케팅 환경의 위협 요인을 막을 수 있는 강점을 적극 활용하여 위협 요인의 영향력을 최소화하는 전략이다. 시장이 상대적으로 많은 위협 요인이 존재하지만 그것을 극복할 수 있는 자사의 역량이 축적되어 있는 경우로서, 자사의 강점을 적극적으로 활용하여 기존 시장에 더 깊이 있게 침투함으로써 시장 확보율을 넓히거나 제품 계열을 지금보다 더 확충하여 위협 요인에 대한 선제적 대응 전략을 수립한다.

   (4) W/O 전략 : 자사의 기업 내부 환경 요인 중에서 현재 마케팅 환경의 기회 요인을 방해하는 자사의 약점을 보완해 기회를 적극적으로 살리는 전략 시장 상황이 자사에 유리하게 전개되고 있으나 그 기회를 활용할 만한 자사의 핵심역량이 다소 부족한 경우로서, 기회를 활용할 수 있는 자사의 역량을 강화하거나 전략적 제휴 등을 통해 핵심역량을 강화하는 전략을 수립된다.

(5) W/T 전략 : 자사의 기업 내부 환경 요인 중에서 현재 마케팅 환경의 위협 요인에 노출된 자사의 약점을 보완해 위협 요인의 영향력을 최소화하는 전략시장에서는 자사에 불리한 위협 요인의 존재와 더불어 그것을 극복할 만큼 자사의 역량이 존재하지 않는 경우이다. 기업 입장에서는 가장 회피하고 싶은 상황으로서 해당 시장에서 철수하거나 남은 역량을 바탕으로 시장 혹은 제품에 집중하는 전략을 수립한다.

9) 마케팅 SWOT분석 과정을 도식화

◈ SWOT분석의 도식화

	강점(Strength)	약점(Weakness)
기회(Opportunity)	SO 전략	WO 전략
위협(Threat)	ST 전략	WT 전략

1.3 STP전략

1 STP전략

- 시장을 세분화하고(Segmentation), 목표시장을 선정하며(Targeting), 제품의 위상을 정립시키는 것(Positioning)을 의미하며, 산업이 발전함에 따라 지속적으로 고객들의 욕구는 다양해지고 있으며, 이제는 하나의 제품으로 모든 고객의 욕구를 만족시킬 수는 없다. 따라서 외식업체는 고객의 욕구를 충족시키기 위해 STP전략을 실시한다.

- 욕구가 비슷한 소비자들끼리 집단화하는 방법으로 시장을 세분화하고, 세분된 시장 중에서 자사제품에 유리할 시장을 목표로 선정한 다음, 소비자 인식 속의 원하는 위치에 제품 위상을 정립시키는 포지셔닝을 하는 절차로 실시한다.

2 시장세분화(Segmentation)

외식업체들은 모든 소비자를 대상으로 사업을 하는 것은 불가능하므로 자사의 장점과 기회를 활용하여 고객의 욕구를 충족시킬 수 있는 시장을 선택하는 과정이다. 즉, 특정한 기준이 될 수 있는 객관적 근거자료를 이용하여 소비자집단을 작게 나누는 과정으로 일반적으로 인구통계적 특성, 지리적 특성, 심리적 특성, 소비자행동 특성 등을 기준으로 세분화한다. 효과적인 세분시장의 조건을 살펴보면 세분시장 내의 동질성과 세분시장 간의 이질성이 확보되어야 하며, 측정 가능해야 하며, 세분시장이 충분한 크기가 확보되어야 하며, 접근성이 확보되어야 한다. 시장세분화를 실시하는 이유는 기업의 자원 효용성을 최대한 활용하여 소비자의 욕구를 더 잘 충족시키고 새로운 시장을 발견할 수 있는 기회로 활용할 수 있기 때문이다.

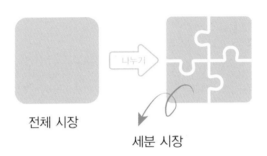

전체 시장 　　　나누기　　　 세분 시장

3 시장세분화의 요건

시장세분화의 주된 목적은 세분시장별로 상이한 마케팅전략을 수립하여 효과적으로 전략을 실행함으로써 기업의 마케팅 목표를 달성하는데 있다. 따라서 시장세분화 전략이 효율적으로 실행되기 위해서는 다음과 같은 요건들이 충족되어야 한다.

1) 측정가능성(Measurability)

시장 세분화하였을 때 각 세분시장의 규모나 구매력 등이 정략적으로 측정 가능해야 한다. 이를 위해서는 고객 데이터베이스 구축이 필요하다.

2) 접근가능성(Accessibility)

자사가 정한 목표세분시장의 소비자들에게 다가갈 수 있는지에 대한 가능성으로 기업의 상품이나 서비스에 대한 메시지가 목표세분시장에 효과적으로 전달될 수 있어야 한다. 목표시장이 존재하더라도 기업의 상품이 목표시장을 유인할 수 있는 능력이나 연결매체가 없으면 기업의 목표를 달성하기 어렵다. 예를 들어 목표고객이 노년층이라면 촉진수단으로 페이스북이나 인스타그램 등 SNS 마케팅은 피해야 할 것이다.

3) 유지가능성(Sustainability)

세분시장이 자사의 제품이나 서비스 판매를 통해 이익을 줄 수 있을 만큼 충분한 규모가 되어야 하며, 이를 '규모의 적정성'이라고 한다. 즉, 각 세분시장 내에 충분한 수의 동질적 수요자들이 존재해야만 특정 마케팅 프로그램을 지속적으로 실행할 가치가 있다고 할 수 있다.

4) 실행가능성(Actionability)

각 세분시장에서 고객들에게 매력 있고, 이들의 욕구에 충분히 부응할 수 있는 효과적인 마케팅 프로그램을 계획하고 실행할 수 있어야 한다.

5) 경쟁성(Competitiveness)

경쟁사와 비교하였을 때, 확실한 경쟁우위를 가질 수 있는 독특하고 차별화할 수 있는 무언가를 고객들에게 제공할 수 있어야 한다.

6) 이질성(Differentiability)

'차별성'이라고도 하며, 특정한 마케팅 믹스에 대한 반응이나 세분화 근거에 있어서 세분시장 내의 구성원은 동질성을 보여야 하고, 다른 세분시장의 구성원과는 이질성을 보여야 한다. 예를 들어 미혼여성과 기혼남성이 조각케이크에 대해 다르게 반응하는 등이다.

4 목표시장 선정(Targeting)

시장세분화를 통해 나뉜 시장 중에서 자사의 자원을 활용하여 소비자의 욕구를 충족시키기 가장 쉬운 소비자 집단을 목표시장으로 선정하는 전략이다. 이때 세분시장 중 하나 또는 여러 개의 세분시장을 선정 가능하며, 각 세분시장에 가장 적합한 마케팅 믹스를 제공한다. 목표시장 선정 전략 유형은 비차별적 접근법, 차별적 접근법, 집중적 접근법 등으로 구분히며, 자사에 적합한 전략을 선택한다.

1) 목표시장 선정 전략 유형

(1) 비차별적 접근법 : 세분시장의 구분 없이 전체시장을 대상으로 단일 제품이나 서비스를 제공하는 방법으로, 소비자의 차별화된 욕구보다는 공통점에 초점을 맞추어 실시하며, 별도의 세분시장 조사가 필요 없으므로 마케팅 비용이나 제품관리비용이 절감된다는 이점이 있다.

(2) 차별적 접근법 : 시장세분화 실시 후 여러 목표시장을 대상으로 각각에 맞는 상이한 제품이나 서비스를 설계하여 마케팅을 실시하는 방법으로 제품과 마케팅을 다양화하여 매출액을 늘릴 수 있지만, 사업운영비용이 상대적으로 높아지는 특징이 있다. 따라서 주로 자원이 풍부한 대기업에서 많이 사용하는 방법이다.

(3) 집중적 접근법 : 시장세분화 실시 후 자사의 내부 능력을 확인하고 가장 매력적인 세분시장을 하나 또는 소수의 작은 시장을 선택하여 해당 세분시장 소비자 욕구에 맞는 제품과 서비스를 제공함으로써 높은 시장 점유율을 확보하고자 하는 방법이다. 외식업체의 자원이 한정되어 있을 경우 주로 사용하는 방법이다.

◆ **목표시장 선정 전략 유형**

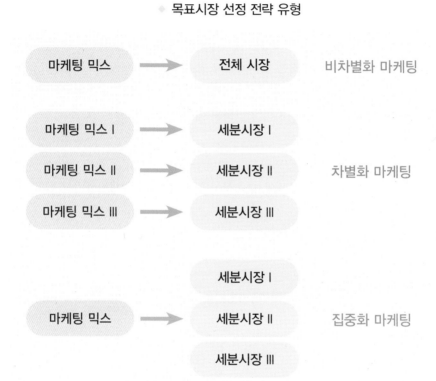

5 포지셔닝(Positioning)

1) 포지셔닝의 정의

경쟁사와 비교해서 상대적인 차별성을 확보하는 과정으로 목표고객의 마음속에서 자사제품이나 서비스를 경쟁사의 제품이나 서비스 대비 유리한 위치(Position)에 정립시키는 동적인 과정을 의미한다.

2) 포지셔닝 맵

2가지 핵심요소를 기준으로 자사와 경쟁사의 제품이나 서비스에 대한 고객의 지각 정도를 시각화한 것이다. 이때 설정 기준은 가격, 제품의 종류, 서비스 수준, 전문성의 정도 등을 사용한다.

3) 포지셔닝 유형

제품 속성에 의한 포지셔닝 : 특정한 자사제품의 속성이 경쟁제품에 비해 차별적인 속성으로서 혜택을 제공한다는 것을 소비자에게 알려주는 포지셔닝 방법으로 가장 널리 사용되고 있다. 이때 너무 많은 속성을 제시하면 오히려 효과가 약해질 수 있으며, 고객이 이용하기 쉬운 단순 정보를 이용하여 전달하는 것이 효과적이다.

(1) 이미지 또는 제품 편익에 의한 포지셔닝 : 제품이 가지고 있는 추상적인 편익을 강조하는 전략으로 보통 제품의 고급성이나 독특성 등을 제시한다.

(2) 사용자에 의한 포지셔닝 : 제품이 특정 소비자에 적합하다고 강조하는 포지셔닝 전략이다.

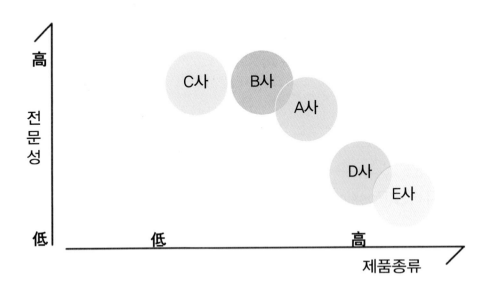

⑶ 경쟁제품에 의한 포지셔닝 : 소비자가 인식하고 있는 기존의 경쟁제품과 비교함으로써 자사 제품의 강점을 강조하는 포지셔닝 방법이다.

⑷ 구매상황에 의한 포지셔닝 : 자사제품의 적절한 구매상황을 설정함으로써 타사 제품과 차별적으로 소비자에게 인식시키는 전략이다.

⑸ 가격과 품질에 의한 포지셔닝 : 가격–품질과의 관계에 있어서 '좋은 품질의 높은 가격', '실용적인 품질의 적당한 가격' 등과 같이 고급과 저급 사이에 몇 개의 그룹으로 나누어져 있고, 자사 제품이 어떤 자리에 인식되고 있는지를 고려하여 포지셔닝한다.

1.4 상권·입지 분석

1 상권(Marketing Area)의 정의

- 판매자와 소비자 사이에서 상거래가 이루어지는 공간적 범위를 의미한다. 즉, 특정한 상점 또는 특정한 상점가에 방문하는 고객들이 거주하는 지역으로 한 매장이 고객을 흡인 (유인)할 수 있는, 고객이 존재하는 지역적 범위를 포함한다. 상권의 형태는 동적이면서 가변적이다.

- 소비자를 대상으로 점포의 세력이 미치는 범위로서 고객들의 거주 또는 근무지역이며, 소비자의 생활권(Life Area)과 기업의 활동권(Operation Area)이 직·간접으로 형성된 지역 공간이다.

2 상권의 측정 및 설정

소비자의 구매력을 기준으로 설정하는 것이 보편적이며, 일반적으로 상권은 소비자 중심적으로서, 판매자 측에서 일방적으로 상권을 형성하더라도 소비자가 이용하지 않는다면 해당 상권의 의미가 퇴색되기 때문이다.

3 상권의 범위

1) 판매자 측면

판매자 측면에서 바라본 상권의 범위는 특정 마케팅 단위 또는 집단이 재화 또는 용역을 판매·인도함에 있어 비용과 취급 규모 측면에서 경제성을 확보할 수 있는 지역 범위이다.

2) 구매자 측면

적정한 가격의 재화 및 용역을 합리적으로 구매할 수 있을 것으로 기대되는 지역 범위

(1) 판매량을 기준으로 분류

　　(가) 1차 상권 : 일반적으로 판매점포를 기준으로 500m 이내 지점, 즉 직경 1km 이내
　　　　의 지점으로 상권 내 사업장 이용고객이 60~70% 정도의 범위이면서 전체 매출액
　　　　의 75%가 실현되는 범위를 의미한다. 따라서 마케팅 전략 수립 시에 가장 관심을
　　　　기울여야 할 주요한 고객층이 포함된 상권이다.

　　(나) 2차 상권 : 일반적으로 판매점포를 기준으로 1km, 즉 직경 2km 이내의 지점으로 상
　　　　권 내 사업장 이용고객이 20~30% 정도의 범위이면
　　　　서 전체 매출액의 15%가 실현되는 범위이다. 1
　　　　차 상권 외곽에 위치한다.

　　(다) 3차 상권 : 1차 상권과 2차 상권에 포함되지 않
　　　　는 나머지 고객들이 거주하는 지역으로 상권
　　　　내 사업장 이용고객은 5~10% 정도의 범위이
　　　　다. '한계상권'이라고 하며, 고객들이 매우 광범
　　　　위하게 분산되어 있다.

4 상권의 분류

1) 지리적 특성에 따른 분류

(1) 시내중심가 상권 : 지하철, 버스 등 대중교통이 발달되어 있고 주요 간선도로와의
　　연계망도 좋아 주변 지역으로부터 유입이 편리한 것이 특징이다. 주로 백화점이
　　나, 극장, 패션 쇼핑 상가 등의 대형 시설이 있다.

(2) 역세권 상권 : 타 상권보다 유동인구가 많지만, 이들은 이동을 목적으로 할 뿐 방
　　문 시간은 길지 않다. 따라서 주로 중저가 상품 위주로 짧은 시간 동안 식사와 휴
　　식, 간단한 쇼핑 기능을 담당하는 매장을 중심으로 상권이 발달한다.

(3) 아파트 단지 상권 : 보통 1천 가구 이상을 대상으로 지하 1층, 지상 3층 규모로 형
　　성되어 있으며, 아파트 단지 주민이 유효 배후 세력이고, 그 외 추가적인 수요 창
　　출을 기대하기 어려운 상권이다. 일반적으로 아파트 단지 내 생활에 직접적으로
　　관련된 물품을 취급하는 업종이 활발하게 운영되는 것이 특징이다.

(4) 대학가 상권 : 대학생을 중심으로 형성된 상권으로 대학 특유의 문화가 상권을 지배하는 경우가 많은데 특히, 밤낮을 구분하지 않고 상권이 활발한 움직임을 보이는 것이 특징이다.

(5) 오피스 상권 : 직장인을 대상으로 하는 요식업이나 유흥업종의 비율이 높은 상권이다. 따라서 평일 점심이나 저녁 시간에 유동 인구가 폭발적으로 증가하지만, 주말에는 유동 인구가 뜸한 것이 특징이다. 또한 일반적인 점심, 저녁 식사 이외에 단체 회식을 위한 넓은 면적을 갖춘 식당이나 유흥업소가 상대적으로 많이 분포한 것이 특징이다.

(6) 일반 주택가 상권 : 일상에서 가장 많이 이용하며, 쉽게 접하는 상권이다. 주민들이 가장 많이 이용하는 동선을 중심으로 상권이 발달하며, 주로 소비형태가 도보로 이루어지기 때문에 다른 상권보다 입지가 중요하다. 상권과 고객이 제한되어 있어 단골고객이 중요하며, 주로 버스정류장이나 지하철역 주변 도로변, 재래시장 주변에 상권이 형성되어 있기 때문에 소자본 창업이 유리하다.

(7) 학원가 상권 : 주 대상이 청소년기의 학생이나 재수생, 혹은 자격증을 준비하는 학생들을 중심으로 형성된 상권이므로 소비의 제약이 많기 때문에 상권의 규모가 크지 않고 업종의 현황도 학생들이 주로 먹고 쉬는 데 관련한 업종이 주를 이룬다.

2) 목적별 특성에 따른 분류 : 목적형 상권, 비목적형 상권

3) 지리적 근접성에 따른 분류 : 중심지 상권, 부심지 상권, 다운타운형 상권

5 입지

1) 입지(Location)의 정의 및 특성

(1) 상품과 고객이 만나는 장소이며, 점포의 위치나 위치적인 조건을 의미하며, 지점(Point) 또는 부지(Site)로 표현한다.

(2) 경쟁업체와 차별화할 수 있는 단 하나뿐인 독점적인 요인으로 고객이 찾아오는 장소인 물리적 공간으로 '점포'를 의미한다.

(3) 입지는 장기적으로 많은 투자금을 사용하며, 한 번 선택하게 되면 변경하기 어렵기 때문에 처음 선정 시 매우 신중하게 결정한다.

02

매장 마케팅 활동 실행하기

◆ 매장 마케팅 계획에 따라 세부 활동 계획을 수립할 수 있다.

◆ 세부 활동 실행 시 효율적으로 홍보할 수 있는 채널을 선택할 수 있다.

◆ 세부 활동 실행 시 고객인지도가 극대화될 수 있는 홍보물을 제작할 수 있다.

◆ 세부 활동 실행 시 마케팅 내용을 정확하게 인지하고 적극적으로 실행할 수 있다.

2.1 마케팅 세부 활동 계획 수립

1 전략적 마케팅 계획 시스템 절차

1) 1단계 : 환경분석

   (1) 내부 환경과 외부 환경에 대한 정보를 수집해서 현재의 성과와 미래에 추구할 목표를 비교하고 시장의 기회를 평가하는 것으로 경제적 및 인구학적 특성 등의 시장 현황을 분석한다.

   (2) 주요 경쟁자를 파악하고 구분한 후 분석한다.

   (3) 향후 영향을 미칠 수 있는 요인들을 파악하고 흐름을 확인한다. 예를 들어 세계적 발전 추이나 환경변화 등을 확인할 수 있다.

2) 2단계 : 내부 자원 분석

   현재 보유하고 있는 내부 자원(인적자원, 주방설비, 메뉴 특성 등)의 강점과 약점을 분석한다.

3) 3단계 : 설립 취지 및 운영 지침과 목표 설정

   (1) 내부환경분석을 통한 조직의 강점과 약점을 파악

   (2) 외부환경분석을 통해 기회 및 위협 요소를 확인

   (3) SWOT분석을 실시한다.

4) 4단계 : 전략 수립

   (1) 비전과 목표를 설정

   (2) 비전과 목표를 달성하기 위한 마케팅 전략을 도출

   (3) 도출된 마케팅 전략의 성공을 위해 필요한 자원 등을 검토

     – 책임자, 필요한 비용, 예상되는 기간, 필요한 행동 등을 포함하여 검토

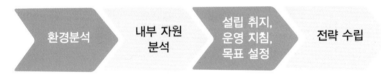

외식산업 촉진 전략

1 촉진의 개념

• 촉진(Promotion)은 외식업체들이 매출 증대를 위해 활용하는 대표적인 방법 중 하나로 '해당 업체의 메뉴와 서비스에 대한 정보를 잠재고객에게 알려서 구매하도록 설득하는 활동'이다.

• 기본적으로 청자(Audience)에게 정보 또는 행동 자극을 전달하는 데 있으며, 이는 기업이 희망 목표를 달성할 수 있도록 기업의 모든 제공물의 의미를 소비자와 공유하는 것, 즉 소비자에게 전달하는 활동이다.

• 외식업체와 고객 사이의 마케팅 커뮤니케이션을 위하여 활용 가능한 대표적인 수단이다. 따라서 촉진을 '마케팅 커뮤니케이션(Marketing Communication)'이라고도 한다.

• 마케팅 커뮤니케이션 과정은 첫째, 목표시장 내에서 바람직한 반응을 일으키고자 목표시장에 대해 자극을 전달한다. 둘째, 현재 기업의 메시지를 변화시키고 새로운 커뮤니케이션 기회를 명확하게 하기 위해 메시지를 수신, 해석, 행동하는 경로를 설정한다. 촉진을 통해 기존고객들에게는 해당 외식업체의 메뉴를 더 많이 구매하도록 권유하며, 신규고객에게는 메뉴와 서비스를 알려서 구매하도록 하는 수단으로 활용된다. 촉진의 기능을 수행하기 위한 수단은 여러 가지가 있으며, 이러한 수단을 통합하여 '촉진 믹스'라고 한다. 촉진 믹스에는 광고, 홍보, 판매촉진, 인적 판매 등의 네 가지로 분류할 수 있으며, 이는 제품 유형, 소비자 특성, 전략의 유형 등에 따라 다르게 사용할 수 있다.

2 광고

• 광고(Advertising)는 외식업체가 많은 비용을 직접 부담하여 대중매체(TV, 라디오, 신문 등) 또는 인터넷을 통해 동시에 불특정 다수의 고객에게 정보를 알리는 데 효과적인 활동으로 일반적으로 제품과 서비스의 판매 또는 외식업체 브랜드 인지도와 호감도를 높이기 위한 목적으로 실시하고 있다.

• 대중매체(TV, 라디오, 신문 등)를 통한 광고는 불특정 다수의 사람에게 빠르게 정보를 전

달할 수 있지만 많은 비용이 든다는 단점이 있다. 그러나 인터넷 광고는 대중매체를 통한 광고보다 훨씬 저렴한 비용으로 많은 고객에게 정보를 전달하고 고객의 반응을 바로 파악할 수 있으므로 점차 인터넷 광고의 비중이 커지고 있다. 인터넷 광고 중 대표적인 사례로 배너광고/키워드 광고, 인터렉티브 미디어 광고 등이 있다.

3 홍보

1) 홍보의 의의

- 홍보(Public Relations/Publicity)는 공중(Public)을 대상으로 비대면 커뮤니케이션 중의 하나로, 광고와 유사하지만 비용을 지불하지 않는다. 또한 한시적이며 1회성으로 진행되는 경우가 많고, 홍보 매체의 통제권이 없다는 특징이 있다.
- 외식업체의 상품이나 서비스에 대한 정보 중에서 뉴스 가치가 있다고 판단되는 정보를 대중매체(TV, 라디오, 신문, 잡지 등)를 통해 뉴스나 기사, 출판물, 공지사항 등으로 제공하는 것이다. 광고보다 홍보를 통해 얻을 수 있는 신뢰감이 훨씬 높은 편이다.

2) 홍보의 효과

(1) 외식업체 활동에 대한 소비자의 인지 수준 향상
(2) 소비자의 구매동기 부여를 통한 제품 및 서비스 매출 증가
(3) 브랜드 이미지 향상 및 브랜드 자산 형성에 도움
(4) 궁극적으로 높은 수준의 브랜드 충성도 형성
(5) 외식업체에 대한 신뢰 구축

3) 홍보 채널의 신뢰성과 유용성

(1) 매체의 신뢰성

매체가 전달하고자 하는 정보에 대해 편견을 가지지 않고 순수한 동기에서 정확한 정보를 제공하고 있다고 수용자들이 지각하는 믿음 정도이며, 매체마다 가지는 신뢰성에는 유의미한 차이가 존재하며, 이러한 차이는 수용자의 인구통계학적 특성에 따라 달라진다.

(2) 매체의 유용성

매체가 제공하는 정보를 사용하는 것이 구매의사결정에 도움을 줄 것이라는 믿음을 형성하는 정도이다. 정보 탐색을 통하여 획득한 지식은 구매 상황에서 소비자가 직면한 여러 가지 위험과 불확실성을 감소시켜 소비자의 구매의사결정을 보다 현명하게 하므로 탐색 성과가 중요하다.

4) 홍보 채널의 종류 및 특성

(1) DM(Direct Mailing / Marketing)

DM을 직역하면 '직접 우편'이라는 의미로 DM의 전달 경로가 신문, 잡지, 전화 등의 다른 간접적인 매개를 통하거나 거치지 않고 직접 우편을 통하여 광고주가 선정한 예상 고객에게 특정한 메시지를 전달하는 활동이다.

특정 기업이 소비자의 욕구를 충족시키는 데 초점을 두고 축적된 데이터베이스를 기초로 목표 고객을 선정하고 가격을 설정, 세분시장에 있는 현재, 혹은 미래의 잠재고객에게 제품이나 서비스에 관한 정보를 제공하여 직접 반응을 얻고자 하는 모든 활동이다.

(2) 전화(텔레마케팅)

시간, 공간, 거리의 장벽을 극복하는 마케팅 기법으로 당사자와 직접 대화를 할 수 있는 쌍방향 미디어 활동으로 소비자들과의 직접적이고 지속적인 관계를 유지하여 마케팅 활동의 성과 측정과 통제를 위해 데이터베이스의 구축과 운용을 필요하며 이를 통해 소비자 한 사람 한 사람의 속성이나 구매 행동을 파악하여 소비자에게 개인화된 서비스를 제공한다.

(3) 신문

인쇄 미디어 중 가장 유력한 PR 수단으로 독자층이 광범위하고, 독자층 파악이 가능하고, 신속하고 많은 양의 정보 제공한다는 장점이 있다. 하지만 문자로 구성된 매체이기 때문에 문자 해독력을 가진 사람만이 접근이 가능하며, 전달 속도가 느리다는 단점이 있다.

(4) SNS(Social Network Services)

입소문 마케팅의 대표적인 촉진 매체로서 개인들로 하여금 특정 시스템 내에 자신의 신상 정보를 공개 또는 준공개적으로 구축하게 하고 그들이 연계를 맺고 있는 다른 이용자들의 리스트를 제시해 주며, 나아가 이런 다른 이용자들이 맺고 있는 연계망의 리스트를 둘러볼 수 있게 해주는 웹 기반의 서비스이다. 기업에서 SNS에 제품이나 서비스의 정보를 확산할 경우 소비자와 소비자 간의 커뮤니케이션을 통해 자발적으로 확산되는 구조를 가지므로 그 파급력과 태도 변화의 가능성이 증가하고 있다. 장점으로는 저비용으로 PR이 가능하며, 소비자들은 상품 구매와 관련된 의사결정에 있어 대중매체보다는 친구나 다른 사용자의 추천을 더 신뢰하는 경향이 있으므로 쉽게 홍보 효과를 얻을 수 있다.

4 인적판매

1) 판매를 목적으로 잠재고객에게 구두로 상호 소통하는 활동을 의미하며, 이때 대면접촉뿐만 아니라 비대면접촉까지 포함한 모든 유형의 판매원 활동을 의미한다.

2) 다른 촉진방법보다 훨씬 효과적으로 소비자에게 상품에 대한 정보를 전달하고 구매결정을 하도록 유도하는 촉진수단이다.

5 판매촉진

1) 판매촉진(Sales Promotion)은 약칭으로 '판촉'이라고도 하며, 목표시장을 자극하기 위해 기획되는 빠르고 강력한, 그러면서 단기적인 유인으로서의 성격을 가지는 전술적인 촉진 수단을 의미하며, 광고, 인적판매, 홍보 등을 제외한 모든 촉진 활동을 포함한다.

2) 기존의 유통 거래를 원활하게 하거나 광고, 인적판매 활동을 더욱 잘 수행하게끔 지원하는 활동으로 소비자들의 즉각적인 구매행동을 유발시켜 단기적인 매출 증대를 일으킬 수 있는 모든 형태의 마케팅 커뮤니케이션 활동을 의미한다. 그리고 판촉의 대상 역시 소비자, 판매점, 기타 기업 내부의 넓은 범주를 갖는다. 이처럼 판매촉진은 그 기능이 다양하고 마케팅 커뮤니케이션의 다른 믹스에 비하여 스태프(Staff) 기능적 성격을 갖는다.

3) 대표적인 판매촉진 활동으로는 쿠폰, 견본(샘플), 추첨이나 경품 등이 있다.

4) 판매촉진의 기능과 목적

(1) 신제품의 도입에 효과적이다. 판매촉진은 제품에 대한 로열티와 관습을 변화시킬 수 있으며 소비자들이 구매에 대해 느끼는 위험을 상당히 감소시킨다.

(2) 신규 소비자를 유도한다. 신규 소비자는 타 상표 사용자와 잦은 상표 전환자의 두 유형이며, 이 중에서 판매촉진은 주로 상표 전환자를 끌어들이는 것에 있는데, 그 것은 타 상표 사용자가 판매 촉진 활동을 항상 인식하는 것은 아니며, 인식했다고 하더라도 반응하기 힘들기 때문이다. 반면, 상표 전환자(Brand Switcher)는 낮은 가격이나 프리미엄을 항상 추구한다. 따라서 이들과 같이 거의 구매 시점에 와 있으나 구매할 것이 확실하지는 않은 한계적 소비자(Marginal Consumer)에 대해 판매촉진은 최종적인 유인을 제공함으로써 구매자로 유도할 수 있다.

(3) 규모의 유연성이 있다. 광고의 경우 일정량 이상을 투입하지 않으면 효과가 거의 나오지 않는 데 비하여 판매촉진은 대상층을 한정시키기 쉬워 규모가 적은 기업이나 소매점에서도 효과를 올릴 수 있다.

(4) 선택적 수요(Selective Demand)를 자극할 수 있다. 광고의 경우 소비자가 그 광고에 나오는 특정 제조업체의 제품만을 사용하고 싶다고 만드는 것은 의외로 힘들며, 추종 기업(Market Follower)의 광고는 그 기업의 제품보다도 주도 기업(Market Leader)의 제품 매출에 공헌하는 결과를 가져오기도 한다.

(5) 경쟁적인 시장에서 유효하다. 오늘날에는 같은 형태의 제품들 간뿐 아니라 동일한 만족을 주는 다른 유형의 제품 간에도 경쟁이 치열해지고 있는데, 판매촉진은 자사의 제품을 경쟁 회사의 제품과 차별화시키는 효과적인 수단이다.
그러나, 상표의 유사성이 큰 시장에서 판매촉진은 단기적으로는 높은 반응을 이끌어 낼 수 있지만 장기적인 효과는 보지 못하며, 상표 간의 차이가 클 경우에만 시장 점유율에 장기적으로 변화를 가져올 수 있다.

(6) 즉시적 효과가 크다. 판매촉진은 광고보다 훨씬 빠른 구매 반응을 이끌어 낸다. 이는 소비자의 구매 심리 단계 중 광고가 주로 전반의 단계에 효과를 발휘하는 데 비하여 판매촉진은 후반에 중점이 두어지기 때문이다.

5) 판매촉진(판촉)이 매출에 영향을 미치는 기본 메커니즘

(1) 상표 전환(Brand Switching)을 파악

(가) 판촉 실시 이후, 소비자가 구매하던 상표와 다른 상표를 구매하는 행위로서, 이는 판촉에 의한 상표 전환에 있어 공격적(Aggressive)인 것과 방어적(Defensive)인 것으로 구분할 수 있다. '공격적 상표 전환'이란 판촉이 이전 구입했던 브랜드와 다른 브랜드를 구입하도록 하는 것을 의미하며, '방어적 상표 전환'이란 판촉을 통해 상표 A를 구입했던 소비자로 하여금 다시 상표 A를 구매하도록 하는 것을 말한다.

(나) 일반적으로 소비자는 '상점 전환(Store Switching)'을 통해 소매업자 판촉에 대응할 것이다. 즉, 판촉이 제공되지 않는 상점 대신 다른 상점을 찾게 될 것이다. 소매업자의 관점에서 '상표 전환'보다는 '상점 전환'이 훨씬 중요한 문제이다.

(다) 또한, 소비자 판촉이 소비자로 하여금 상표 전환을 하도록 유도하고 나면, 소비자는 그다음 상표 전환이 다른 상점에서 훨씬 더 손쉬움을 알고 상점 전환을 결정하게 된다. 마찬가지로 소비자가 새로운 상점이 제공하는 다른 구매 환경 때문에 상점 전환을 결정하게 되면 상표 전환도 함께 일어나게 된다. 결론적으로, 상점 전환과 상표 전환은 서로 간에 동시에 영향을 줄 수 있다.

(2) 재구매(Repeat Purchasing)를 파악

(가) 재구매와 판촉

소비자가 판촉 중인 상표를 구매한 경험은 차후 그 상표를 구매하게 될 확률에 영향을 미치게 된다. 판촉과 관련된 재구매에는 2가지 종류가 있다. 첫째, 어떤 상표의 구매는 곧이어 일어나는 구매에 영향을 미친다는 것이다. 즉, 소비자는 그 브랜드를 구매하는 것에 대한 습관을 형성하고, 그 습관을 유지하고, 그 상표의 성능에 대해 학습한다. 왜냐하면 판촉은 판촉이 시행되지 않았을 경우의 구매에 영향을 미치므로 이 효과는 판촉의 연구와 매우 관련이 높다. 이것을 '구매 효과(Purchase Effect)'라고 한다. 둘째, 판촉 중에 구매했기 때문에 구매 확률에 변화가 일어나는 것을 말한다.

(3) 구매 가속화(Purchase Acceleration)

(가) 구매 가속화의 개념

판촉에 의해서 소비자와 구매 시기나 구매량이 변하는 것을 의미한다. 즉, 판촉이 행해지지 않았을 경우에 대해 소비자의 구매량이 변하거나 구매하는 시간이 달라지는 것을 말한다. 이것은 종종 좀 더 많은 양을 구매하거나 구매하는 시간이 앞당겨지는 형태로 나타난다. 구매 가속화는 소비자 판촉은 물론 소매상 판촉에서 실제로 나타나는 현상으로 폭발적인 구매 가속화(Cascading Purchase)는 제조업자가 중간상 판촉을 통해 소매상들을 가속화하고, 소매상은 소매상 판촉을 통해 소비자를 가속화할 때 일어나게 된다.

(나) 구매 가속화의 영향

가장 직접적인 구매 가속화의 결과는 어떤 식으로든 일어났을 구매를 앞으로 당기는 것이다. 그러나 다른 중요한 영향들도 일어날 수 있다. 구입량 증가와 판촉 시간이 장래에 일어날 구매 시점 감소란 의미에서 판촉을 생각하는 것과는 달리 판촉에 의해서 구입량이 작아지고 구입 기회가 뒤로 미루어지게 될 수 있다. 판촉 때문에 상표 전환을 하는 소비자는 새로운 것을 시도하는 위험 부담 때문에 소량을 구입하게 되어 구입량이 줄어들게 된다는 것이다.

구매 시점 감속화(Decelerated Purchase Timing)란 소비자가 판촉이 시행될 것이라는 것을 미리 알거나 기대하여 이러한 이벤트를 기다리는 것을 의미한다.

(4) 범주 확장(Category Expansion)을 파악

판촉에 의해서 제품 범주의 총소비량이 증가하는 것을 말한다. 이것은 다음과 같은 세 가지 방법에 의하여 판촉이 1차 수요(Primary Demand)를 자극할 수 있다는 것을 나타낸다.

(가) 새로운 구매 기회 창출

(나) 소비율 증가

(다) 소비자가 구매 시점을 가속화하되 가까운 장래 구입이 뒤로 미루어지거나 덜 구입하지 않도록 함으로써 매출을 증대시키는 것

인터넷 마케팅

3.1 인터넷 마케팅의 개요

1 인터넷 마케팅의 정의

- 4차 산업혁명시대 기술발전으로 인해 인터넷 비즈니스 환경의 급속한 변화를 가져오고 있으며, 마케팅 패러다임 또한 변화되고 있다. 인터넷 마케팅은 외식업체와 소비자 간에 인터넷을 이용하여 쌍방향 커뮤니케이션이 가능하며, 이를 통해 제품과 서비스를 판매하고 고객관계를 창출·유지·발전시키는 활동을 의미한다. 그리고 외식업체가 매출 증대를 목적으로 다양한 인터넷 매체를 이용하여 외식업체의 메뉴, 가격, 서비스 등의 정보를 목표고객에게 전략적으로 전달하는 활동을 의미한다.

- 인터넷 마케팅은 외식업체 자체적으로 차별화된 콘텐츠를 제작하여 인터넷 공간 속 매체를 만들어가는 활동으로 금전적 대가를 지불하고 방송매체나 파워 블로거에게 콘텐츠를 구매하는 것이 아니다.

2 인터넷 마케팅의 특징

1) 광고매체가 TV, 신문, 라디오 등 대중미디어에서 블로그, 페이스북, 인스타그램 등 SNS(Social Network Service)로 변화되고 있다.

2) 기업들의 브랜드 커뮤니티가 오프라인에서 온라인으로 이동이 되어 마케팅 공간이 대중매체에서 SNS로 전환된다.

3) 적은 비용으로 큰 효과를 얻을 수 있으며, 시간과 장소의 제약 없이 많은 사람에게 쉽게 정보를 확산시킬 수 있다. 또한, 제공되는 정보의 양에 있어서도 무제한의 정보제공이 가능하다.

4) 외식업체의 사진이나 동영상 등을 이용하여 차별화된 콘텐츠를 제작하고 이를 통해 단시간에 많은 소비자에게 효율적으로 정보를 전달할 수 있다.

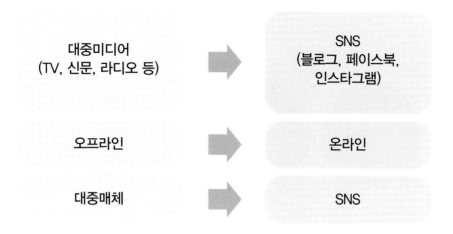

3 인터넷 마케팅의 중요성

1) 인터넷 기술과 인프라 확충을 통해 인터넷 인구가 급격하게 증가하였고, 이러한 변화
는 외식 소비행동에도 많은 영향을 미친다.

2) TV, 신문, 라디오 등 대중매체에서 SNS를 통한 마케팅 활동이 활발해짐에 따라 일방
향 커뮤니케이션에서 쌍방향 커뮤니케이션으로 변화된다.

3) 매체 환경의 변화에 따라 다양한 매체를 통한 인터넷 마케팅이 활발하다.

4) 소비자들의 구매행동이 편리하고 다양하며 시간을 절약할 수 있는 방향으로 변화된
다. 또한, 소비자들이 원하는 정보를 직접 전달할 수 있으므로 효과적인 마케팅 수단
이 될 수 있다.

3.2 인터넷 마케팅의 분류

1 쌍방향 마케팅

- 과거 대중매체를 통한 대중마케팅에서 현재는 SNS를 중심으로 한 쌍방향 마케팅이 주를 이루고 있으며, 대부분의 외식업체에서 다양한 방식으로 행하고 있다. 쌍방향 마케팅은 소비자들의 욕구가 세분화됨에 따라 고객 개개인의 본원적 욕구에 맞는 제품과 서비스를 제공하여 고객 만족을 얻고자 노력하고 있다.

- 쌍방향 마케팅은 일반적으로 인터넷 커뮤니케이션 매체나 TV홈쇼핑 등을 이용한 마케팅으로 소비자가 소비만 하는 것이 아니라 제품의 생산, 유통 등의 모든 단계에 참여하는 프로슈머(Prosumer; producer(생산자)와 consumer(소비자)의 합성어)의 등장으로 인해 더욱 활발하게 진행되고 있다. 외식업체에서는 홈페이지나 인스타그램, 페이스북 등 다양한 경로를 통해 메뉴 등을 홍보하고 고객이 함께 참여할 수 있는 여러 이벤트 등의 촉진활동을 공지하여 고객의 참여를 유도하고 있다.

2 관계 마케팅

관계 마케팅에서의 관계는 '고객관계'에 초점을 두고 있다. 기존 마케팅은 신규고객 확보에 초점을 맞춘 경우가 대부분이었지만 이 경우 많은 비용과 시간이 수반되기 때문에 어느 정도의 시장점유율이 확보된 경우에는 기존고객과의 지속적인 관계를 유지하며 발전시켜 나가는 관계 마케팅이 훨씬 중요하다.

3 데이터베이스 마케팅

- 최근 컴퓨터시스템과 인터넷 기술이 발달함에 따라 데이터베이스 마케팅이 많이 활용되고 있다. 이는 고객 정보를 포함하여 경쟁사 정보, 산업 정보 등의 1차 데이터를 직접 수집하고 분석하여 이를 바탕으로 마케팅전략을 수립한다.

- 특히 고객 데이터베이스 구축은 필수이며, 고객 정보에는 과거 제품별 매출실적, 판촉활동에 대한 고객의 활용 정도, 고객특성 등 다양한 정보가 활용되고 있으며 이를 통해 고객 개개인에게 필요한 제품을 판매하는 맞춤형 마케팅이 가능해졌다. 따라서 원투원(one to one) 마케팅이라고 한다.

4 표적 마케팅

소비자를 매우 작은 단위로 세분화한 후, 표적 집단을 선정하여 소비자의 욕구에 맞도록 마케팅 믹스를 조합하여 매우 정교하게 마케팅활동을 하는 것을 말한다. 표적 마케팅은 소비자에 대한 데이터를 수집하여 이를 기반으로 하기 때문에 소비자에 대한 데이터베이스가 매우 중요하다.

- 소셜 미디어(Social Media)는 사람들의 의견이나 생각, 경험 등을 서로 공유하기 위해 사용하는 온라인 도구나 플랫폼을 의미한다. 이러한 소셜 미디어는 텍스트, 이미지, 오디오, 비디오 등의 다양한 형태를 가지고 있으며, 대표적으로 블로그(blogs), 소셜 네트워크(Social Networks), 메시지 보드(Message Boards), 위키스(Wikis), 비디오 블로그(Vlog) 등이 있다. 특히 비즈니스 영역에서 다양한 소셜 미디어를 활용하여 마케팅, 서비스 제공, 고객관리 등에 활용하고 있다.

1) 소셜미디어 매체의 종류는 매우 다양하며, 지속적으로 신규 서비스가 출시되고 있다. SNS의 다양화로 인터넷 마케팅에서 어떤 매체를 선택할지가 문제가 된다.

2) 소비자에게 노출되는 수준에 따라 유료 서비스가 있지만 대부분 무료 이용 가능하다.

3) 정보 제공자와 수용자 간의 실시간 커뮤니케이션이 가능하며, 고객이 원하는 정보를 빠른 시간 내에 즉각적으로 전달할 수 있어 효과적인 마케팅 수단이 되며, 상호작용을 통한 흥미를 유발하고 지속적으로 사용자 창출이 가능하다.

4) 시간이나 공간 등의 제약을 받지 않고 무제한으로 정보를 주고받을 수 있으며, 적은 비용으로 큰 마케팅 효과를 얻을 수 있다는 장점이 있다.

5) 소셜미디어를 통한 마케팅을 위해 관리하는데 투자하는 시간적 비용이 마케팅 효과보다 적을 수 있다. 따라서 통합적으로 관리할 수 있는 방법을 강구할 필요가 있다.

인터넷 마케팅 도구

- 인터넷 마케팅 도구는 매우 다양하며 정보를 제공하는 방식이나 성격도 서로 다르다. 이들을 사용하는 사용자도 연령층이나 라이프 스타일에서도 차이가 있으며 사용용도 또한 달라질 수 있다. 따라서 어떠한 인터넷 마케팅 도구를 어떤 소비자를 대상으로 어떻게 활용할 것인가를 먼저 확인하고 시작하는 것이 좋다.

1 네이버

- 인터넷 마케팅 도구 중 가장 많은 채널을 가지고 있으며, 대표적으로 네이버 스마트플레이스, 네이버 플레이스, 네이버 예약, modoo!, 네이버 블로그, 네이버 검색광고, 네이버 커뮤니티 카페 등이 있다.

1) 네이버 스마트플레이스는 외식업체를 효과적으로 홍보할 수 있도록 도와주는 서비스로서 네이버 통합검색을 통해 소비자들에게 외식업체를 노출시키거나, 메뉴정보 및 메뉴사진, 주소/위치/전화번호, 지도 검색 등의 외식업체 정보를 소비자들에게 제공하는 역할을 담당하고 있다.

2) 네이버 플레이스는 모바일에서 외식업체 검색 시 보다 쉽고 편리하게 정보를 지원해주고 있다. 예를 들어 '지역 +맛집' 검색 시 외식업체 정보가 노출되는데, 이때 상위 노출 순서는 이용자의 검색어와 음식점의 연관성, 네이버 활용도(예약, 이벤트, 리뷰, 네이버 블로그 등에 외식업체명이 노출되는 정도)에 따라 달라진다.

3) 네이버 플레이스를 통해 다양한 서비스가 제공되고 있는데 그중 하나가 '네이버 예약'이다. 네이버 예약을 통해 외식업체는 별도의 비용이나 노력 없이 고객관리를 할 수 있으며, 소비자들이 편리하게 예약할 수 있다는 장점이 있다.

2 페이스북

페이스북은 인터넷에서 인맥을 형성하고 교류할 수 있는 가장 대표적인 SNS로서 페이스북을 통해 다양한 정보나 자료를 공유할 수 있다. 일반적으로 외식업체에서 페이스북 페이지를 활용하여 기업정보, 구인활동 지원, 광고 또는 이벤트 등의 판촉활동에 대한 페이지를 개설하여 손쉽게 활용할 수 있다. 페이스북은 저렴한 비용으로 광고 같지 않은 자연스러운 광고로 소비자에게 거부감없이 효과적으로 전달할 수 있으며 더 나아가 온라인상의 구전을 유도하는 데 유용하게 사용되고 있다.

3 카카오비즈니스

많은 사람이 카카오톡을 사용하고 있는 만큼 카카오를 통한 마케팅 또한 많이 활용되고 있다. 카카오비즈니스는 카카오가 개발한 비즈니스 도구로서 카카오톡 채널을 통해 외식업체의 정보나 브랜드 소식을 전달하는 것뿐만 아니라, 프로모션 등의 정보를 공지하고 판매함으로써 매출향상에 기여할 수 있다.

4 인스타그램

인스타그램은 글보다 사진이나 동영상을 중심으로 커뮤니케이션이 이루어진다. 따라서 외식업체는 자신의 브랜드를 사진이나 동영상을 통하여 훨씬 효율적으로 전달할 수 있으며, 이를 통해 브랜드/제품의 소식을 소비자들에게 알리고, 브랜드/제품 인지도를 높이며, 계정 팔로워가 늘어날수록 고객참여를 통한 관계마케팅에 활용할 수 있다. 또한, 브랜드 커뮤니티를 구축하고 광고/콘텐츠를 통한 매출 증대에도 활용 가능하다. 그리고 요즘은 인스타그램에서 해시태그 등을 통해 맛집을 검색하는 경우도 많기 때문에 인스타그램을 통한 정보 검색이 활발한 매장은 인스타그램을 통한 노출이 마케팅에 있어서 매우 유용하게 사용될 수 있다.

5 인터넷 광고

인터넷이 대중화되면서 인터넷 광고도 매우 다양한 형태로 활성화되고 있다. 최근에는 대표적으로 사용되는 인터넷 광고는 블로그, 카페, 지식인, 뉴스, 배너광고, 버튼형 광고, 협찬광고 등이 있으며, 이들의 광고효과도 매우 높다고 할 수 있다. 하지만, 지속적으로 업데이트되지 않는 광고나 홍수처럼 밀려드는 광고들은 오히려 소비자들에게 외면받을 수 있다는 단점이 있다.

3.5 인터넷 마케팅 종류

1 SNS 마케팅

소셜 네트워크 서비스는 온라인 인맥구축 서비스이며, 1인 미디어, 1인 커뮤니티, 정보 공유 등을 포괄하는 개념으로 교류와 신뢰를 목표로 한 진정성을 가지고 고객이 원하는 것에 귀 기울이는 방법으로 쌍방향 커뮤니케이션이 가능한 마케팅이다.

2 블로그 마케팅

블로그란 본인의 관심사를 자유로운 양식으로 웹 사이트에 올리는 활동으로, 블로그 마케팅은 제품의 판매 또는 브랜드 광고를 목적으로 활용하는 홍보 활동이다.

3 검색엔진 마케팅

검색엔진을 활용하여 콘텐츠 및 사이트를 검색엔진에 맞도록 최적화시켜 놓고 최대한 검색 노출이 많도록 하는 방법이다. 또한 키워드, 검색광고, 유입량 증가 및 매출트래픽 확보가 쉽고 효과적인 중단기 전략으로 활용되는 마케팅 방법이다.

4 e-CRM

"Electronic Customer & Relationship Management"의 약자로서 e-business 환경 아래에서 전개되는 CRM으로 고객을 획득하고(Acquisition), 확보된 고객을 개발하고(Cultivation), 확보된 고객을 어떻게 오래 개발 유지하여(Retention) 고객생애가치(CLV)를 제고할 것인가에 대한 모든 과정이다. 고객과 기업 간의 Networking을 통하여 상호 경험과 지식을 공유하여 고객 개개인에 적합하고 차별화된 제품 및 서비스를 제공함으로써 고객과의 관계를 지속적으로 강화해 나가는 마케팅 및 경영혁신 활동을 e-business 환경에서 전개해 나가는 것이다.

5 DB 마케팅

DB란 'Data Base'의 약자로서 성명과 연락처 등으로 구성된 데이터가 나열된 리스트 정도를 의미하며, 이런 리스트들을 컴퓨터화된 데이터베이스 시스템을 활용하여 고객에게 수준 높은 서비스를 제공하여 장기적으로 고객과 기업 간의 신뢰를 구축하는 수단으로 이용하는 마케팅 기법이다.

6 스프레드 마케팅

신문, 방송 등에 광고를 내보내지 않고 인터넷과 입소문만으로 실시하는 마케팅 활동으로 비용을 줄이고 홍보 효과는 극대화하는 방법으로 검색엔진 마케팅과 스프레드 마케팅을 동시에 진행하는 업체가 증가하고 있다.

01 매장의 응대 서비스 기준표 체크 포인트가 잘못 연결된 것을 고르시오. (난이도: ★)

① 어조 – 항상 개방적이고 우호적인 어조 유지
② 안내 – 제공하는 제품과 서비스에 대하여 완벽한 이해
③ 판매 제안– 고객들이 유용한 제품이나 서비스를 인식할 수 있는 상품을 소개
④ 태도 – 서비스 제공자의 부정적인 태도

02 서비스의 정의 중 다음이 설명하는 정의를 고르시오. (난이도: ★★)

> '서비스를 용역이라 부르며 유형적인 재화와 구분하고 있다. 서비스는 비생산적 노동, 비물질적 재화로 정리할 수 있다. 또한 서비스는 행위, 과정, 그 결과인 성과가 포함된다.'

① 경제학적 정의
② 경영학적 정의
③ 행정학적 정의
④ 법적 정의

03 교육훈련의 종류 중 다음이 설명하는 것을 고르시오. (난이도: ★★)

> '동료 및 상사와의 접촉 기회 제공, 실무에 필요한 기초지식 습득을 통한 적응, 경영방침과 현황 파악 등을 위한 훈련으로 신입사원이나 신입생 등 새로운 환경에 놓인 사람들에 대한 환경적응을 위한 교육이다.'

① 오리엔테이션
② 직장 내 교육훈련(OJT)
③ 직장 외 교육훈련(OFF-JT)
④ 집단 교육

정답 01 ④   02 ①   03 ①

04 응대 기준표 교육절차 중 불필요한 절차를 고르시오. (난이도: ★★★)

① 기획
② 제시
③ 적용
④ 점검

05 서비스 응대 기준표의 기본 행동 서비스를 숙련시키기에 불필요한 단계를 고르시오. (난이도: ★★)

① 직무 분석 단계
② 문제 분석 단계
③ 대안 제시 단계
④ 피드백 분석 단계

06 빈칸에 들어갈 말로 적당한 것을 고르시오. (난이도: ★★★)

'( ) 품질은 고객이 기업과의 상호작용에서 무엇을 받느냐를 나타내며, ( ) 품질은 고객이 서비스를 어떻게 받는가 또는 서비스 제공과정을 어떻게 경험하는가를 나타낸다.'

① 객관적 – 지각된
② 결과 – 과정
③ 기대 – 성과
④ 기대 – 객관성

07 서비스 품질의 특성을 설명한 것 중 잘못된 것을 고르시오. (난이도: ★★★)

① 서비스 품질은 객관적 품질과 소비자에게 지각된 품질의 특성을 지니고 있다.
② 객관적 품질은 사물이나 사건의 객관적인 면이나 특징을 포함한다.
③ 주관적 품질은 객체에 대한 사람들의 주관적인 반응을 나타낸다.
④ 결과 품질은 고객이 고객과의 상호작용에서 무엇을 받느냐를 나타낸다.

정답 04 ①   05 ④   06 ②   07 ④

08 기본적인 외식 서비스 패키지 개발에 필요 없는 서비스를 고르시오. (난이도: ★)

① 핵심 서비스
② 수시 서비스
③ 촉진 서비스
④ 보조 서비스

09 피크타임 시 이용 고객 응대서비스 중 잘못된 것은? (난이도: ★)

① 신속하게 동작한다.
② 빠르고 경쾌하게 응대한다.
③ 서비스 사각지대의 발생을 방지한다.
④ 고객 요구를 적극적으로 수렴한다.

10 고객지향성이 중요한 이유로 타당하지 <u>않은</u> 것 2가지를 고르시오.

① 기존고객을 유지하는 것이 신규고객을 창출하는 것보다 더 쉽다.
② 고객 서비스는 충성도 향상으로 이어진다.
③ 신규고객을 유치하는 것이 기존고객을 유지하는 것보다 더 쉽다.
④ 고객 서비스는 충성도 향상과 관계가 없다.

정답 08 ②   09 ④   10 ①, ③

다음 각 설명에 대해서 빈칸에 알맞은 것을 쓰세요. (주관식)

01 (　　)란 고객 니즈를 기업 니즈보다 우선으로 생각하는 비즈니스 접근방식이다. 이는 비즈니스 목표를 고객 목표와 일치시키는 사고방식의 일종이다.

02 소비자행동의 중요결정요소는 크게 심리적 요인, 사회적 요인, (A), (B), (C)의 5가지 요인으로 분해해 볼 수 있다. A, B, C는 무엇인가?

03 (　　)란 주로 고객 응대 업무에서 요구되며, 감정을 상품화하고 지나친 친절을 요구하는 기업의 서비스 지침, 과도한 업무와 성과주의, 명확하지 <u>않은</u> 업무 범위, 전자감시, 미스터리 쇼퍼와 같은 암행감찰제도 등에서 발생한다.

04 루이스(Lewis)와 붐스는 (　　)을 "인도된 서비스가 고객의 기대와 얼마나 일치하는가의 척도"라고 정의하고, "(　　)은 고객의 기대에 일치되도록 일관성 있게 서비스를 제공하는 것"을 의미한다고 하였다.

05 응대 기준표 교육절차를 적으시오.

> · 1단계(A): 학습자에게 그들이 해야 할 행농을 보여준다.
> · 2단계(B): 학습자가 해야 할 행동과 그 이유를 말해준다.
> · 3단계(C): 학습자가 실제 일을 시도해 보도록 한다.
> · 4단계(D): 학습자의 행동에 대해 칭찬과 피드백을 제공한다.

정답 01 고객 응대 지향성　02 문화적 요인, 개인적 요인, 경제적 요인　03 감정노동　04 서비스 품질
05 A- 준비, B- 제시, C- 적용, D-점검

연습문제

매장 마케팅관리

 ◉ 문제해설은 동영상 강의에서 확인하세요.

01 다음 중 거시환경분석에 대한 설명으로 **틀린** 것은? (난이도: ★)

① 사회구성원 모두에게 광범위하게 영향을 미치는 요인이다.
② 대부분 기업이 통제할 수 없지만 기업에 큰 영향을 끼치는 요인이다.
③ 일명 PEST 분석이라고 한다.
④ 많은 시간과 비용이 필요하다는 단점이 있다.

02 다음 중 SWOT분석에 대한 설명으로 **틀린** 것은? (난이도: ★★★)

① 마케팅과 관련된 기업 내부 환경요인으로 강점과 약점 작성
② 마케팅과 관련된 기업 외부 환경요인으로 기회와 위협 작성
③ 강점과 약점은 일반적으로 미시환경분석을 통해 얻을 수 있는 자료
④ 기회와 위협은 일반적으로 기업이 통제 불가능한 요소

03 시장세분화 전략이 효율적으로 실행되기 위해서 충족되어야 할 요건이 <u>아닌</u> 것은? (난이도: ★★★)

① 측정가능성
② 편리성
③ 유지가능성
④ 이질성

04 다음 중 입지에 대한 설명으로 **틀린** 것은? (난이도: ★★)

① 경쟁업체와 차별화할 수 있는 단 하나뿐인 독점적인 요인이다.
② 장기적으로 많은 투자금이 필요하다.
③ 한 번 선택하면 변경하기 어렵기 때문에 매우 신중하게 결정한다.
④ 판매자와 소비자 사이에서 상거래가 이루어지는 공간적 범위이자 점포의 위치를 나타낸다.

정답 01 ④ 02 ③ 03 ② 04 ④

05 다음 중 상권(Marketing Area)에 대한 설명으로 **틀린** 것은? (난이도: ★★)

① 판매자와 소비자 사이에서 상거래가 이루어지는 공간적 범위이다.
② 1차 상권은 일반적으로 상권 내 사업장 이용고객이 60~70% 정도의 범위이다.
③ 2차 상권은 1차 상권 외곽에 위치한다.
④ 소비자를 대상으로 점포의 세력이 미치는 범위로서 고객들의 거주지역으로 형성된 지역공간만을 의미한다.

06 다음 중 전략적 마케팅 계획 시스템 절차로 맞는 것은? (난이도: ★★★)

① 환경분석 → 내부 자원 분석 → 운영 지침과 목표 설정 → 전략 수립
② 운영 지침과 목표 설정 → 환경분석 → 내부 자원 분석 → 전략 수립
③ 전략 수립 → 환경분석 → 내부 자원 분석 → 운영 지침과 목표 설정
④ 내부 자원 분석 → 환경분석 → 전략 수립 → 운영 지침과 목표 설정

07 다음 중 광고에 대한 설명으로 **틀린** 것은? (난이도: ★)

① 외식업체가 많은 비용을 직접 부담해야 한다.
② 불특정 다수의 고객에게 정보를 알리는 데 효과적인 활동이다.
③ 대중매체를 통한 광고는 인터넷 광고보다 훨씬 비용이 저렴하다.
④ 점차 대중매체를 통한 광고보다 인터넷 광고의 비중이 커지고 있다.

08 다음 중 홍보에 대한 설명으로 **틀린** 것은? (난이도: ★★)

① 광고보다 신뢰 수준이 훨씬 높은 편이다.
② 브랜드 이미지 향상에 도움을 준다.
③ 대중매체(TV, 라디오, 신문 등)를 통해 뉴스나 기사 등으로 제공된다.
④ 소비자의 구매의사결정에 직접적으로 영향을 미치지는 않는다.

정답 05 ④   06 ①   07 ③   08 ④

09 다음 중 판매촉진(판촉)이 매출에 영향을 미치는 기본 메커니즘에 대한 설명으로 **틀린 것은?** (난이도: ★★★)

① 상표 전환을 파악할 수 있다.
② 신규 구매정도를 파악할 수 있다.
③ 구매 가속화를 파악할 수 있다.
④ 제품 범주 확장을 파악할 수 있다.

10 다음 중 소셜 미디어(Social Media)에 대한 설명 중 **틀린 것은?** (난이도: ★)

① 소셜 미디어 매체의 종류는 매우 다양하다.
② 무료로 이용가능한 부분도 있지만 대부분 유료로 이용 가능하다.
③ 정보제공자와 소비자간에 실시간 쌍방향 커뮤니케이션이 가능하다.
④ 소셜미디어는 시간과 공간의 제약을 받지 않는다.

11 다음 설명은 포지셔닝 유형 중 어떤 유형에 대한 설명인가? (난이도: ★★)

'특정한 자사제품의 속성이 경쟁제품에 비해 차별적인 속성으로 혜택을 제공한다는 것을 소비자에게 알려주는 포지셔닝방법으로 가장 널리 사용되고 있다.
이때 너무 많은 속성을 제시하면 오히려 효과가 약해질 수 있으며, 고객이 이용하기 쉬운 단순정보를 이용하여 전달하는 것이 효과적이다.'

① 제품 속성에 의한 포지셔닝
② 이미지 또는 제품 편익에 의한 포지셔닝
③ 사용자에 의한 포지셔닝
④ 구매상황에 의한 포지셔닝

정답 09 ② 10 ② 11 ①

12 다음 설명은 무엇에 대한 설명인가? (난이도: ★)

> '2가지 핵심요소를 기준으로 자사와 경쟁사의 제품이나 서비스에 대한 고객의 지각 정도를 시각화한 것으로, 이때 설정 기준은 가격, 제품의 종류, 서비스 수준, 전문성의 정도 등을 사용한다.'

① 포지셔닝
② 시장세분화
③ 포지셔닝맵
④ 목표시장 선정

다음 각 설명에 대해서 빈칸에 알맞은 것을 쓰세요. (주관식)

01 환경분석 중 미시환경요인으로는 (A)와 경쟁사(Competitors), 자사(Company) 3가지를 합쳐서 '3C 요소'라고 한다. A에 해당하는 요소는 무엇인가? (난이도: ★)

02 상권의 범위를 분류함에 있어서 1차 상권, 2차 상권, 3차 상권으로 분류하는 기준은 무엇인가? (난이도: ★★)

03 외식업체들이 매출 증대를 위해 활용하는 대표적인 방법 중에 하나로 '해당 업체의 메뉴와 서비스에 대한 정보를 잠재고객에게 알려서 구매하도록 설득하는 활동'을 무엇이라고 하는가? (난이도: ★)

04 외식업체의 자원이 한정될 경우 시장세분화로 내부 능력을 확인하고 가장 매력적인 세분시장을 하나 또는 소수의 작은 시장을 선택하여 세분시장 소비자 욕구에 맞는 제품과 서비스를 제공해 높은 시장 점유율을 확보하는 방법은? (난이도: ★★★)

05 온라인마케팅 방법 중에서 콘텐츠 및 사이트에서 최대한 검색 노출이 많이 되도록 하는 방법으로 키워드, 검색광고, 유입량 증가 및 매출트래픽 확보가 쉽고 효과적인 중단기 전략으로 활용되는 마케팅 방법은 무엇인가? (난이도: ★★)

정답 **01** 고객(Customer) **02** 판매량 **03** 촉진(Promotion) **04** 집중적 접근법 **05** 검색엔진 마케팅

능력단위	과목명	능력단위요소		수 행 준 거		
외식고객 서비스관리	매 장 인 력 · 업 무 관 리	영업 준비업부 관리하기	○	영업 오픈 전까지 영업 준비에 필요한 작업 순서를 시간대별로 작성할 수 있다.	○	
				홀 · 주방 영업 전에 관리하는 전기, 가스 및 설비 확인과 기기 조작 등을 정확한 업무 절차에 따라 실행할 수 있다.	○	
식자재 관리				홀 · 주방 영업 전에 청소, 재료준비, 인원 점검 등을 정확한 업무절차에 따라 실행할 수 있다.	○	
				영업 준비업무를 체크리스트를 통해 점검하여 발생된 문제들을 해결할 수 있다.	○	
메뉴 품질관리		영업 중 업무 관리하기	○	영업 중 업무 운영에 필요한 작업 순서를 시간대별로 작성할 수 있다.	○	
				홀 · 주방 업무를 각 포지션에 따라 예상매출에 맞는 인원을 배치하여 업무를 실행할 수 있다.		
매장 시간대별 업무관리				시간대에 맞는 업무 절차를 실행할 수 있다.	○	
				책임자와 교대 시 업무에 대한 커뮤니케이션을 실행할 수 있다.		
				영업 중 업무 체크리스트 점검을 통하여 발생된 문제들을 해결할 수 있다.	○	
매장 인력관리		영업 마감업무 관리하기	○	영업 마감업무에 필요한 작업 순서를 시간대별로 작성할 수 있다.	○	
				홀 · 주방 영업 마감 청소, 주방 마감, 현금 · 카드 매출 마감 등 업무 절차에 따라 실행할 수 있다.	○	
매장 교육관리				홀 · 주방 영업 마감에 관리하는 전기 · 가스 및 설비 확인과 장비 조작 등을 정확한 업무 절차에 따라 실행할 수 있다.		
				영업 마감업무를 체크리스트를 통해 점검하여 발생된 문제들을 해결할수 있다.	○	
매장 위생관리		매장 인력 채용하기	○	매장 인력 채용 시 퇴직, 승진, 이동을 고려하여 인력 채용 계획을 수립할 수 있다.		
				인력 채용 계획에 따라 상황에 맞는 모집방법을 선택할 수 있다.	○	
매장 안전관리				지원자를 모집하고 채용 절차를 진행할 수 있다.	○	
매장 마케팅관리				매장 채용 평가표를 기준으로 면접을 실시하고 인력을 채용할 수 있다.		
매장 손익관리		매장 인력 양성하기	○	매장 인력 양성 계획을 수립할 수 있다.	○	
				매장 인력 양성에 필요한 최적의 프로그램과 인력을 구성할 수 있다.	○	
비대면 서비스 운영관리				매장 인력 중 양성대상을 직책별 시기별로 선정할 수 있다.		
				매장 인력 양성 프로그램을 주기적으로 평가하고 개선할 수 있다.	○	

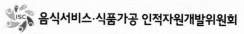
음식서비스·식품가공 인적자원개발위원회

지식		기술		태 도		NCS 외
영업 준비업무에 대한 지식	○	영업 준비업무 과정에 대한 작성 기술	○	영업 준비업무 점검 시 모든 항목을 확인하려는 태도		
홀·주방 시설 장비 관리 지식	○	홀·주방 전기, 가스, 설치 장비 조작 기술		홀·주방 업무에 대한 적극적인 주인의식		
홀·주방 영업 준비업무 관리에 대한 지식	○	홀·주방 영업 준비업무 관리 실행 기술	○	홀·주방 업무절차에 따른 정확한 업무처리 태도		
영업 준비업무 체크리스트 작성 지식	○	영업 준비업무 체크리스트 작성 기술	○	일관성 있게 원칙을 준수하려는 자세		
영업 중 업무에 대한 지식	○	영업 중 업무 관리 서식 작성 기술		영업 중 업무 점검시 분석적으로 사고하려는 자세		
예상매출에 맞는 인원 배치 업무 지식	○	예상매출에 맞는 인원배치 기술	○	홀·주방 업무에 대한 적극적인 주인의식		
원활한 커뮤니케이션에 대한 지식		원활한 커뮤니케이션 기술		홀·주방 업무절차에 따른 정확한 업무처리 태도		
영업 중 업무 체크리스트 작성 지식	○	영업 중 업무 체크리스트 작성기술	○	피크타임을 대비하여 준비하는 자세		
영업 마감업무에 대한 지식	○	영업 마감업무 작성 기술		영업 마감업무 점검에 철저한 준수 의지		
홀·주방 영업마감 관리 실행 방법에 대한 지식		홀·주방 영업마감 관리 실행 기술	○	영업 마감업무에 대한 적극적인 주인의식		
현금·카드 마감업무 실행 방법에 대한 지식	○	현금·카드 마감업무 실행 기술		높은 윤리의식을 바탕으로 현금·카드 매출 마감업무를 수행하려는 자세		
영업 마감업무 체크리스트 작성 방법에 대한 지식	○	영업 마감업무 체크리스트 작성기술		영업 마감시 중요한 보안을 유지하려는 자세		
인력 채용 계획 및 과정에 대한 지식	○	매장에 적합한 인력 선별 능력	○	공정한 채용선발에 대한 태도		
인력 채용 방법에 대한 지식	○	매장에 적합한 인력 평가 능력		직무에 적합한 인재 채용 의지	○	
채용 인력의 직무에 대한 지식	○	매장 매뉴얼의 평가표 작성 기술		인력 채용 계획에 따른 수행의지		
		매장 인력 채용 보고서 작성 기술				
근로기준법		채용 사이트 관리 기술		객관적인 인력 채용 절차 준수		
매장 직무에 대한 지식	○	직원들의 직무분석 기술		체계적인 직무분석 자세		
인력양성 프로그램에 대한 지식	○	직원들의 역량분석 능력		객관적이고 공정한 인력 양성 의지		
		직원들의 역량별 교육 능력	○	개방적 의사소통 자세		
매장 직급별 업무수행 지식	○	직원 수준에 맞는 코칭 능력	○	적극적인 코칭 의지		
교육 매뉴얼 작성 방법		커뮤니케이션 능력		직원의 계발을 도모하려는 조언자로써의 자세		

능력단위	과목명	능력단위요소		수 행 준 거		
외식고객 서비스 관리	매 장 인 력 · 업 무 관 리	매장 인력 평가하기	○	매장 직원의 근무태도, 업무수행능력 평가 등을 바탕으로 인력평가 기준표를 만들 수 있다.	○	
식자재 관리				매장 직원들에게 인력평가 기준표를 설명하고 이해시킬 수 있다.		
				매장 직원들이 근무에 대하여 인력평가 기준표에 평가하고 공유할 수 있다.	○	
메뉴 품질관리				매장 인력평가 결과에 따라 직원들에게 승진과 징계, 상점과 벌점을 부여하여 우수인력을 관리할 수 있다.		
매장 시간대별 업무관리		매장 교육계획 수립하기	○	매장 교육계획 수립을 위한 매장 내 직무별, 직책별 요구되는 매장교육 내용을 수집할 수 있다.	○	
매장 인력관리				매장교육 내용에 따라 연간 교육계획을 수립할 수 있다.	○	
				연간 교육계획에 따라 교육프로그램을 기획할 수 있다.	○	
매장 교육관리				교육프로그램을 기준으로 세부 교육운영안을 작성할 수 있다.		
매장 위생관리		매장 교육 실행하기	○	교육 프로그램의 특성에 맞는 직무교육을 위한 최적의 교육환경을 구성할 수 있다.		
				교육대상 매장 직원에게 교육운영 계획을 설명할 수 있다.	○	
매장 안전관리				교육대상 매장 직원에게 맞는 교육자료를 작성할 수 있다.	○	
매장 마케팅 관리				매장 교육운영 계획에 따라 교육프로그램을 실행할 수 있다.	○	
매장 손익관리		매장 교육결과 평가하기	○	교육운영 계획에 따라 교육평가 기준표를 작성할 수 있다.	○	
				교육평가 기준표를 교육생들에게 설명할 수 있다.	○	
비대면 서비스 운영관리				교육평가기준에 따라 교육 만족도를 평가할 수 있다.	○	
				교육만족도 평가결과에 따라 교육프로그램을 개선할 수 있다.	○	

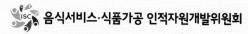

지식		기술		태도		NCS 외
인력관리 평가에 대한 지식	○	인력 업무 평가 능력	○	평가의 공정성 유지 태도	○	
우수인력에 대한 포상 및 징계 규정에 대한 지식	○			근로규정 준수 의지		
		인력평가 기준표 작성 능력	○	객관적인 평가절차 준수		
인력평가 기준표 작성 지식	○			평가기준에 대한 개방적 소통 의지		
직무별 필요 교육영역에 대한 지식	○	직무별 필요 교육분석 능력		체계적인 직무 교육계획 수립 의지	○	
연간 교육계획 수립에 대한 지식	○	월간 주간 교육계획 수립 능력		교육 요구사항을 적극 수용하는 태도		
연간 교육프로그램 기획에 대한 지식	○					
교육예산 기획에 대한 지식		교육프로그램별 예산 수립 능력		합리적인 교육 예산 수립 의지		
교육자료 작성 방법에 대한 지식	○	최적의 교육환경을 파악하는 능력		적극적인 교육 실행 태도	○	
교육 프로그램의 특성 대한 지식	○	교육대상자 특성 기반 분류 능력	○	공정한 교육대상 분류 의지		
최적의 교육환경에 대한 지식		교육대상자에 대한 교육 실행 능력				
교육대상자의 특성에 맞는 분류 방법	○	효과적인 교육내용 전달 능력		최적의 교육환경 제공 의지		
교육대상자에 맞게 교육을 실행할 수 있는 지식	○					
교육 평가관리에 대한 지식	○	교육프로그램별 평가관리 능력		공정한 평가관리 의지		
교육평가 기준표에 대한 지식	○	교육평가 기준표 작성 기술	○	체계적인 교육평가 기준표 작성 태도		
				객관적인 교육평가 분석 의지		
교육평가 결과분석에 대한 지식	○	교육평가 결과분석 능력	○	지속적인 교육 수준 개선 의지		

외식
운영관리사

매장 인력 · 업무관리

I. 매장 인력·업무관리

01

매장 시간대별 업무관리

- ◆ 영업 오픈 전까지 영업 준비에 필요한 작업 순서를 시간대별로 작성할 수 있다.
- ◆ 영업 전에 관리하는 전기, 가스 및 설비 확인과 기기 조작 등을 정확한 업무 절차에 따라 실행할 수 있다.
- ◆ 홀·주방 영업 전에 청소, 재료준비, 인원 점검 등을 정확한 업무절차에 따라 실행할 수 있다.
- ◆ 영업 중 업무 운영에 필요한 작업 순서를 시간대별로 작성할 수 있다.
- ◆ 시간대에 맞는 업무 절차를 실행할 수 있다.
- ◆ 영업 중 업무 체크리스트 점검을 통하여 발생된 문제들을 해결할 수 있다.
- ◆ 영업 마감업무에 필요한 작업 순서를 시간대별로 작성할 수 있다.
- ◆ 홀·주방 영업 마감 청소, 주방 마감, 현금·카드 매출 마감 등 업무 절차에 따라 실행할 수 있다.
- ◆ 영업 마감업무를 체크리스트를 통해 점검하여 발생된 문제들을 해결할 수 있다.

외식 매장 운영이란 식당, 카페, 음식점 등의 음식 서비스를 제공하는 매장을 관리하고 운영하는 과정을 의미한다. 제조, 판매, 관리의 작업이 실행되며, 이 작업은 매일 반복된다. 메뉴개발, 식재료 구매 및 재고관리, 조리 및 서빙, 인테리어, 위생 및 안전, 서비스와 고객 만족 등의 업무가 포함된다. 우수한 매장의 운영이란 원활한 조직, 훌륭한 QSC, 매출과 이익을 달성하는 매장으로 만들기 위해 노력하며, 균형 있게 운영하는 것이라 할 수 있다.

1 매장의 업무

1) 매장 업무 내용

매장의 업무 일과는 눈코 뜰 새 없이 바쁘다. 특히나 외식업이 가지고 있는 특성, 즉 고객을 상대로 하는 곳이다 보니 워낙 다양한 일까지 처리하므로 24시간이 부족할 정도로 바쁜 일과를 보낸다.

원활한 매장 운영의 주요 업무는 다음과 같다.

◆ 매장의 일일 업무 내용

01	오늘의 매출 목표 분석, 확인
02	매장 영업 준비 체크(매장의 청결 유지 상태)
03	매장 주요 체크 사항 점검
04	입고 식자재 점검
05	위생 점검, 메뉴 준비 사항
06	LSM(Local Store Marketing) 매장 마케팅 계획, 실행
07	매장 P&L(Profit & Loss) 비용 관리
08	매장 영업 및 매장 맨파워(Manpower) 역할

2) QSC

QSC란, Quality(품질), Service(서비스), Cleanliness(청결)의 약자로 외식업의 바탕이며, 가장 기본요소로 일컬어지며, 외식업을 하는 매장에 3가지 관리기준을 두어 매장의 환경과 사업방향에 맞게 운영하는 것을 의미한다.

◆ Q.S.C

Quality (품질)

Hot Food Hot, Cold Food Cold

Service (서비스)

직원의 친절도, 복장상태, 매장응대 서비스 등

Cleanliness (청결)

음식점 내 · 외부 청결, 직원의 개인적 위생, 화장실 관리 상태 등

매장 운영은 QSC의 확인 관리가 전부라고 할 수 있을 만큼 중요하다. 매일 그리고 순간순간마다 QSC를 지키기 위한 항목별 체크리스트를 만들어 매장이 항상 최상의 QSC를 유지할 수 있도록 해야 할 것이다.

(1) Quality(품질) : 외식업에 있어서 가장 중요한 요소, 메뉴의 품질이다. 뜨거운 메뉴는 뜨겁게, 차가운 메뉴는 차갑게. 각 메뉴의 특징에 맞게 메뉴의 온도를 맞추어 고객에게 제공해야 한다. 음식은 고객의 만족도와 같아서 직접적으로 연결되는 매개체의 역할이자, 고객이 매장을 방문하는 목적과도 같다. 다음과 같은 요소를 포함한다. - 음식의 맛, 재료의 신선도, 메뉴 플레이팅 방식, 조리기술 및 레시피, 식재료의 유통기한 엄수 등 관리, 각 식재료에 맞는 보관방법 등

(2) Service(서비스) : 고객을 대하는 직원의 친절도와 매너. 아무리 맛이 좋고 훌륭한 식당이라 하더라도 불친절하고 고객을 대하는 데 소홀하다면 그 매장은 성공할 수 없을 것이다. 서비스는 주관적이고 개인적 성향이 강한 요소이기 때문에 매장별

체크리스트를 만들어 철저히 관리해야 한다. 다소 음식의 맛이 만족스럽지 못하더라도 친절한 곳이라면 다시 한번 방문해 보고 싶을 정도로 서비스는 매장 운영의 중요한 요소를 차지하며, 다음과 같은 요소를 포함한다. – 직원의 친절도, 직원의 복장 상태, 매장 응대 서비스(예약시스템 포함), 매장 서비스 매뉴얼 등

(3) Cleanliness(청결) : 매장의 위생은 고객의 안전과도 곧바로 연관된다. 고객의 입장에서 아무리 좋은 맛과 서비스를 가졌다 하더라도 청결하지 않은 매장과 청결한 매장 중 고르라고 한다면 누구나 청결한 곳을 선호할 것이다. 전체적인 품질과 분위기 등 서비스도 중요하지만, 청결도 고객만족을 위한 필수요소이다. 다음과 같은 요소를 포함한다. – 음식점 내·외부 청결, 직원의 개인적 위생, 제공 식기의 청결도, 시설물의 안전성, 화장실 관리상태 등

2 매장의 일일 업무 내용

매장의 일일 업무는 고객이 입장하여 제공되는 음식과 서비스를 경험한 후 퇴장하는 순간까지 QSC를 유지하는 활동에서부터 시작된다. 일반적으로 매장의 영업시간은 오전 11시부터 오후 10시까지가 된다. 하지만, 영업을 하기 위한 준비사항과 각종 체크사항 점검이 이루어지려면 매장 운영자의 매장 상주시간은 더 길어질 수도 있다. 외식 매장의 영업은 주로 점심시간과 저녁시간 영업이 주가 되며, 각 업종에 따라 점심과 저녁의 비중이 다르게 나타난다.

1) 매장의 일일 업무 체크리스트

구분	체크 사항	확인
매장 외부	○ 외부 간판, 조명, 청소상태 ○ 간판 조명 (타이머 사용 시 세팅시간 등) ○ 고객 출입 동선의 정리정돈 상태	
매출 분석 및 각종 데이터 확인	○ 로그북 내용, 기록사항, 연락사항 확인 ○ 오늘 해결해야 할 업무 리스트업 ○ 전일 매출, 고객 수, 객단가, 좌석회전률 등 ○ 전일까지 각종 비용 수치 확인	

오늘 업무 목표	○ 목표 매출 확인 ○ 식자재 발주 내용, 직원(홀, 주방) 스케줄 확인 ○ 식자재 현황, 매출 목표 달성률	
주요 시설 확인	○ 조명, 공조기, 냉난방 이상 없는지 ○ 주방 냉장, 냉동고, 전기 전열기구 등 이상 없는지 ○ 홀 조명, 테이블, 의자 등 이상 없는지 ○ POS, 주문기, 오더기 등 이상 없는지	
식자재	○ 식자재는 목표 매출, 예상 매출에 의해 준비되는지 ○ 식자재 검수는 잘 되었는지, 결품은 없는지	
영업 준비	○ 오픈 10분 전 모든 준비가 되었는지 ○ 영업 전 미팅은 이루어졌는지 ○ 매장 내 온도, 조명, 오디오 등 이상 없는지 ○ 모든 기물, 기기 등 보충은 되었는지 ○ 각종 POP, 메뉴판 깨끗하게 준비되었는지 ○ 직원 유니폼은 청결한지	
영업 중	○ 매장 서비스 문제 없는지 ○ 매장 위생 상태 문제 없는지 ○ 매장 메뉴 품질 문제 없는지 ○ QSC의 생활화가 되고 있는지 ○ 영업 중 미팅은 이루어졌는지	
매장 운영자 관련	○ 직원들은 매출 목표, 운영 중점사항 등을 숙지하고 있는지	
영업 마감	○ 고객 마지막 주문 확인 ○ 간판, 홀, 주방기기 등의 마감이 잘 되었는지 ○ 매출데이터, 장부 마감이 잘 되었는지 ○ 영업 마감 미팅은 이루어졌는지 ○ 매장의 보안장치는 잘 되었는지	

박진우(2015), 외식점포 점장매뉴얼, 형설출판사

영업 준비 업무관리

1 매장의 영업 준비 업무

매장이 원활하게 운영될 수 있도록 필요한 사전 작업과 준비하는 일련의 과정이 포함된다. 일반적으로 진행되는 업무 내용은 다음과 같다.

◆ **매장의 영업 준비 업무**

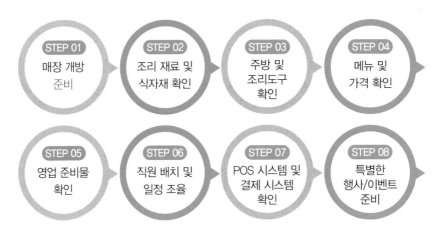

1) 매장 개방 준비

매장 오픈 시간 전 매장 내, 외부를 정리하고 청소한다. 테이블, 의자, 바닥, 창문 등을 깨끗하게 청소하여 매장의 청결 상태를 유지한다.

2) 조리 재료 및 식자재 확인

조리에 필요한 재료와 식자재의 유통기한, 신선도 점검. 부족한 재료가 있는 경우 긴급 주문하고, 미리 방지함을 위해 판매량에 따른 충분한 재고를 확보한다.

3) 주방 및 조리 도구 확인

주방 설비와 조리 도구들의 작동 상태를 확인한다. 필요한 경우 고장이나 손상된 장비를 수리 또는 교체하고, 조리 도구들을 깨끗하게 세척하여 준비한다.

4) 메뉴 및 가격 확인

메뉴와 가격을 확인하고, 변경사항이 있는 경우 메뉴판이나 디지털 메뉴판에 업데이트를 확인한다. 메뉴의 사진이나 가격 변동 등을 알리고 있는 모든 매체에 대해 변경사항이 적용되어 있는지 확인해서 고객이 혼동을 느끼지 않도록 한다. 혹여 제시간에 준비되지 않을 경우 고객에게 알리기 위한 대응 방안을 협의하고 마련한다.

5) 영업 준비물 확인

먹거리나 음료를 제공하는 데 필요한 장비와 소모품들을 확인한다. 예를 들어, 식기류, 컵, 냅킨, 스푼, 포크 등이 충분한 양으로 준비되어 있는지 확인한다.

6) 직원 배치 및 일정 조율

직원들의 근무 일정을 확인하고, 긴급사항에는 조율한다. 해당 일에 필요한 직원의 수를 파악하여 적절한 배치를 준비한다. 각 직원의 역할과 책임을 분담하여 원활한 업무 흐름이 되도록 준비한다.

7) POS 시스템 및 결제 시스템 확인

POS(Point of Sale) 시스템과 결제 시스템의 작동 상태를 확인하고, 필요한 경우 이상이 있는지 점검한다. 신용카드 단말기나 현금 등 결제 수단이 정상적으로 작동하는지 확인하고, 이상 발생 시 협력업체 등 비상연락망을 통해 영업 전 준비한다.

8) 특별한 행사나 이벤트 준비

만약 특별한 행사나 이벤트가 예정되어 있다면, 해당 행사를 위한 준비가 되었는지, 서비스 담당 직원이 숙지하고 있는지 확인한다. 이벤트에 필요한 장비나 장식물 등을 확인하고, 행사 진행을 위한 계획을 세우고 진행되는지 확인한다.

2 영업 준비 현황 점검

1) 전일 영업현황, 오늘의 영업현황 점검 및 주요 업무사항 확인
2) 금일 목표 매출, 고객 수, 객단가, 식자재 원가, 인건비 등의 목표 파악

3) 로그북(매장 직원들끼리 의사소통 노트) 확인 및 기록

　* 로그북 – 전일의 매출 특이 사항, 시설집기 AS내역, 직원들 교육내용, 고객 특이 사항, 기타
　체크사항 및 전달사항 등 기록으로 매장 조회, 미팅 시 사용 (로그북 양식 – 샘플이므로, 매장
　상황에 맞게 자유롭게 항목 기술)

3 영업 준비사항 점검

| 홀 | 주방 | 매장 관리 현황 점검 |

1) 홀

　(1) 테이블 정돈 상황, 홀의 영업 준비 상태(조명, 음악 등)

　(2) POS 시스템, 잔돈, 사무용품 준비상태

　(3) 냉난방기의 작동 상태

　(4) 매장 출입구, 간판 청결 상태

2) 주방

　(1) 식자재 점검

　　(가) 영업을 위한 식자재의 품질, 배송 점검

　　(나) 목표 매출액과 고객 수에 따라 식자재가 준비되었는지 점검

　　(다) 식자재별 최상의 상태를 정의하고 검수리스트를 작성, 점검

　(2) 주방시설 준비, 운용상태 점검(냉장, 냉동고의 정확한 온도 설정)

　(3) 조리용 집기, 비품, 주방 내 식기의 정위치 확인

3) 매장관리 현황 점검

직원의 근태 상황(홀 유니폼코드, 주방 유니폼코드, 출근상황 등)

4 영업 준비사항 점검 체크리스트

◆ 영업 전 체크리스트

구역	체크사항	점검 확인	미흡 시 조치사항
외부, 주차장	○ 외부간판 조명은 이상 없는가 ○ 주차장은 청결한가 ○ 입간판 등 외부 POP 청결 상태 ○ 고객 출입구 주변 정리정돈 상태		
고객 출입구	○ 안내 청결 유무 ○ 안내 직원 유니폼 코드 유지 ○ 고객대기공간 정리정돈 상태 ○ 각종 시설물 상태		
화장실	○ 화장실 청결 유무(바닥, 소변기, 양변기) ○ 거울, 세면대 청결 유무 ○ 각종 소모품 보충 유무(비누, 휴지 등)		
홀	○ 홀의 온도는 적정한가 ○ 홀의 음악 상태(노이즈, 음량) ○ 테이블 세팅 상태 ○ 고객용 설비, 비품 정리정돈, 상태 ○ 고객 홍보용 POP 정비 상태		
주방	○ 냉장고, 냉동고 온도 직정한가 ○ 각 주방 시설, 설비 이상 유무 ○ 식재료 보관 상태(야채, 육류, 어류 등) ○ 고객 제공용 식자재(가공 식자재) 이상 유무(품질 체크) ○ 주방 직원 홍보, 레시피 등 POP 정비		

* 점검확인에 표시하고, 미흡 시 조치사항 자세히 서술할 것.

박진우(2015), 외식점포 점장매뉴얼, 형설출판사

영업 중 업무관리

1 매장의 운영 인력 규모

- 매장의 홀과 주방의 인원 배치는 매출 예측과 운영 방식에 따라 조정될 수 있다. 홀과 주방에 적절한 인원을 배치는 고객 서비스의 품질 향상과 매출의 증가, 수익성까지 확대될 수 있으므로, 매우 중요하다. 다음과 같은 가이드라인을 고려할 수 있다.

◆ 매장의 운영 인력 규모

1) 매출 예측

예상 매출을 분석하여 해당 시간대에 필요한 인원을 파악한다. 이를 위해 이전 기간의 판매 데이터, 특정 이벤트나 프로모션 기간의 매출 등을 고려한다.

2) 서비스 수준

고객 서비스의 품질과 만족도를 유지하기 위해 적절한 인원을 배치해야 한다. 너무 적은 인원은 대기 시간이 길어지고 고객 서비스가 저하될 수 있으며, 너무 많은 인원은 비효율적일 수 있다.

3) 업무 분장

홀에서는 주문 및 응대, 테이블 정리 등을 담당하고, 주방에서는 조리 및 음식 제공에 집중하는 등 홀과 주방의 균형을 잘 맞춰야 한다. 업무의 가벼움과 무거움의 기준은 매장의 운영 컨셉(셀프서비스, 파인 다이닝 등)과도 관련이 있으며, 홀과 주방은 서로 다른 역할과 책임을 가지므로 인원을 배치할 때 신중해야 한다.

4) 시간대별 인원 조정

매장의 피크타임과 스윙타임(비 피크타임)을 파악하여 인원 배치를 조정할 수 있어야 한다. 피크시간에는 홀과 주방에 더 많은 인력을 투입하여 고객 수요와 고객 만족에 대응하고, 비 피크시간에는 인원을 줄여 비용을 절감하는 운영방법을 고려해야 한다.

5) 업무 효율화

작업 흐름을 최적화하여 인원의 효율성을 높여야 한다. 예를 들어, 주방에서는 작업 구역을 세분화하여 각자의 역할에 집중하도록 하고, 홀에서는 주문 시스템을 효과적으로 활용하여 주문 처리를 빠르게 할 수 있다.

6) 직원 역량 고려

직원들의 역량과 경험을 고려하여 적절한 업무를 배치한다. 일부 직원은 고객 응대나 주방 조리 등에 능숙하며, 다른 직원은 테이블 관리나 주문 처리 등에 능숙할 수 있다. 직원 개인별 역량을 고려하여 인원 배치를 조정한다. 이와 같이 운영하기 위해서는 매장 전 직원에 대한 인력관리와 교육관리도 중요한 부분으로 작용한다.

2 영업 중 업무

매장의 규모와 유형에 따라 조금씩 차이가 있을 수 있으며, 업무를 효율적으로 수행하기 위해서는 직원들과의 원활한 협력과 조율이 필요하다.

1 고객 응대 및 주문 처리	2 조리 및 음식 제공	3 서빙 및 테이블관리	4 결제 처리	5 주문대기 고객관리
6 공간 관리	**7** 문제 해결	**8** 직원 협력 및 조율	**9** 매장 운영 및 정책 준수	**10** 마케팅 활동

1) 고객 응대 및 주문 처리

고객들의 응대를 담당, 주문을 받아 주방 직원에게 전달한다. 주문 내용을 정확히 기록, 공유하고 고객의 요구사항을 충족시키기 위해 노력한다. POS기를 활용하며, 전산을 통해 정확한 주문이 전달되었는지 확인되는 과정이 중요하다.

2) 조리 및 음식 제공

주문된 음식을 조리하고 품질을 유지하여 약속된 제공시간을 지켜 고객들에게 제공한다. 조리 과정에서 최상의 식재료를 사용하고 조리 시간을 효율적으로 관리하는 것이 중요하다.

3) 서빙 및 테이블 관리

음식이나 음료를 테이블로 가져가고, 고객들의 필요에 따라 추가 서비스를 제공한다. 테이블을 정리하며, 고객들이 편안하게 식사를 즐길 수 있도록 서비스를 제공한다.

4) 결제 처리

고객들의 주문에 대한 결제를 처리하고 현금이나 카드 등의 결제 수단을 효율적으로 다룬다. 정확하고 신속한 처리로 고객의 시간을 아껴드리고, 올바른 금액을 청구하여 영수증을 발행한다.

5) 주문 대기 고객 관리

매장이 바쁜 경우 주문 대기 고객을 관리한다. 주문이 완료되고 음식이 준비되면 적절한 순서로 서빙하고, 고객들에게 대기 시간을 최소화하거나 미리 안내함으로써 고객이 불편을 느끼지 않도록 최선을 다해 노력한다.

6) 공간 관리

매장 내부의 청결도를 유지하고, 테이블과 의자를 정리하여 고객들이 편안한 환경에서 식사를 즐길 수 있도록 한다. 필요한 경우 쓰레기를 비우고 재고를 보충한다.

7) 문제 해결

고객의 불만 사항이나 문제가 발생할 경우 신속하고 적절하게 대응한다. 고객들과 원활한 소통을 유지하며, 고객 만족을 위해 최선을 다한다.

8) 직원 협력 및 조율

매장 내의 직원들과 원활한 협력과 조율을 유지한다. 주방 스태프, 서빙 스태프, 매장 관리자 등과 원활한 커뮤니케이션을 통해 효율적인 매장 운영을 지원한다.

9) 매장 운영 및 정책 준수

매장의 운영 방침과 정책을 준수하며, 규정된 절차와 표준을 따른다. 예를 들어, 위생 규칙, 음식 안전관리, 서비스 품질 등에 대한 지침을 준수해야 한다. 매장이 바쁜 경우라 할지라도 고객의 안전을 위해 준수되지 않는다면, 그 매장은 고객으로부터 외면받을 것이다.

10) 마케팅 활동

매장 내에서 진행되는 마케팅 활동을 미리 숙지하여, 고객에게 적극 권장하며, 프로모션 이벤트나 특별 할인 등을 고객들에게 알려 즐거움과 재방문을 유도한다.

3 영업 중 영업 현황 점검

매장 관리 현황 점검 　　　점심시간 영업
　　　　　　　　　　　　 현황 점검

저녁시간 영업
준비 　　　　　　　저녁시간 영업
　　　　　　　　　 현황 점검

1) 매장 관리 현황 점검

   (1) 직원들 식사교대, 미팅

   (2) 매장 마케팅 계획

   (3) 매출 및 실적 분석

   (4) 위생 점검, 메뉴 품질 점검

2) 점심시간 영업 현황 점검

   (1) 지속적인 영업 흐름 진행 점검

   (2) 고객에게 제공되는 식자재 점검

   (3) 고객 요구사항 관찰

3) 저녁시간 영업 준비

   (1) 고객 만족을 위한 고객 동선 점검

   (2) 식자재 점검 및 익일 식자재 발주 : 식자재의 재고 조사와 발주는 저녁시간 영업
       준비 시간에 하여 발주 마감 시간을 놓치지 않도록 한다.

   (3) 각종 비품 및 소모품 발주 : 각종 비품 및 소모품의 재고 조사와 발주는 저녁시간
       영업 준비 시간에 하여 발수 마감 시간을 놓치지 않도록 한다.

   (4) 매장 및 시설 AS 사항 점검

4) 저녁시간 영업 현황 점검

    (1) 메뉴 품질, 메뉴 제공 시간

    (2) 서비스, 고객 만족 사항(고객 응대)

    (3) 매장 물리적 사항 점검(음악, 청결 등)

4 매장 근무 교대 시 확인사항

원활한 업무 전환과 효율적인 매장을 유지하기 위해서 근무 교대 시 다음과 같은 내용을 확인해야 한다.

근무시간과 일정　　　　출근 및 퇴근 절차

업무전달 사항 (로그북 확인)　　　　청결 및 위생 관리

1) 근무 시간과 일정

각 근무조의 근무 시간과 일정을 명확히 정의한다. 시작 시간, 종료 시간, 휴게 시간 등을 포함하여 근무 일정을 정의하고 직원들에게 사전에 공유한다.

2) 출근 및 퇴근 절차

각 근무조의 출근 및 퇴근 절차를 확인한다. 출근 시간에 대한 정확한 출근 기준, 출근 기록 방식(출근부, 출퇴근 시스템 등), 퇴근 시간의 기록 방식 등을 알려주고, 시행되는 지 확인한다.

3) 업무 전달사항(로그북 확인)

전 근무(오전, 점심) 시 발생한 중요한 사항이나 고객 의견, 주문 관련 사항, 설비 AS 사항 등을 다음 근무조에 전달한다. 이를 통해 근무조건의 원활한 업무 전환과 의사소통을 도모할 수 있으며, 로그북 활용으로 정확한 공유가 중요하다. 근무 교대 시에는 특이 사항이나 예정된 이벤트에 대한 안내도 의사소통으로 제공해야 한다. 메뉴 변경 사항, 할인 행사, 이벤트 일정 등과 같은 정보를 공유하여 모든 직원이 동일한 정보를 가지고 업무를 수행할 수 있도록 해야 한다.

4) 청결 및 위생 관리

근무 교대 시 매장의 청결과 위생 상태를 확인한다. 식기, 조리기구, 작업장 등의 위생 상태를 점검하고, 상시 홀과 주방은 청결 및 위생 상태를 유지해야 한다.

5 영업 중 점검 체크리스트

구역	체크사항	점검 확인	미흡 시 조치사항
외부, 주차장	○ 외부간판 조명은 이상 없는가 ○ 주차장은 청결한가 ○ 입간판 등 외부 POP 청결 상태 ○ 고객 출입구 주변 정리정돈 상태		
고객출입구	○ 안내 청결 유무 ○ 안내 직원 유니폼 코드 유지 ○ 고객대기공간 정리정돈 상태 ○ 각종 시설물 상태		
화장실	○ 화장실 청결 유무(바닥, 소변기, 양변기) ○ 거울, 세면대 청결 유무 ○ 각종 소모품 보충 유무(비누, 휴지 등)		
홀	○ 직원들의 움직임 점검 (고객 응대, 동선, 메뉴 설명, 제공 등) ○ 고객 불만사항 점검, 즉시 해결 등 ○ 고객 반응 점검, 문제점 발견 시 메모 ○ 저녁시간 전 각종 소모품 보충 점검 ○ 비품, 소모품 재고조사 및 발주 점검		
주방	○ 메뉴 제공 품질 상태 점검 ○ 홀, 주방의 원활한 소통 점검 ○ 기기, 설비 문제 없는지 점검, AS 메모 ○ 저녁시간 전 각종 식자재 등 보충 점검 ○ 원부재료 재고조사 및 발주 점검		

1.4 영업 마감 업무관리

1 매장의 영업 마감 업무

- 매장 운영을 정리하고 다음 날을 위한 준비를 하는 과정이다. 각 매장의 운영 방식과 정책에 따라 업무의 내용은 조금씩 달라질 수 있다. 매장의 운영 절차와 정책을 따르며, 고객 서비스와 매장 운영에 필요한 모든 절차를 완료하는 것이 중요하다.

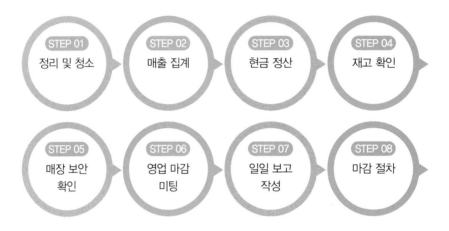

STEP 01 정리 및 청소 → STEP 02 매출 집계 → STEP 03 현금 정산 → STEP 04 재고 확인

STEP 05 매장 보안 확인 → STEP 06 영업 마감 미팅 → STEP 07 일일 보고 작성 → STEP 08 마감 절차

1) 정리 및 청소

매장 내부와 주방을 정리하고 청소한다. 테이블, 의자, 바닥, 주방용품 등을 청소하여 매장을 깔끔하고 위생적으로 유지한다. 주방설비는 각 설비의 청소 매뉴얼에 따라 청소하고, 가동에 문제가 없는지 확인한다. 문제가 있을 시 긴급 AS 신청을 하거나 안될 시에는 로그북에 기록하여 다음 근무 직원이나 관리자에게 공유한다.

2) 매출 집계

일일 매출을 집계하여 판매 현황을 파악한다. POS 시스템이나 매출 관리 도구를 활용하여 매출 데이터를 정리하고 기록한다.

3) 현금 정산

현금 매출을 정산하고 현금 보관함을 점검한다. 매출에 대한 현금과 거스름돈이 일치하는지 확인하고, 필요한 경우 은행에 현금을 입금한다.

4) 재고 확인

사용된 음식 재료와 식기류, 주류 등의 재고를 확인한다. 남은 재료의 상태를 점검하고, 부족한 재료가 있다면 다음 날을 대비하여 식자재 주문이 되었는지 확인하고, 아니라면 긴급 주문을 진행한다.

5) 매장 보안 확인

매장의 보안 시스템을 확인하고 활성화한다. CCTV 카메라가 있을 시 정상 작동하는지 확인하고, 출입구나 창문 등의 보안 조치를 확인한다.

6) 영업 마감 미팅

영업 마감 시에는 직원들과의 미팅을 통해 영업 현황, 고객의 의견이나 불만 사항 등을 공유하고 피드백을 주고받을 수 있다. 로그북을 활용하는 것을 추천한다.

7) 일일 보고 작성

영업 일지나 보고서를 작성한다. 매출, 재고, 직원 출퇴근 시간 등의 정보를 정리하여 관리자에게 제출한다.

8) 마감 절차

영업 마감 시에는 매장을 잠그고 안전을 확인한다. 문을 잠그고, 전등이나 가스, 전기 OFF 등의 안전 상태를 점검하고 모든 장비가 정상적으로 꺼졌는지 확인한다.

2 영업 마감 업무

1) 당일 매출 현황 및 각종 비용 정리, 익일 발주내용 점검
2) 직원 스케줄 파악, 특이 사항 점검
3) 전달사항 및 특이 사항 로그북 기록

3 영업 마감 사항 점검

1) 홀

    (1) 마지막 주문 확인, 모든 고객 퇴장 확인

    (2) 테이블, 의자 정돈, 기물 등 세척, 정리, 청소

    (3) 각종 비품 및 소모품 재고 조사

    (4) POS 마감, 조명, 음악, 기기, 설비 끄기

    (5) 출입문 잠금, 보안장치 확인

2) 주방

    (1) 마지막 주문 확인, 식자재 정리, 보관

    (2) 각종 집기류, 기기류 등 세척, 정리, 청소

    (3) 원부재료 재고 조사

    (4) 냉장, 냉동고, 가스, 수도, 팬 등 끄고, 작업대, 조리대 정리정돈

    (5) 냉장, 냉동고 온도 확인, 주방 조명 끄기

4 영업 마감 점검 체크리스트

구역	체크 사항	점검 확인	미흡 시 조치사항
외부, 주차장	○ 외부간판 조명은 소등 ○ 주차장은 청소 상태 ○ 입간판 등 외부 POP 청결 상태 ○ 고객 출입구 청소 상태		
고객출입구	○ 고객대기공간 청소 상태 ○ 각종 시설물 상태 점검(필요한 AS)		
화장실	○ 화장실 청소 ○ 각종 시설물 상태 점검(필요한 AS)		
홀	○ 정리정돈(테이블, 집기, 음주류 등) ○ 청소(바닥, 쓰레기 반출 등) ○ 세척(컵, 물병, 식기, 행주 등) ○ 소모품 재고, 발주서 확인 등 ○ 냉난방기, 오디오 등 끄기		
주방	○ 작업대, 냉장, 냉동고 정리정돈 ○ 주방 청소(바닥, 잔반, 쓰레기 반출 등) ○ 세척(주방 기기, 집기 등) ○ 원부재료 재고 및 발주서 확인 등 ○ 냉장, 냉동고 온도 확인 ○ 전기, 가스, 팬 등 끄기		

* 홀, 주방 등 매일 실시되는 청소는 각 기기별 청소 매뉴얼을 참조하여 영업 마감 시에 구역별로 실시한다.
* 청결은 외식 매장의 기본적이고, 중요한 요소 중 하나이므로, 벌노의 시간이 아니더라도 항상 청결함을 유지한다.

02

매장 인력관리

2.1 매장 인력 채용

2.2 매장 인력 양성

2.3 매장 인력 평가

◆ 인력 채용 계획에 따라 상황에 맞는 모집방법을 선택할 수 있디.

◆ 지원자를 모집하고 채용 절차를 진행할 수 있다.

◆ 매장 인력 양성 계획을 수립할 수 있다.

◆ 매장 인력 양성에 필요한 최적의 프로그램과 인력을 구성할 수 있다.

◆ 매장 인력 양성 프로그램을 주기적으로 평가하고 개선할 수 있다.

◆ 매장 직원의 근무태도, 업무수행능력평가 등을 바탕으로 인력평가 기준표를 만들 수 있다.

◆ 매장 직원들이 근무에 대하여 인력평가 기준표에 평가하고 공유할 수 있다.

매장 인력 채용

1 매장 인력관리

- 외식산업은 인적 서비스 의존도가 높은 산업이다. 외부고객인 고객뿐만 아니라 내부고객인 직원들의 관리는 외식산업의 근간을 이룬다. 따라서 외식매장의 경영자는 직원의 채용, 교육, 복지, 면담, 평가 등을 적극적으로 실행함으로써 장기적인 성공의 기반을 만들어야 할 의무를 가진다.

- 외식매장의 경영자는 매장의 비전과 목표를 공유하고, 인재를 개발하며, 직원들의 동기를 부여하는 일 등에 최선의 노력을 기울여야 한다. 그러므로 매장 목표의 효율적인 달성을 위해서 적절한 인력을 확보하고 개발, 유지, 보상하는 것이 필요하다. 이 부분을 소홀히 하면 높은 수준의 Q, S, C를 실현할 수 없다. 일손이 부족할 때마다 상시 채용하는 것이 아니라 연간 정확한 계획 수립이 필요하다.

1) 매장 인력 분석

   (1) 매장 필요 인원 분석

      (가) 기본 필요 인력 산출 및 결정

         ① 매장의 포지션별 목표 직원 수, 현재 직원 수, 교육 중인 직원 수 등을 기록한다.

포지션	목표 인력	현재 인력	퇴직 예상 인력	필요 인력
홀&주방				
홀				
주방				

필요한 인력 수를 산출하기 위해 다음의 공식을 사용할 수 있다.

$$\frac{\text{각 포지션별 총 근무 시간}}{\text{직원 평균 근무 시간}} = \text{필요 인력 수}$$

② 객관적 입장으로 전체 직원의 수준을 결정한다. 하위 등급에 위치한 직원들은 격려, 교육하여 상위 등급으로 올라갈 수 있는 방법을 제시하고, 상위 등급 직원은 더욱 성과를 낼 수 있는 교육으로 매장 인력을 운영한다.

2 매장 인력 채용 계획

1) 전년 채용 활동 분석

전년 매장에서 이루어진 채용 활동을 분석, 표로 작성한다. 이 같은 활동을 통해 1인당 채용에 들어간 비용을 파악할 수 있다.

	1월	2월	3월	4월	5월	6월	7월	8월	9월	10월	11월	12월
응모자수												
채용인원수												
게재 비용												
채용 단가												
그 외 모집												

디아이컨설턴트(2008), 실력 점장으로 가는 100스텝, 한국체인스토어협회 출판부

2) 올해 채용 예산 수립

전년 채용 활동을 참고로 올해 필요 인력을 모집하기 위해서 어느 정도의 예산이 필요한지 계획을 세운다. 단, 채용 계획은 매월 재검토하는 것이 중요하다. 객수, 객단가, 매출, 메뉴 구성 등의 상황에 따라 매번 변할 수 있기 때문이다. 자연적으로 발생하는 이직률을 항상 염두에 두어야 한다. 이직률을 감안한 인력 운용 계획은 직원 교체를 원활하게 한다. 직원 수가 부족하게 된 후에 신규 채용을 준비하는 상황이 발생하지 않도록 해야 한다. 정확하고 세부적인 인력 운용 계획은 성공적인 QSC 운영과 원활한 매장 운영을 위해 중요하다.

3 매장 인력 채용 절차

1) 채용 절차

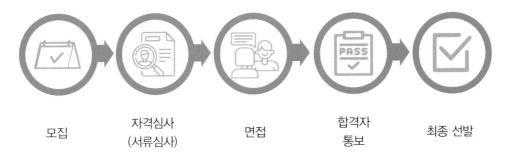

모집 자격심사 면접 합격자 최종 선발
(서류심사) 통보

(1) 채용과 선발 과정은 매장의 성과를 높이기 위한 가장 기본적이고 중요한 과제이다.

(2) 선발은 모집에 의한 지원자 중 채용 기준에 적합한 후보자를 선택하고 여러 가지 방법을 사용하여 지원자를 평가하고 채용을 결정하는 과정으로서 후보자 중에서 직무 요건에 가장 적합한 사람을 결정하는 과정을 의미한다.

(3) 채용 과정의 각 단계는 〈모집 → 자격 심사(서류 심사) → 면접 → 합격자 통보 → 최종 선발〉의 단계를 거친다.

2) 인력 채용 방법

(1) 모집 방법

어디서 지원자를 찾느냐 하는 방법으로 사내모집과 사외모집으로 구분할 수 있다. 사내모집은 모집 직무와 직급에 필요한 자를 사내 직원 중에서 충원하는 방식이며, 사외모집은 광고, 직업소개소, 직원추천 등으로 현재 근무하는 직원 이외의 자를 채용하는 방식이다.

(2) 사내모집

(가) 매장 공석 발생 시 사내 게시판, 사내 정보망을 통해 지원자 모집

(나) 사내공모제도, 직원추천 제도, 인사 기록 자료를 통한 적격자 검토

(3) 사외모집

　(가) 인턴제도 – 방학 동안이나 시간제 근무를 하고 있는 학생들을 대상으로 임시직
　　　으로 고용했다가 근무 성적이 좋은 사람을 정식으로 고용하는 제도

　(나) 리크루터제도 – 채용담당자가 지원자가 많은 장소를 방문하여 취업설명회를 통
　　　해 가능한 지원자를 현장 면접하고, 예비후보자를 가려내는 방법

　(다) 공개채용 제도 – 채용담당자가 사내 부족인력 및 충원 필요인력을 파악하여 채
　　　용공고를 게재하여 지원자들이 접수, 이후 절차에 따라 선발하는 방법

3) 인력 채용 시 고려사항

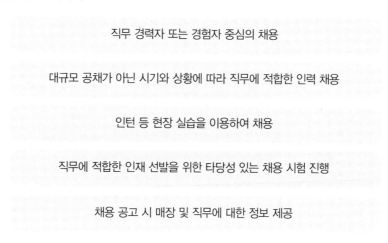

직무 경력자 또는 경험자 중심의 채용

대규모 공채가 아닌 시기와 상황에 따라 직무에 적합한 인력 채용

인턴 등 현장 실습을 이용하여 채용

직무에 적합한 인재 선발을 위한 타당성 있는 채용 시험 진행

채용 공고 시 매장 및 직무에 대한 정보 제공

4 채용 평가

1) 면접 평가

　(1) 면접은 지원자가 매장의 일원이 될 수 있는지 짧은 시간에 판단하는 것이다. 따라
　　　서 면접 담당자는 지원자에 대한 질문 내용과 이번 채용에 있어 필요한 사항을 먼
　　　저 정리한 후 면접을 실시하는 것이 좋다.

　(2) 면접의 종류에는 정형적 면접, 비지시적 면접, 스트레스 면접, 패널 면접, 집단 면
　　　접 등의 방법이 있다.

◈ 면접의 종류

(가) 정형적 면접 – 직무명세서를 기초로 질문의 목록을 준비하고, 면접관이 차례로 질문하는 방법

(나) 비지시적 면접 – 지원자에게 최대한 의사 표시의 자유를 주고 폭넓은 정보를 얻는 방법

(다) 스트레스 면접 – 면접관이 공격적 태도를 보여 지원자가 스트레스 하에서 감정의 안정성과 좌절에 대한 인내도 등을 관찰하는 방법

(라) 패널 면접 – 다수의 면접관이 한 명의 지원자를 면접 평가하는 방법

(마) 집단 면접 – 각 집단 단위별로 특정 문제에 따라 자유 토론을 할 수 있는 기회를 부여하고, 토론 과정에서 개별적으로 적격 여부를 심사, 판정하는 기법

(3) 면접의 특징

대화의 상호작용	정보 입수, 제공, 평가	인물의 종합적 평가	지원동기 근무의욕 확인	사상, 인생관, 협동성 여부 확인	정보 제공/ 우수인력 유도

(가) 면접은 어떤 특정한 목적으로 두 당사자 사이에서 행하여지는 대화의 상호작용이다.

(나) 피면접자와 대면하여 대화와 관찰 등에 의해 정보를 입수, 제공 또는 평가한다.

(다) 면접을 통하여 인물의 종합적인 평가를 할 수 있으며, 성격이나 성품을 판별할 수 있다.

(라) 면접은 채용 의사결정에 있어서 매우 중요한 요소로 지원 동기나 근무 의욕을 확인할 수 있고, 지식 및 교육 수준을 평가할 수 있다.

(마) 이해력과 표현력 역시 평가 가능하며 인물의 사상이나 인생관, 협동성 여부를 확인할 수도 있다.

(바) 면접자는 지원자에게 매장과 직무에 대한 정보를 제공하고 매장을 홍보하여 우수 인력이 입사하도록 유도할 수 있다.

(4) 면접 시 주의사항

(가) 가급적 매장 안에서 실시하지 않는다. 지원자가 면접에 집중할 수 있는 곳으로 자리를 만들어 면접을 실시하는 것이 좋다.

(나) 가능한 한 지원자가 이야기하도록 만든다. '예', '아니오'로 답할 수 있는 질문은 하지 않는다. 상대방이 이야기하는 것을 보면 그 사람의 사고방식을 알 수 있다.

(다) 지원자의 긴장을 풀어준다. 우선, 면접자가 자기소개를 할 때 '오늘 면접에 와 주셔서 감사합니다.'라는 태도를 보이면 지원자의 불안감이 줄어들 수 있다.

(라) 상대방을 인정한다. 거만한 태도로 이력서만 보고 이야기하고 있으면 지원자의 의욕은 사라진다. 지원자도 매장을 면접하고 있다는 것을 잊어서는 안 된다.

(마) 채용기준을 충족시키는 사람은 즉시 합격 메시지를 선한다. 지원자 전원을 면접한 후 채용 여부를 연락하는 것은 늦다. 연락이 늦어져 그 지원자에게 다른 일자리가 생길 수도 있고, 그 자리에서 합격 사실을 전달하면 근무의욕도 높아지게 될 것이다. 검토가 필요한 지원자라도 늦어도 3일 이내에는 답을 해준다.

(바) '검토 후 연락드리겠습니다.'라고 말하고서 불합격자에게 아무런 연락도 하지 않는 경우는 최악의 대응이다. 지원자는 최종 기한까지 항상 의식하며 매장의 전화를 기다리고 있다. 지원자들도 매장의 고객이 될 수 있는 사람이라는 사실을 결코 잊어서는 안 된다.

2) 합격과 불합격

합격이나 불합격이 결정된 후의 조치도 중요하다. 합격자에 대해서는 향후 매장의 핵심 인력이 될 수 있는 교육 및 관리가 이루어져야 한다. 불합격자에게도 향후 매장의 고객이 될 수 있도록 성실하게 대응해야 한다.

(1) 합격자 대응

(가) 채용 기준을 만족시킨 지원자는 그 자리에서 합격했음을 알린다. 면접관 마음에 드는 사람은 다른 매장에서도 채용하고 싶어 할 확률이 높기 때문이다.

(나) 다음 출근 일정을 그 자리에서 확인한다.

(다) 날짜를 정해 면접관이 반드시 직접 지원자에게 연락한다. 면접관이 직접 통보하는 것은 지원자 사기를 높일 수 있고, 통보일을 미리 정해둠으로써 지원자는 전화에 계속 신경 쓰지 않아도 된다.

(2) 불합격자 대응

(가) 불합격 이유는 가능하면 시간적 상황이 서로 맞지 않는 것으로 한다.

(나) 반드시 면접을 실시한 사람이 지원자 본인에게 직접 연락한다. 간접적인 연락은 매장의 자세를 의심케 하므로 반드시 본인에게 직접 전달되도록 한다.

(다) 연락 날짜는 반드시 지킨다. 지원자도 사정이 있기 마련이고, 약속된 날짜를 지키는 것은 매장 신용과도 관련되므로 반드시 지키도록 한다.

(라) 채용공고에 '불합격 시 이력서 반송'이라고 명시한 경우는 반드시 이력서를 반송한다. 마지막까지 성실히 대응함으로써 매장 이미지를 높인다.

매장 인력 양성

1 매장 인력 양성 계획 수립

1) 전문 인력 양성의 의의

• 외식산업은 타 산업에 비해 노동 강도는 높은 반면 급여수준은 낮고, 미래에 대한 비전의 불확실과 물질적, 제도적인 대우를 받지 못하기 때문에 이직률이 높고, 구직 인력의 학력 은 높아지고 있는 데 반해 근무환경과 급여수준은 이를 뒤따르지 못하고 있어 전공자들에 게 취업 희망 직장으로서의 매력을 상실하고 있다.

• 인력 양성은 매장 경영에서 인적자원의 확보와 능력 개발 그리고 조직 구성원으로서의 인 간관계를 유지하도록 하여 구성원 스스로의 만족과 기업의 목적을 이룰 수 있도록 관리하 는 것이다. 매장이 효과적인 인력을 확보하고 육성하기 위해 전략적인 계획이 수반되어야 한다.

(1) 전략적 목표 설정

매장 인력 양성 계획을 수립하기 전 매장의 전략적 목표를 설정해야 한다. 조직이 달 성하고자 하는 장기적인 목표와 매장 운영에 필요한 인력 역량을 고려한다. 〈육성 → 유지 → 확보〉의 리사이클을 유지하는 것도 좋다.

(2) 인력 요구 분석

매장에서 수행하고자 하는 업무와 작업의 복잡성을 평가하고, 각 역할과 직무에 필요 한 인력 요구 사항을 분석한다. 이를 통해 각 직무의 역할과 책임을 명확히 정의하고, 필요한 역량과 기술을 확인한다.

(3) 현재 인력 평가

현재 매장 인력의 역량과 성과를 평가한다. 이를 통해 개인의 강점과 약점을 확인하 고, 개인의 성장과 발전에 필요한 지원을 제공할 수 있도록 한다.

(4) 인력 육성 계획 수립

교육 및 훈련 프로그램, 멘토링 및 코칭 활동, 직무 로테이션 등 다양한 방법을 포함한 매장 인력의 개발과 성장을 위한 계획을 수립한다. 개인의 역량 강화를 위해 필요한 교육과정을 개발하고, 인력의 성장을 위한 경로와 기회를 제공한다.

(5) 외부 인력 확보

필요한 경우 외부에서 인력을 확보하는 것도 고려하고, 외부 교육 및 훈련 제공 업체와 제휴를 맺는 등의 방법을 검토한다.

(6) 성과 평가 및 조정

주기적으로 평가, 성과를 확인하고 필요한 조정을 하도록 한다. 개인의 성장을 지원하는 것과 함께 전체적인 역량과 문화를 고려해야 한다.

2 매장 인력 양성 프로그램 개발

1) 개발 모형

(1) 크게 직무 분석 영역과 과정 개발 영역으로 나뉜다.
(2) 직무 분석 영역 – 직무 분석 준비, 분석 모형 설정, 훈련 내용 도출
(3) 과정 개발 영역 – 훈련 내용 분류, 과정 상세화, 과정 운영 요약

2) 개발 모형 파악(모듈식 교육 훈련 과정)

(1) DACUM법 기반

구분	단계	내용	세부 내용	
직무 분석	1단계	직무 분석 준비	관련 정보 및 자료 수집	○
			관련 산업 및 기술 동향 정리	○
			업체 현황 파악	○
			협약 기업체 인사 면담	○
	2단계	분석 모형 설정	과정명 선정	○
			교육 훈련 목표 및 인력 양성 방안 설정	○
			직무 모형 설정	○
	3단계	훈련 내용 도출	지식, 기술, 태도 도출	○
			현장 사례 기술서 작성	
연계	4단계	훈련 내용 분류	핵심 교육 훈련 내용 분류	○
과정 개발	5단계	과정 상세화	교육 훈련 내용 상세화	○
	6단계	과정 운영 요약	교육 과정 및 훈련 계획 요약	○
			사용 교재 및 교육 자료	○

* DACUM법 - 교육과정을 개발하기 위해 사용하는 직무분석 기법

직무분석을 통해 직무의 각 요소를 규명하여 교육과정을 개발하는 절차로, 교육의 우선순위를 결정하는 경우, 새로운 교육과정을 개발하는 경우, 현재 시행되는 교육과정을 최적화하고자 하는 경우에 적합한 모형이다. 이 방법을 통해 교육과정을 개발함으로써 각 직무의 과업과 기술을 만족시키기 위한 교육진행이 가능해질 수 있다.

(2) 현장 사례를 기반

구분	단계	내용	세부 내용	
직무 분석	1단계	직무 분석 준비	관련 정보 및 자료 수집	○
			관련 산업 및 기술 동향 정리	○
			업체 현황 파악	○
			협약 기업체 인사 면담	○
	2단계	분석 모형 설정	괴정명 선정	○
			교육 훈련 목표 및 인력 양성 방안 설정	○
			직무 모형 설정	○
	3단계	훈련 내용 도출	지식, 기술, 태도 도출	
			현장 사례 기술서 작성	○
연계	4단계	훈련 내용 분류	핵심 교육 훈련 내용 분류	
과정 개발	5단계	과정 상세화	교육 훈련 내용 상세화	○
	6단계 6단계	과정 운영 요약	교육 과정 및 훈련 계획 요약	○
			사용 교재 및 교육 자료	○

교육부(2016), 매장 인력관리(LM1301030105_21v2), 한국외식업중앙회, 한국직업능력연구원 p.38

3) 개발 진행

개발 관련 기초 작업	분석 모형 결정	훈련 내용 도출	교육 과정 개발

(1) 개발 관련 기초 작업

(가) 관련 정보 및 자료 수집

(나) 관련 산업 및 기술 동향 정리

(다) 업체 현황 파악

(라) 협약 업체 인사 면담

(2) 분석 모형 설정

(가) 과정명 선정

(나) 교육 훈련 목표 및 인력 양성 방안 설정

(다) 직무 모형 설정

(3) 훈련 내용 도출

지식, 기술, 태도 추출하는 과정

(4) 교육과정 개발

(가) 훈련 내용 분류

(나) 과정 상세화

(다) 교육과정 및 훈련 계획 요약

(라) 사용 교재 제작 과정 및 교육자료 설명

3 매장 인력 양성 대상 선정

1) 신입사원 교육 훈련

매장의 표준 절차와 정책을 이해하는 데 초점을 맞추어 진행한다. 매장에서의 교육 훈련은 지속적으로 이루어져야 하며, 신입사원이 매장에 적응하고 역량을 향상시키기 위해 지속적인 훈련 및 멘토링 프로그램을 제공해야 한다.

(1) 신입사원 교육 훈련을 위해 고려해야 할 사항

(가) 메뉴 및 서비스 교육

매장에서 제공하는 메뉴와 서비스에 대한 이해도가 중요하다. 메뉴 항목, 조리법, 음식의 특징, 매장의 품질 기준 등을 배워야 한다. 메뉴 교육은 시각적인 자료, 메뉴 샘플을 활용한 실습 등 다양한 방법을 활용한다.

(나) 고객 서비스 교육

신입사원은 고객과의 상호작용 방법, 친절한 태도, 문제 해결 능력 등을 교육받아야 한다. 상황 시뮬레이션 훈련을 통해 실전 상황을 모방하는 방법을 활용할 수 있다.

(다) 매장 운영 절차 교육

주문 및 결제 프로세스, 위생 및 안전 규정, 인벤토리 관리, 매장 청결 유지 등이 포함된다. 이를 위해 교육자료, 시각적인 가이드, 실제 매장 환경에서의 실습 등을 활용한다.

(라) 팀워크와 협업 교육

신입사원에게 효과적인 팀워크, 의사소통, 문제 해결 및 충돌 관리 기술을 교육해야 한다. 이를 위해 그룹 활동, 팀 프로젝트, 토론 등의 방법을 활용한다.

(마) 훈련과 평가

신입사원에게 실제 업무 상황에서의 훈련과 피드백을 제공하여 실무 능력을 향상시킬 수 있다. 훈련 후의 평가를 통해 개인의 성장과 개선 영역을 도출할 수 있다.

(2) 신입사원 교육 훈련의 중요성

   (가) 교육 훈련은 생산성 향상에 필수적이다.

   (나) 교육 훈련은 조직 구성원의 개인적 성장 욕구 충족에 필요하다.

   (다) 사회 환경 변화에 대응하기 위해 교육 훈련 활동이 선행되어야 한다.

   (라) 교육 훈련은 조직 문화 형성에 이용된다.

2) 중간 관리자 교육 훈련

(1) 중간 관리자 교육 훈련을 위해 고려해야 할 사항

   (가) 리더십 및 관리 역량 강화

      팀을 이끄는 리더로서의 역할을 수행해야 한다. 따라서, 리더십 스킬, 의사소통 및 대인관계 관리, 시간 관리, 문제 해결 및 결정력, 갈등 관리 등의 관리 역량을 강화하는 교육이 필요하다. 이를 위해 실전 시나리오, 롤플레이, 케이스 스터디 등의 방법을 활용할 수 있다.

   (나) 운영 및 효율성 개선

      매장 운영과 효율성 개선을 담당하므로, 업무 프로세스, 비용 관리, 인력 스케줄링, 품질 관리 등의 영역에서 역량을 강화해야 한다. 효율성 개선 및 운영 관련 교육을 통해 중간 관리자들이 매장의 운영을 최적화하는 방법을 습득할 수 있다.

   (다) 직원 개발과 훈련

      중간 관리자들은 직원들의 개발과 훈련을 책임진다. 따라서 효과적인 멘토링, 코칭, 성과 관리, 업무 분배 및 업무 지시 등의 역량을 강화해야 한다. 직원 개발 및 훈련에 관련된 교육과정을 개설하고, 중간 관리자들에게 실제 사례에 적용하여 연습할 수 있는 기회를 제공한다.

   (라) 문제 해결 및 위기관리

      매장에서 발생하는 문제와 위기에 대응해야 한다. 이들은 문제 해결 및 위기관리 기술을 습득해야 하며, 예상치 못한 상황에서도 효과적으로 대응할 수 있어야 한다.

(2) 중간 관리자 교육 훈련의 특성

(가) 교육 훈련의 목적과 훈련 대상자를 기준으로 기본 교육 훈련, 전문 교육 훈련, 기타 교육 훈련으로 구분된다.

(나) 기본 교육 훈련 – 중간 관리자로서 필요한 능력과 자질을 함양할 수 있도록 하기 위한 교육 훈련

(다) 전문 교육 훈련 – 담당하고 있거나 담당할 직무 분야에 필요한 전문적 지식과 기술을 습득할 수 있도록 하기 위한 훈련

(라) 기타 교육 훈련 – 위 두 가지 범주 외에 관리자 스스로 행하는 직무 관련 학습, 연구 활동을 포함한다.

4 매장 인력 양성 프로그램 평가 및 개선

1) 인력 양성 프로그램 평가 및 개선의 절차와 방법

시속석인 프로세스로서 훈련의 효과성을 확인하고 발전시키는 과정이다. 프로그램이 시간이 지남에 따라 매장의 요구에 맞게 조정되고 발전될 수 있도록 관리되어야 한다.

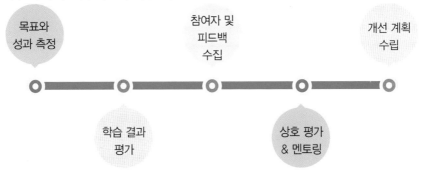

(1) 목표와 성과 측정

기대되는 학습 결과와 개인 및 매장의 성과 목표를 설정한다. 목표에 따라 측정 지표를 설정하고, 학습 결과 및 개인 성장을 측정할 수 있는 평가 도구를 활용해야 한다.

(2) 학습 결과 평가

프로그램을 통해 개발된 역량과 기술을 측정하는 단계로 이를 위해 학습자료, 시험, 과제, 실습 평가 등을 활용하여 개인의 학습 결과를 평가한다. 평가 결과를 통해 개인의 강점과 약점을 파악하고 개선점을 도출한다.

(3) 참여자 및 피드백 수집

프로그램에 참여한 신입사원들, 중간 관리자들의 의견과 피드백을 수집하는 것은 매우 중요하다. 참여자들의 만족도 조사, 익명의 피드백 양식, 그룹 토론 등을 통해 참여자의 의견을 수집하고 분석해야 한다. 이를 통해 프로그램의 강점과 개선이 필요한 부분을 파악할 수 있다.

(4) 상호 평가와 멘토링

학습과 성장을 돕는 효과적인 방법이며, 상호 평가를 통해 참여자들은 서로의 성과와 발전을 평가하고 피드백을 주고받을 수 있다. 또한, 멘토링을 통해 경험이 풍부한 직원들이 신입사원들을 지원하고 지도하여 개인의 성장을 돕는 역할을 수행할 수 있다.

(5) 개선 계획 수립

평가 결과와 참여자들의 피드백을 종합하여 개선 계획을 수립한다. 프로그램의 강화 및 보완이 필요한 부분을 정확히 파악하고, 이를 바탕으로 프로그램의 내용, 방법, 평가 방식 등을 개선하는 것을 목표로 한다. 지속적인 피드백과 평가를 통해 조정되어야 한다.

2.3 매장 인력 평가

1 인사 평가의 개요

1) 인사 평가의 목적

매장 내 직원들의 업무 성과, 역량, 발전 가능성 등을 평가하는 과정이다. 이를 통해 개별 직원의 성과를 인식하고, 보상, 개발, 인력 관리 등의 의사결정에 활용할 수 있다.

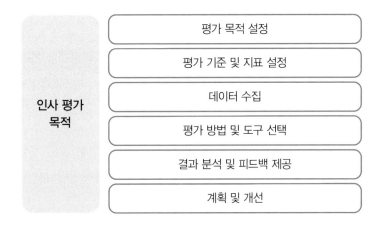

인사 평가 목적
- 평가 목적 설정
- 평가 기준 및 지표 설정
- 데이터 수집
- 평가 방법 및 도구 선택
- 결과 분석 및 피드백 제공
- 계획 및 개선

(1) 평가 목적 설정

목적을 명확히 설정한다. 매장의 목표와 전략에 부합하며, 평가 결과를 활용하여 보상, 승진, 개발 등의 인력 관리 결정을 내릴 수 있도록 해야 한다.

(2) 평가 기준 및 지표 설정

평가 기준과 지표는 평가의 핵심 요소를 정의하는 데 도움이 된다. 업무 성과, 역량, 리더십, 팀워크 등의 평가 지표를 설정하여 직원의 성과와 역량을 종합적으로 평가할 수 있다. 이러한 지표는 매장의 요구사항과 업무 특성에 맞게 설정되어야 한다.

(3) 데이터 수집

평가를 위해 필요한 데이터를 수집해야 한다. 이는 업무 성과 데이터, 직원 피드백, 자기평가, 360도 평가 등 다양한 소스로부터 수집될 수 있다. 정량적인 데이터와 정성적인 데이터를 함께 수집하여 평가를 수행할 수 있다.

(4) 평가 방법 및 도구 선택

평가 방법과 도구는 평가의 정확성과 타당성을 보장하는 데 중요한 역할을 한다. 평가 방법으로는 성과 평가, 역량 평가, 면담 등 다양한 방법을 활용할 수 있다. 또한, 평가 도구로는 평가 양식, 평가 척도, 면담 가이드 등을 활용하여 평가 과정을 구체화할 수 있다.

(5) 결과 분석 및 피드백 제공

평가 결과는 분석되고 개별 직원에게 피드백이 제공되어야 한다. 이를 통해 직원은 자신의 성과와 개선 가능한 부분을 인식하고, 조직은 적절한 보상 및 개발 계획을 수립할 수 있다. 개별 직원과 멘토, 선배 등과의 면담을 통해 피드백을 제공하는 것이 일반적이다.

(6) 계획 및 개선

매장 인력 평가는 지속적으로 이루어져야 하며, 평가 결과를 통해 개선 방안을 도출해야 한다. 평가 결과를 분석하여 인력 관리 계획, 개발 계획 등을 수립하고 실행함으로써 매장 인력의 성과와 발전을 지원할 수 있다.

2) 인사 평가 시 고려되어야 할 사항

매장 인력 평가는 공정하고 객관적인 방법을 통해 이루어져야 하며, 개별 직원의 성과와 성장을 돕고, 나아가 매장의 인력 관리와 성과 평가를 위해 필요한 과정이다.

(1) 업무 성과 평가

매장 인력의 주요 성과는 매출, 고객 서비스, 운영 효율성 등으로 측정될 수 있다. 이를 위해 목표 설정, 성과 지표 설정, 업무 성과 측정 등의 방법을 활용하여 개별 직원의 업무 성과를 평가할 수 있다.

(2) 역량 및 기술 평가

매장 인력의 역량과 기술 수준은 중요한 평가 대상이다. 이를 위해 역량 프레임워크나 역량 모델을 활용하여 개별 직원의 역량을 평가할 수 있다. 또한, 직무 관련 기술 능력을 평가하기 위해 실전 시험, 프로젝트, 평가 도구 등을 활용할 수 있다.

(3) 자기평가 및 개발 계획

매장 인력은 자기평가를 통해 자신의 강점과 약점을 돌아보고 개발 계획을 수립할 수 있어야 한다. 개별 직원들이 자기평가를 진행하고, 개인의 성장과 발전을 위한 개발 계획을 수립하도록 돕는 것이 중요하다.

(4) 피드백 및 개선 방안 제시

매장 인력 평가는 피드백과 개선 방안 제시를 포함해야 한다. 평가 결과를 개별 직원들과 공유하고, 강점을 인정하며 약점을 개선할 수 있는 방향으로 피드백을 제공해야 한다. 또한, 개선을 위한 교육, 훈련, 코칭 등의 개발 방안을 제시하여 개인의 성장과 조직의 성과 향상을 돕는 것이 중요하다.

(5) 정기적인 평가 및 모니터링

매장 인력 평가는 정기적으로 이루어져야 한다. 일정한 주기로 평가를 수행하고, 평가 결과를 바탕으로 개발 계획을 수정하고 조직의 운영에 반영해야 한다. 또한, 평가 결과와 개발 계획의 추진 상황을 모니터링하여 필요한 조치를 취할 수 있도록 관리해야 한다.

2 인사 평가 방법

다양한 인사 평가 방법과 도구들이 개발되고 있으며 평가의 정확성과 타당성을 높이는 데 활용되고 있다. 인사 평가 방법 종류별 각각의 장단점을 가지고 있으며, 조직의 목적과 상황에 맞게 적절하게 선택하여 사용해야 한다.

1) 전통적 인사 평가 방법

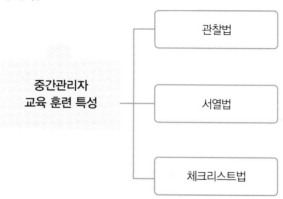

(1) 관찰법(Observation Method)

직원의 실제 업무 수행을 직접 관찰하여 평가하는 방식. 평가자가 일정기간 동안 직원의 업무 성과, 기술, 태도 등을 관찰하고 평가하는 방법이다. 이 방법은 주로 실무자나 상사가 직원의 업무 수행을 지켜보며 평가하게 된다. 관찰법은 직원의 실제 업무 수행 능력을 직접 확인할 수 있는 장점이 있지만, 주관적인 요소가 개입될 수 있다는 한계가 있을 수 있다.

(2) 서열법(Ranking Method)

서열법은 직원들을 성과나 역량에 따라 상대적인 순위로 나열하는 방식이다. 평가자는 직원들을 전체적인 성과나 역량에 따라 순서대로 나열하고 등수를 부여하는 방식으로 평가한다. 이 방법은 상대적인 순위를 통해 직원들 간의 차이를 드러내는 장점이 있지만, 개별 직원의 성과나 역량을 정량적으로 비교하기 어려운 한계가 있다.

(3) 체크리스트법(Checklist Method)

사전에 작성된 항목들을 체크하여 직원의 업무 성과를 평가하는 방식이다. 평가자는 미리 정해진 항목들을 확인하며 해당하는 항목을 체크하여 직원의 성과를 평가한다. 이 방법은 구체적인 평가 기준을 제공하여 평가자의 주관성을 줄이고, 평가 내용을 일관되게 유지하는 장점이 있다. 하지만 모든 중요한 측면을 체크리스트에 포함시키기 어려울 수 있다.

2) 현대적 인사 평가 방법

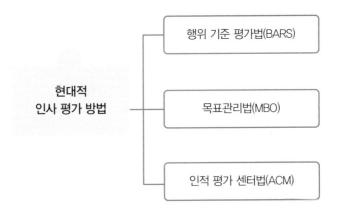

(1) 행위 기준 평가법(Behaviorally Anchored Rating Scales, BARS)

직무 수행 시 특정 행위나 동작에 대한 성과를 평가하는 방법. 이 방법은 예상되는 성과를 구체적인 행위로 정의하여 평가 기준을 제공한다. 예를 들어, "고객에게 친절하게 인사를 하며 웃음을 잃지 않음"과 같은 행위를 평가할 수 있다. 이러한 행위 기준은 업무 성과와 관련된 중요한 요소를 반영하여 평가의 타당성을 높이는 데 도움을 준다.

(2) 목표관리법(Management By Objectives, MBO)

목표관리법은 직원들과 목표를 협의하고 달성 여부를 평가하는 방법. 이 방법은 목표 설정, 성과 평가, 피드백, 보상 등의 단계로 이루어지며, 직원과 상사가 함께 목표를 설정하고 이를 기준으로 성과를 평가하는 방식이다. 목표관리법은 명확한 목표와 결과 중심적인 접근으로 직원의 몰입도를 높일 수 있으며, 성과와 개발 방향을 명확히 설정할 수 있다.

(3) 인적 평가 센터법(Assessment Center Method, ACM)

인적 평가 센터법은 다양한 평가 도구와 상황을 활용하여 직원의 역량을 평가하는 방법. 이 방법은 일반적으로 시뮬레이션, 역할극, 인터뷰, 그룹 토론 등 다양한 평가 요소를 조합하여 직원의 역량을 전면적으로 평가한다. 평가 센터는 실제 조직 업무를 모방하여 직원의 행동, 리더십, 팀워크 등을 평가하고 개발할 수 있는 환경을 제공한다. 이 방법은 정량적이고 객관적인 평가를 가능하게 하며, 다양한 역량을 평가할 수 있는 장점이 있다.

3 인사 평가 기준표에 의한 평가 및 공유

1) 인사 평가 기준표 작성

매장의 목표와 업무 요구에 맞는 구체적이고 효과적인 인사 평가 기준을 작성한다. 평가 기준표는 평가자와 직원 모두에게 공정하고 명확한 평가를 제공하여 조직의 성과 개선과 개인의 성장을 도모할 수 있도록 도와준다.

◆ 인사 평가 기준표 작성

01 목표와 기준 설정　02 핵심 역량과 동작 행위 식별　03 평가 척도 설계　04 평가 기준 가중치　05 명확하고 객관적인 항목 작성　06 다면평가 고려　07 주기적인 개선

(1) 목표와 기준 설정

평가할 대상에 대한 목표와 성과 기준을 설정한다. 이는 직무의 목표와 요구사항, 매장의 가치 및 전략과 일치해야 한다. 목표와 기준은 구체적이고 측정 가능한 항목으로 정의되어야 한다.

(2) 핵심 역량과 동작 행위 식별

평가할 직원의 핵심 역량과 성공적인 성과에 기여하는 동작 행위를 식별해야 한다. 이러한 동작 행위는 직무 수행에 있어서 중요하고 원하는 행위들을 나타낸다.

(3) 평가 척도 설계

평가 척도를 설계하여 직원의 성과를 정량화할 수 있도록 해야 한다. 이는 평가자가 직원의 성과를 구체적인 수치나 등급으로 표현할 수 있게 해준다. 평가 척도는 명확하고 일관성 있게 설계되어야 하며, 다양한 성과 요소들을 포함할 수 있어야 한다.

(4) 평가 기준 가중치

평가 기준 간의 상대적인 중요도를 고려하여 가중치를 설정하고, 어떤 기준이 더 중요하거나 영향력이 큰지를 판단하고 해당 기준에 더 높은 가중치를 부여할 수 있다.

(5) 명확하고 객관적인 항목 작성

항목을 작성할 때는 명확하고 객관적인 언어를 사용하고, 구체적인 행위나 동작을 명시하고 개인적인 주관이 개입되지 않도록 해야 한다.

(6) 다면평가 고려

직원의 성과와 역량을 차례로 평가하기 위해 다양한 평가자의 의견을 고려하는 다면평가를 도입할 수도 있다. 다면평가를 통해 다양한 시각과 피드백을 수집하여 전체적인 평가를 할 수 있다.

(7) 주기적인 개선

평가 기준표는 매장의 요구에 맞게 주기적으로 개선되어야 한다. 매장의 목표, 업무 요구, 성과 기준이 변화하는 경우, 기준표를 업데이트하여 매장의 목표와 일치시켜야 한다.

2) 인사 평가 기준표

(1) 인사 평가 요소의 예

통제성 여부	인사 평가 목적	평가 요소
업무 성과	업적 달성도 : 양적 성과, 질적 성과 업무 처리 내용 : 정확성, 신속성 섭외 활동 실적 : 유대 관계 유지 및 목적 달성 정도 부하 직원 육성 : 계획적 업무 부여, 개발 의욕 고취	업적 고과 요소
업무 수행 태도	책임감 : 자부심, 헌신도, 노력 정도 품성 : 모범성, 공정성 창의력 : 업무 개발 능력	태도 고과 요소
업무 수행 능력 (역량)	업무 추진 능력 : 의욕, 적극성 지도 통솔력 : 통솔 능력 개발 및 업무 능률 향상 판단 처리력 : 판단 및 처리 능력	능력 고과 요소

(2) 인사 평가 기준표 예시

구분	세부 내용			
	구분	기본지표	행동지표	행동지침	계
평가 문항 수	자질	6	12	36	54
	능력	6	12	44	62
	업적	6			6

	평가요소	기본지표	행동지표	행동지침 (36무항)
평가 항목	자질 / 신뢰	고객지향	고객 의견 수렴 최고의 품질과 서비스	개선시도의 예 - 최고의 성과를 달성하기 위해 새로운 시각에서 접근하고 개선점을 찾아 내는가 - 업무수행 과정에서 발생한 문제를 개선하기 위해 진지하게 연구하는가
		정도지향	성실, 정직한 행동 법규 및 규정 준수	
	자질 / 혁신	혁신추구	개선 시도 최고 전문가 추구	
		변화주도	도전 시도 변화 대응	
	자질 / 인화	사람존중	자기 통제 인간 존중	
		팀워크중시	공동 목표 우선 일체감 조성	

교육부(2016), 매장 인력관리(LM1301030105_21v2), 한국외식업중앙회, 한국직업능력연구원 p.64

4 인사 평가 결과에 따른 인력관리

1) 인사 평가의 검증 기준

인사 평가 도구나 방법이 신뢰성 있고 타당하며 공정하게 평가를 수행할 수 있는지를 평가하는 데 활용된다. 이는 매장의 평가 프로세스의 품질과 평가 결과의 신뢰성을 보장하고, 직원들에게 공정한 기회를 제공하기 위해 중요한 요소이다.

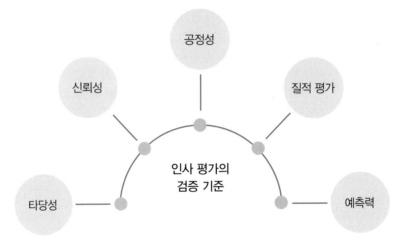

(1) 타당성(Validity)

평가 도구가 실제로 측정하고자 하는 개념 또는 역량과 관련이 있는지를 평가한다. 이는 평가 도구가 측정하고자 하는 것과 일관성이 있는지를 확인하는 것을 의미한다. 예를 들어, 행위기준 평가법이 특정 직무의 성과와 관련된 행위를 정확하게 측정하는지 평가할 수 있다.

(2) 신뢰성(Reliability)

평가 도구가 일관성 있고 정확하게 결과를 측정하는지를 평가한다. 동일한 직원에 대해 여러 번 평가를 시행하여 결과가 유사한지를 확인하는 것이 신뢰성 평가의 한 예이다. 신뢰성이 높을수록 평가 결과의 일관성과 신뢰도가 높아진다.

(3) 공정성(Fairness)

평가 도구와 프로세스가 공정하게 모든 직원에게 적용되는지를 평가한다. 이는 평가 도구나 절차가 개인의 특성, 차별, 편견을 배제하고 모든 직원에게 공평한 기회를 제공하는지를 확인하는 것을 의미한다.

(4) 질적 평가(Qualitative Evaluation)

평가 도구가 개인의 업무 성과와 역량을 전적으로 평가할 수 있는지를 평가한다. 질적 평가는 숫자나 등급 외에도 피드백, 개발 가능성 등을 고려하여 전체적인 평가를 제공하는 것을 의미한다.

(5) 예측력(Predictive Ability)

평가 도구가 직원의 미래성이나 발전 가능성을 예측할 수 있는지를 평가한다. 예측력이 높을수록 평가 결과를 통해 직원의 성과 개선 및 인력 관리에 대한 전략적인 결정을 내릴 수 있다.

2) 인사 평가에 따른 인력관리

평가 결과를 기반으로 직원의 성과와 발전을 지원하고 매장의 운영에 반영하는 과정을 의미한다. 매장의 운영과 성과 향상을 위해 인력을 효과적으로 관리하고 개발하는 데 도움을 준다. 개인별 다양한 접근 방법이 필요할 수 있으므로, 평가 결과를 객관적으로 분석하고 직원과의 개인적인 상담을 통한 적합한 조치를 하는 것이 중요하다.

(1) 인센티브와 보상

우수한 성과를 거두거나 개선이 필요한 부분이 있다면 이를 반영하여 적절한 인센티브와 보상을 제공한다. 성과에 따른 보상 체계는 직원들의 동기를 높이고 향상시킬 수 있는 중요한 도구이다.

(2) 개발 및 교육

평가 결과를 기반으로 개인의 강점과 약점을 파악하고, 개인의 성장과 발전을 지원하기 위한 개발 및 교육 기회를 제공한다. 개인의 역량을 강화하고 직무 수행에 필요한 기술과 지식을 습득할 수 있도록 지원한다.

(3) 성과 개선 계획

평가 결과를 통해 개인별로 성과 개선이 필요한 부분을 확인하고 개선 계획을 수립한다. 직원과 함께 목표를 설정하고 성과 개선을 위한 지도와 피드백을 제공하여 직원의 성장과 발전을 지원한다.

(4) 승진과 진급

우수한 성과를 거둔 직원에게는 승진이나 진급 기회를 제공하여 인센티브로써의 동기 부여와 진로 발전을 지원한다. 성과에 대한 공정하고 투명한 평가 기준을 제공하여 직원들의 목표 달성에 대한 동기를 제공한다.

(5) 업무 재배치

평가 결과를 통해 업무 수행 능력과 성과가 높은 직원에게는 더 도전적이고 적합한 역할을 맡을 수 있도록 업무 재배치를 고려한다. 이를 통해 직원들의 역량을 최대한 발휘할 수 있는 환경을 조성한다.

(6) 개선이 필요한 직원에 대한 개별 지도

개선이 필요한 부분을 가진 직원에게는 개별적인 지도와 피드백을 제공하여 개선을 도모한다. 목표를 설정하고 성과 개선을 위한 지도를 제공함으로써 직원의 능력 향상을 지원한다.

(7) 퇴직 또는 이직 결정

일부 직원의 성과가 지속적으로 부진하거나 조직의 운영에 부적합한 경우, 매장과 직원의 이익을 고려하여 퇴직 또는 이직을 결정할 수 있다. 이는 매장의 성과와 직원들의 효율성을 향상시키기 위한 중요한 결정이다.

매장 교육관리

◆ 매장 교육 계획 수립을 위한 매장 내 직무별, 직책별 요구되는 매장 교육 내용을 수집할 수 있다.

◆ 매장 교육 내용에 따라 연간 교육 계획을 수립할 수 있다.

◆ 연간 교육 계획에 따라 교육프로그램을 기획할 수 있다.

◆ 교육대상 매장 직원에게 교육운영 계획을 설명할 수 있다.

◆ 매장 교육운영 계획에 따라 교육프로그램을 실행할 수 있다.

◆ 교육운영 계획에 따라 교육평가 기준표를 작성할 수 있다.

◆ 교육 평가 기준표를 교육생들에게 설명할 수 있다.

◆ 교육 평가 기준에 따라 교육 만족도를 평가할 수 있다.

◆ 교육만족도 평가 결과에 따라 교육프로그램을 개선할 수 있다.

매장 교육 계획 수립

1 교육훈련의 필요성

교육훈련은 인적자본의 능력을 개발하고 발전시키는 중요한 역할을 하며, 이러한 교육훈 련을 통하여 조직구성원의 조직몰입이 높아지므로 최종적으로 개인의 성과 향상은 물론 조직의 지속적인 가치창출이 가능해진다.

1) 고객 서비스 향상

매장 직원들은 제품에 대한 전문지식과 고객 서비스 기술을 갖추고 있어야 한다. 매장 교육훈련은 직원들에게 메뉴 정보, 판매 기술, 소통 및 고객 대응 방법 등을 가르쳐줌으로써 고객 서비스 품질을 향상시킬 수 있다. 탁월한 고객 서비스는 고객들의 만족도를 높이고, 매출과 고객 유지율을 향상시킨다.

2) 일관된 브랜드 경험 제공

직원들에게 브랜드 정체성과 가치를 전달하는 데 도움을 준다. 일관된 브랜드 경험을 제공하기 위해서는 직원들이 조직의 미션, 비전, 제품 및 서비스에 대한 일관된 이해가 있어야 한다. 교육 훈련을 통해 직원들은 브랜드를 대변하는 방법과 고객들에게 일관된 경험을 제공하는 방법을 배울 수 있다.

3) 업무 효율성 향상

교육훈련을 통해 직원들은 메뉴의 특징과 강점, 판매 기술, 재고관리 등에 대한 지식과 기술을 습득할 수 있다. 이는 매장 운영 효율성을 향상시키고, 일상적인 작업을 보다 효율적으로 처리할 수 있도록 할 수 있다.

4) 직원들의 전문성 강화

직원들의 전문성을 향상시키는 데 도움을 준다. 메뉴 및 서비스에 대한 깊은 이해와 전문 지식을 가진 직원들은 고객의 질문에 정확하고 자신감 있게 대답할 수 있다.

2 직무별, 직책별 교육내용 기획

각 직무와 직책에 따라 특정한 역량과 지식이 필요하므로, 조직은 이러한 요구사항을 고려하여 맞춤형 교육 프로그램을 개발해야 한다. 또한, 교육 내용은 조직의 전략과 목표에 부합하고 직원들의 성장과 발전을 지원하는 데 도움이 되어야 한다.

1) 교육내용 수집 (직무 분석의 과정)

  (1) 배경 정보의 수집

  (2) 분석해야 할 직위(업무 담당자)의 선정

  (3) 직무 정보의 획득

  (4) 직무 기술서 삭성

    (가) 직무 분류 체계

    (나) 직무 목적

    (다) 주요 책임 및 활동

    (라) 직무 요건

    (마) 이동 가능 직무

2) 직무 기술서 작성

홀 근무 종사자의 직무 기술서 작성 예시

직무 기술서			
직군	강남 청담점	직렬	고객 웃음 지키미
직무명	홀 서비스 근무		
직무 목적	ㅇ직무 존재 이유 : 매장 내점 고객에게 주문을 받고 음식을 서빙하는 일 ㅇ직무의 회사 공헌 및 책임 : 음식 주문을 받고 음식을 서빙하는 과정에서 고객에게 최선의 서비스를 제공하여 고객의 브랜드 인지도 제고		
주요 책임 및 활동	ㅇ지속적 수행 주요 업무 : 매장 내점 고객에게 주문받고 음식을 서빙 ㅇ업무 비중 및 난이도 : 히 ㅇ업무에 수반 책임 : 주문을 받고 음식을 서빙하는 과정에서 고객의 만족을 최우선할 수 있는 최상의 서비스 제공		
직무 요건	ㅇ학력 : 고졸 이상 ㅇ전문 분야 : 외식 또는 식품 관련 학과 졸업자 우선 선발 ㅇ자격증 : CS Leader 자격증 우대(국가 공인, 고객서비스 관리사) ㅇ필요 교육 : 서비스, 매너와 이미지 메이킹		
이동 가능 직무	ㅇ홀 카운터 근무		

교육부(2022), 매장 교육 관리(LM1301030106_21v2), 한국직업능력연구원 p.6

3) 직무별 교육 내용 수립

서비스 직무
(웨이터, 웨이트리스)

조리사/주방 직무

매장 관리 직무

매장 마케팅 및 영업 직무

외식 매장에서 일하는 다양한 직무에 따라 교육 내용을 수립한다. 각 직무의 핵심요소에 따라 수립하며, 실제 교육 내용은 매장의 특성과 목표에 따라 맞춤 교육 내용을 수립한다.

(1) 서비스 직무(웨이터, 웨이트리스)

(가) 고객 응대 및 서비스 기술 : 고객과의 원활한 소통, 주문 및 음식 서빙, 테이블 관리 등 고객 서비스에 필요한 기술과 접근 방법에 대한 교육을 제공한다.

(나) 메뉴 지식 : 식당의 메뉴 항목, 음식 성분 및 특징, 알레르기 정보 등에 대한 상세한 지식을 습득하도록 교육한다.

(다) 갈등 해결 : 고객과의 갈등 상황에서 효과적으로 대응하는 방법과 고객 만족도를 유지하는 기술을 강화한다.

(2) 조리사/주방 직무

(가) 식품 안전 및 위생 교육 : 음식 관련 안전 및 위생 규정, 식재료 보관 및 처리, 조리 과정에서의 위생 관리에 대한 교육을 제공한다.

(나) 조리 기법 및 식재료 활용 : 음식 조리 기술, 식재료의 활용 방법, 조리 방법 등에 대한 교육을 포함하여 메뉴의 다양성과 품질을 유지하도록 한다.

(다) 주방 운영 및 조리 계획 : 주방의 운영 및 효율성을 향상시키기 위한 계획, 조리 순서, 재고관리 등에 대한 교육을 제공한다.

(3) 매장 관리 직무

(가) 인벤토리(재고관리) 관리 : 식자재, 주류, 소모품 등의 재고관리 및 주무 프로세스에 대한 교육을 제공한다.

(나) 직원 관리 및 훈련 : 직원 스케줄 관리, 업무 분배, 성과 평가, 교육 및 훈련 계획에 대한 교육을 포함하여 효과적인 팀 관리 방법을 강화한다.

(다) 매장 운영 및 고객 서비스 : 매장 운영 절차, 고객 서비스 표준, 문제 해결 및 갈등 관리 등에 대한 교육을 제공하여 매장 운영의 효율성과 고객 만족도를 향상시킨다.

(4) 매장 마케팅 및 영업 직무

   (가) 매장 마케팅 전략 : 매장의 브랜드 이미지 구축, 마케팅 캠페인 계획, 온라인 및 오프라인 홍보 전략에 대한 교육을 제공한다.

   (나) 판매 기술 및 상담 : 고객과의 커뮤니케이션 기술, 제안 및 추천 판매, 맞춤형 상담 등에 대한 교육을 제공하여 매출 증대를 도모한다.

   (다) 고객 유치 및 유지 : 신규 고객 유지 전략, 재방문 유도 전략, 고객 유지 방안에 대한 교육을 제공하여 매장의 고객 기반을 유지 및 확대한다.

4) 직책별 교육 내용 수립

외식 매장에서 일하는 다양한 직책에 따라 교육 내용을 수립한다. 각 직책의 핵심요소에 따라 수립하며, 실제 교육 내용은 매장의 특성과 목표에 따라 맞춤 교육 내용을 수립한다.

매장 관리자   조리장/주방셰프

서비스 매니저   음료매니저/바리스타

(1) 매장 관리자

   (가) 리더십 및 팀관리 : 효과적인 리더십 스킬과 팀을 관리하고 지원하는 방법에 대한 교육

   (나) 매장 운영관리 : 매장 운영 절차, 업무 분배, 성과 평가, 고객 서비스 관리 등에 대한 교육, 매장 운영의 효율성 향상에 전반적 내용

   (다) 예산 및 비용관리 : 매장의 예산 설정, 비용 관리, 수익성 분석에 대한 교육을 제공, 경영 관점에서의 이해와 의사 결정 능력을 강화한다.

(2) 조리장/주방 셰프

    (가) 식품 안전 및 위생 교육 : 음식 관련 안전 및 위생 규정, 조리 과정에서의 위생 관리, 식재료 보관 및 처리 등에 대한 교육

    (나) 조리 기술 및 메뉴 개발 : 다양한 조리 기법, 식재료의 활용 방법, 메뉴 개발 및 혁신에 대한 교육을 제공하여 품질 유지와 창의성을 계발시킨다.

    (다) 주방 운영 및 조리 계획 : 주방의 운영과 생산성을 향상시키기 위한 계획, 재고관리 등

(3) 서비스 매니저

    (가) 고객 서비스 향상 : 고객과의 원활한 소통, 고객 만족도 조사 및 분석, 고객 서비스 표준 제고에 대한 교육

    (나) 직원 훈련 및 개발 : 효과적인 직원 훈련 및 개발 전략, 성과 평가, 피드백 제공 등에 대한 교육, 팀의 성과를 향상시킬 수 있는 교육

    (다) 갈등 관리 및 문제 해결 : 고객과의 갈등 상황에서의 대응 전략, 문제 해결 능력 강화

(4) 음료 매니저/바리스타

    (가) 커피 및 음료 제조 기술 : 다양한 커피 음료 제조 기술, 라떼 아트, 음료 조합 능에 대한 교육

    (나) 커피 원두 지식 : 커피 원두의 특징, 다양한 원산지, 로스팅 수준 등에 대한 교육/ 원두의 품질을 이해하고 제조 방법을 최적화할 수 있는 방법

    (다) 메뉴 추천 및 고객 상담 : 고객에게 맞춤형 메뉴 추천, 커피 특징 설명, 음료에 대한 고객 상담 기술에 대한 교육

5) 매장 연간 교육 계획 예시

연간 매장 운영 계획 수립 시기, 신메뉴 출시 시기, 식중독 유행 시기, 마케팅 전략 수립 시기, 이벤트 일정 계획 등 연간 계획된 여러 행사 및 이슈 일정을 고려하여 연간 교육 계획을 수립해야 한다.

구분		교육 내용
일일 매장 오픈 전		○직원 근태 실무 교육 ○서비스 직무 교육 ○주방 직무 교육
매장 오픈 전		○매장사업주 능력 향상 교육 ○매장 운영자 교육 ○매장 운영 실무
매장 운영 중	1월	○매장사업주 능력 향상 교육
	2월	○매장 운영 실무 교육 ○서비스 직무 교육 ○고객응대 직무 교육
	3월	○매장 관리자 직책 교육 ○주방 셰프 직책 교육
	4월	○위생 교육
	5월	
	6월	○매장 관리자 직책 교육 ○매장사업주 능력 향상 교육
	7월	
	8월	
	9월	○매장 관리자 직책 교육
	10월	○주방 셰프 직책 교육
	11월	○조리사 직무 교육 ○서비스 직무 교육
	12월	○매장 관리자, 주방 셰프 직책 교육

교육부(2022), 매장 교육 관리(LM1301030106_21v2), 한국직업능력연구원 p.14

4 교육 프로그램 기획

매장의 교육 프로그램을 기획하는 것은 매장의 운영과 성장에 매우 중요하다. 매장의 특성과 우선순위에 따라 가이드라인을 조정하여 맞춤형 교육 프로그램을 기획할 수 있도록 한다. 또한 매장 내 직원들의 의견을 수렴하고 관리진과의 협의를 통해 교육 프로그램을 구체화하는 것이 중요하다.

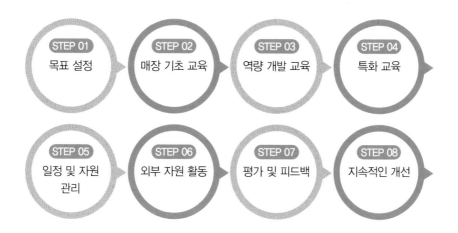

1) 목표 설정

  (1) 매장의 전략적 목표와 우선순위를 파악한다. 예) 매출 증대, 고객 서비스 향상, 직원 역량 강화

  (2) 목표에 따라 필요한 교육 주제와 내용을 도출한다.

2) 매장 기초 교육

  (1) 매장 직원들에게 필수적인 기본 교육을 한다. 예) 메뉴 지식, 서비스 표준, 안전 및 위생 규정

  (2) 새로 입사한 직원들에 대한 통합 프로그램도 고려한다.

3) 역량 개발 교육

  (1) 매장 직무와 관련된 역량 개발을 위한 교육을 계획한다. 예) 판매 기술, 리더십, 딤 관리, 갈등 해결 방법, 커뮤니케이션 등

  (2) 직무별로 필요한 역량을 파악하고, 직원들의 역량을 향상시키기 위한 교육 프로그램 설계

4) 특화 교육

  (1) 매장의 특성과 목표에 맞는 특화 교육을 계획한다. 예) 새로 출시된 메뉴, 마케팅 전략 및 행사 관리, 객단가 상승 방법 등

(2) 매장 내 특정 역할을 맡는 직원들을 대상으로 한 교육 프로그램도 고려한다.

　　예) 바리스타, 매장 관리자 등

5) 일정 및 자원 관리

(1) 매장의 운영 일정과 직원들의 업무 일정을 고려, 교육 일정을 계획한다.

(2) 필요한 교육 자원을 동원하고 예산을 관리한다.

6) 외부 자원 활용

필요에 따라 외부 전문가나 교육 기관의 도움을 받아 교육 프로그램을 보완한다.

7) 평가 및 피드백

(1) 교육 프로그램을 진행하고 직원들의 진척도를 평가하고 피드백을 제공한다.

(2) 교육 프로그램의 효과성을 평가하고 필요한 조정을 한다.

8) 지속적인 개선

(1) 교육 프로그램의 효과를 평가하고 개선할 수 있는 방법을 지속 강구한다.

(2) 직원들의 피드백과 요구를 수렴, 교육 프로그램을 개선하는 데 적극 반영한다.

5 세부 교육 운영안 작성

매장의 특성과 직원들의 요구사항에 따라 다양하게 수정하고 맞춤화하여 최적의 교육 프로그램을 설계한다.

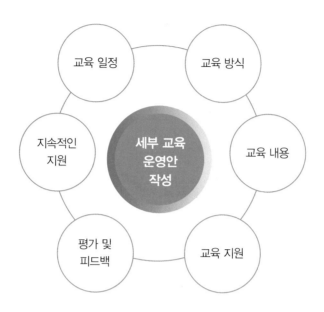

1) 교육 일정

  (1) 교육 일정을 정확히 계획하고, 매장 운영 일정과 조율한다.

  (2) 교육 일정을 사전에 공지. 직원들이 충분한 시간을 확보할 수 있도록 한다.

  (3) 교육 일정은 정기적인 교육과 필요에 따라 추가로 특별 교육을 추가한다.

2) 교육 방식

  (1) 매장의 특성과 직원들의 학습 스타일에 맞추어 다양하게 선택한다.

  (2) 그룹 훈련, 워크숍, 시뮬레이션, 온라인 교육 등

  (3) 필요한 경우 외부 교육 기관이나 전문가를 초빙하여 특별 강의나 워크숍 개최를
      고려할 수 있다.

3) 교육 내용

  (1) 매장의 운영 상황과 직원들의 역할에 맞게 구체적으로 선정되어야 한다.

  (2) 메뉴 지식, 서비스 표준, 안전 및 위생 규정 등의 매장 운영에 필요한 기초교육을
      포함하여 결정한다.

4) 교육 자원

    (1) 교육 자료, 교육 장비, 시뮬레이션 도구, 교육 공간 등

    (2) 필요한 경우 외부 전문가나 교육 기간과의 협력을 통해 자원을 활용한다.

5) 평가 및 피드백

    (1) 교육의 효과를 평가하고 직원들의 진척도를 측정한다.

    (2) 교육 후에는 직원들의 피드백을 수렴하고 교육 프로그램을 개선하기 위한 조치를
        한다.

6) 지속적인 지원

    지속적인 학습 지원을 제공한다. 자체 학습 자료, 온라인 강의, 멘토링 등을 활용하여 직원
들의 역량 개발을 지원한다.

3.2 매장 교육 실행

1 직무 교육을 위한 교육 환경 구성

외식 매장의 직무 교육 환경은 실제 매장과 유사한 경험을 제공하고 학습자들이 실전 역량을 발전시킬 수 있도록 해야 한다. 적절한 시설, 장비, 자료, 전문 강사, 현장 연수 및 실습 기회, 평가 및 피드백, 협업 기회 등을 고려하여 구성한다.

1) 매장에서의 직무 교육 환경 구성

매장에서의 직무 교육 환경 구성

교육 시설
시뮬레이션 및 실습 장비
교육 재료 및 자료
전문 강사 및 트레이너
현장 연수 및 실습 기회
평가 및 피드백
협업과 팀 프로젝트

(1) 교육 시설

외식 매장 내부에 교육 시설을 마련하여 직무 교육을 실시할 수 있다. 이는 실제 매장과 유사한 환경을 조성하여 학습자들이 실무와 유사한 상황을 경험하도록 도울 수 있으며, 주방 시설, 서비스 영역, 테이블과 의자 등이 포함된 실습 공간이 필요하다.

(2) 시뮬레이션 및 실습 장비

직무 교육을 위해서 시뮬레이션 및 실습 장비가 필요하고, 실제 주방 도구와 기기, POS 시스템, 음식 조리 및 서빙용 장비 등이 이에 해당될 수 있다. 직원들은 이러한 장비를 사용하면서 실제 업무를 경험하고 실습할 수 있다.

(3) 교육 재료 및 자료

교육 재료와 자료를 준비해야 한다. 메뉴 레시피 카드, 조리법, 서비스 매뉴얼, 규정 및 절차서 등의 교육 자료를 제공하여 직원들이 필요한 지식과 기술을 습득할 수 있는 환경을 만들어 준다.

(4) 전문 강사 및 트레이너

담당할 전문 강사 또는 트레이너가 필요하다. 이들은 매장 운영 경험과 전문 지식을 가지고 있어 직원들에게 실용적이고 유익한 교육을 제공할 수 있다. 강사들은 이론 강의와 함께 실전 시뮬레이션, 토론, 롤플레이 등을 활용하여 학습 효과를 극대화한다.

(5) 현장 연수 및 실습 기회

직무 교육은 현장 연수 및 실습 기회를 제공함으로써 실제 매장에서의 경험을 쌓을 수 있도록 해야 한다. 직원들은 매장에서의 실제 업무에 참여하고 음식 조리, 서빙, 주문 처리 등을 직접 수행하며 실전 역량을 향상시킬 수 있다.

(6) 평가 및 피드백

직원들의 평가와 피드백 과정이 중요하다. 정기적인 평가를 통해 직원들의 학습 상태를 파악하고 필요한 개선점을 도출할 수 있으며, 또한 개별 및 그룹 피드백을 통해 직원들에게 성장과 발전을 도모할 수 있다.

(7) 협업과 팀 프로젝트

외식 매장에서의 직무는 팀으로의 협업이 필수적이며, 교육 환경에서는 직원들에게 팀 프로젝트와 협업 기회를 제공하여 조직적인 업무 수행과 효과적인 팀워크를 강화한다. 이를 통해 실제 매장에서의 협업 역량을 향상시킬 수 있다.

2) 교육 구성

구 분	수 준	적절한 교육 내용	실시자
집합 연수 교육 Off-JT	전사 수준 및 사업부 수준에서의 능력 개발	○동일 내용의 지식, 기법 교육 등에 적용한다. ○신입사원 교육, 계층별 교육, 전문 교육 등이다.	다수의 매장을 운영하는 기업의 교육부서가 자로 행한다.

| 직장 내 교육 OJT | 직장(직무) 수준에서의 능력 개발 | ㅇ직원 한 사람 한 사람의 능력이나 일에 맞춰 행하는 교육 ㅇ직무 능력이나 태도 및 문제력의 교육에 적용한다. | 상사나 선배가 부하 직원에 대해서 행하는 교육 |
| 자기계발 Self Development | 개인 수준에서의 능력 개발 | ㅇ개인이 필요로 하는 지식을 습득하기 위해 행하는 자기 육성법이다. | 자기 자신의 돈과 시간을 사용해서 하는 공부이다. |

출처 : 홍기훈, 김윤태(2005), '최신 외식 점포 서비스론' 대왕사 p.228

(1) 집합 연수 교육 OFF-JT

집합 연수 교육 OFF-JT(Off-the-Job Training)는 직무 교육의 한 형태로, 실제 작업 환경이 아닌 외부에서 제공되는 교육 프로그램을 의미한다. 이는 실무 경험과는 다른 학습 경로를 제공하며, 전문적인 지식과 역량을 습득할 수 있는 기회를 제공한다. OFF-JT는 주로 다음과 같은 형태로 이루어진다.

(가) 교육 세미나 및 워크숍

외부 전문가나 교육 기관이 주최하는 교육 세미나나 워크숍을 통해 직무 교육을 실시할 수 있으며, 이러한 교육은 일반적으로 짧은 기간 동안 집중적인 학습을 제공한다. 주제에 따라 이론적인 지식과 실전 적용 방법을 다룰 수 있다.

(나) 교육 강좌 및 인증 프로그램

전문 교육 기관이나 대학에서 제공하는 교육 강좌나 인증 프로그램이다.

(다) 온라인 교육 및 이러닝

인터넷을 통해 접근 가능한 온라인 교육 자료나 이러닝 플랫폼을 활용하여 직무 교육을 할 수 있다. 이는 시간과 장소에 제약을 받지 않고 개인의 학습 속도와 스케줄에 맞춰 학습할 수 있는 장점이 있다.

(라) 그룹 토론 및 팀 프로젝트

OFF-JT에서는 그룹 토론이나 팀 프로젝트를 통해 직원들끼리 의견을 공유하고 협력적인 학습을 할 수 있다. 이를 통해 다양한 관점과 아이디어를 수용하고 협업 역량을 향상시킬 수 있다.

집합 연수 교육(OFF-JT) 실시의 예	
○ 매장 사업자 능력 향상 교육 　(신규 점포, 운영 점포) ○ 신입사원 직무 교육 ○ 주방 전문직 본사 메뉴 교육	○ 하절기 위생교육 ○ 기타 POS 시스템 교육 및 구매 발주 교육

교육부(2022), 매장 교육 관리(LM1301030106_21v2), 한국직업능력연구원 p.35

(2) 직장 내 교육 OJT

OJT(On-the-Job Training)은 직무 교육의 한 형태로, 실제 작업 환경에서 직접 경험을 쌓으며 업무를 익히는 것을 의미한다. OJT는 다음과 같은 특징을 가지고 있다.

(가) 실전 경험

OJT는 직원들에게 실제 작업 환경에서 필요한 기술과 지식을 배우는 기회를 제공한다. 이는 직무에 대한 이해를 높이고 실무 역량을 발전시킬 수 있도록 도움을 준다.

(나) 맞춤형 교육

OJT는 개별 직원의 업무 요구사항에 맞춰진 맞춤형 교육을 제공할 수 있다. 자신의 강점과 약점을 파악하고, 개인적인 학습 목표에 집중할 수 있다.

(다) 실무 멘토링

OJT는 주로 실무 멘토 또는 트레이너에 의해 지원된다. 멘토는 학습자의 질문에 답변하고 지원하여 직무 수행에 대한 지침을 제공한다. 이러한 멘토링은 학습자의 성장과 발전을 도모한다.

직장 내 교육(OJT) 실시의 예	
○ 매장 직원 근태 실무 교육 ○ 서비스 보조직 교육 ○ 매장 PT(아르바이트) 교육	○ 주방 보조직 교육 ○ 홀 서비스 직무 교육

교육부(2022), 매장 교육 관리(LM1301030106_21v2), 한국직업능력연구원 p.36

(3) 자기 계발 Self Development

자기 계발(Self Development)은 개인이 스스로 자기 발전을 추구하고 습득하는 과정을 의미하며, 현대 조직에서는 직원들에게 보다 다양한 교육 환경을 제공하기 위해 자기

계발을 추진하고 권장한다. 자기 계발(Self Development)은 다음과 같은 특징을 가지고 있다.

(가) 자기주도적 학습

개인의 의지와 노력에 의해 이루어지는 자기주도적인 학습이다. 개인은 자신의 관심 분야에 대해 탐구하고, 필요한 지식과 기술을 습득하기 위해 노력한다.

(나) 다양한 학습 방법

독서, 온라인 강좌, 자기 연구, 영상 강의, 워크샵 등을 통해 이루어질 수 있다. 개인은 자신의 학습 스타일과 선호도에 맞게 학습 방법을 선택할 수 있다.

(다) 지속적인 개발

지속적인 개발을 추구하는 과정이다. 개인은 계속해서 새로운 지식과 기술을 습득하고, 자신의 역량을 향상시키기 위해 노력한다. 직무 역량뿐만 아니라 개인의 성장과 발전을 위한 노력도 중요하다.

2 교육 운영 계획

1) 교육 운영 계획서 작성

교육 운영 계획서는 전체적으로 교육이 어떻게 실시되는지 한눈에 알아보기 쉽게 표현하는 것이 좋다.

일자 시간	날짜(요일) 1일 차	날짜(요일) 2일 차	날짜(요일) 3일 차	일자 시간
08:00		기상 및 아침행사		08:00
09:00		조식		09:00
10:00	연수원 입소 입소식	큰 제목 작은 제목 (강사:○○○ 팀장)	큰 제목 작은 제목 (강사:○○○ 팀장)	10:00
11:00	큰 제목 작은 제목 (강사:○○○ 팀장)			11:00
12:00		큰 제목 작은 제목 (강사:○○○ 팀장)	큰 제목 작은 제목 (강사:○○○ 팀장)	12:00
13:00				13:00
14:00	중식			14:00

15:00	큰 제목 작은 제목 (강사: ○ ○ ○ 팀장)	큰 제목 작은 제목 (강사: ○ ○ ○ 팀장)	큰 제목 작은 제목 (강사: ○ ○ ○ 팀장)	15:00
16:00				16:00
17:00	큰 제목 작은 제목 (강사: ○ ○ ○ 팀장)	큰 제목 작은 제목 (강사: ○ ○ ○ 팀장)	과정 정리 퇴소식	17:00
18:00				18:00
19:00	석식			19:00
20:00	큰 제목 작은 제목 (강사: ○ ○ ○ 팀장)	큰 제목 작은 제목 (강사: ○ ○ ○ 팀장)		20:00
21:00				21:00
	일과 정리	일과 정리		

교육부(2022), 매장 교육 관리(LM1301030106_21v2), 한국직업능력연구원 p.38

2) 교육 운영 계획 공유

직원들에게 본사 집합 교육이나 매장 현장 교육이 계획되었다면 설명해야 한다. 교육 시간, 교육의 목적, 교육의 종류, 교육의 내용 등 교육 시작 전 제시하고, 정확한 목적을 설명한다.

3 교육 자료 작성

1) 교육 자료 작성 방법

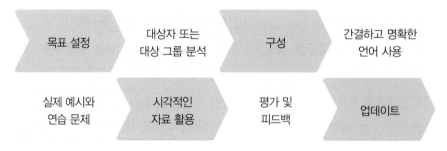

(1) 목표 설정

작성하기 전 목표를 명확히 설정한다. 교육 자료가 어떤 주제에 대해 어떤 목표를 달성하기 위해 사용될 것인지를 결정해야 한다. 예) 판매 기술 향상, 고객 서비스 개선 등

(2) 대상자 또는 대상그룹 분석

대상자를 분석해야 한다. 대상자의 교육 수준, 경험, 역할 등을 고려하여 자료를 구성해야 하고, 대상자가 매장 직원인 경우, 그들이 이해하기 쉽고 적용할 수 있는 내용이어야 한다.

(3) 구성

논리적인 흐름과 구성 요소를 고려하여 주제를 명확히 제시하고 필요한 내용을 순서대로 구성한다. 자료의 구성에는 개요, 주요 개념, 예시 및 실습, 요약 등이 있다.

(4) 간결하고 명확한 언어 사용

교육 자료를 작성할 때는 간결하고 명확한 언어를 사용해야 한다. 어려운 용어나 문장 구조를 피하고, 일상적인 용어와 구문을 사용하여 이해하기 쉽게 작성해야 한다. 그림, 그래프 또는 다이어그램을 사용하여 개념을 시각화하는 것도 도움이 될 수 있다.

(5) 실제 예시와 연습문제

실제 예시와 연습문제를 포함한다. 이를 통해 매장 직원들이 개념을 실제 업무에 적용하고 익힐 수 있다.

예) 메뉴 판매 기술(객단가 상승 전략)을 교육하는 경우, 상황에 따른 판매 대화의 예시와 연습문제를 교육 내용에 포함한다.

(6) 시각적인 자료 활용

그림, 그래프, 차트, 다이어그램 등을 사용하여 내용을 시각화하고 이해하기 쉽게 작성한다. 매장의 레이아웃, 메뉴판 디스플레이, 고객 서비스 프로세스 등을 보여주는 이미지나 도표가 유용할 수 있다.

(7) 평가 및 피드백

교육 자료 작성 후에는 자료를 평가하고 피드백을 받아 개선할 수 있도록 한다. 교육 자료를 테스트해보고, 매장 직원들의 의견을 수렴하고 개선사항을 차기 교육에 반영한다.

(8) 업데이트

매장 교육 자료는 시간이 지남에 따라 수정하거나 개선해야 할 수 있다. 메뉴 라인업의 변경, 업무 프로세스의 개선, 변경 등을 반영하기 위해 교육 자료는 주기적으로 확인하고 업데이트한다.

4 교육 프로그램 실행

기 계획되고 구성된 내용에 따라 실제 교육 프로그램을 진행한다. 교육은 명확한 목적을 가지고 자세한 세부 일정과 내용으로 진행되어야 한다. 또한, 자료를 활용하여 개념을 설명하고, 예시와 실습을 통해 실제 업무에 적용할 수 있는 기회도 제공되어야 한다. 직원들이 활발하게 참여할 수 있도록 질문 및 토론 시간을 마련하는 것도 필요하다.

교육 일정 설명

○ 본 교육의 목적을 정확히 설명
○ 교육 운영 계획서의 내용을 교육 대상자에게 설명
  (교육 일정, 운영 방법, 숙박, 수료, 평가 등)
○ 각 프로그램별 강사진을 소개하여 교육의 질을 부각
  (경력, 이력, 소속, 활동 사항 등)

외식 사업의 특성

○ 외식 사업의 특성
  (외식 프랜차이즈 시스템의 특성, 외식 경영인 및 종사자의 자세 등)
○ 동종 타업계 흐름 및 당 브랜드의 자세와 가치
○ 국내 외식 산업의 흐름 및 소비자(고객) 마인드의 흐름 등

홀 서비스 부분 교육

○ 접객 서비스 교육 훈련
○ 경영주의 책무
○ 매장 운영 관리 실무
  – 매출 및 손익 관리(영업 관리)
  – 원가 관리 및 원가 질검
  – 발주 및 재고관리 등

3.3 매장 교육 결과 평가

1 교육 평가 기준표 작성 및 설명

1) 교육 평가

교육 평가 방법은 평가의 내용과 목적에 따라 매우 다양하다. 특히 평가 대상이 학습 내용을 어느 정도 알고 있는지를 평가하는 학업 성취도 평가 방법은 학습 내용과 특징, 그리고 평가 목적에 따라 다양하다.

2) 교육 평가 방법

교육 평가 방법		
관찰법		
평정법	기술 평정법	
	숫자 평정법	
	평정법 채택 시 주의사항	
모의법		
시험법		

(1) 관찰법

매장 직원들의 업무 수행 상황을 직접 관찰하여 평가하는 방법. 관찰 내용을 객관적이고 구체적으로 기록하는 것이 중요하다. 관찰자는 적절한 평가 기준표를 사용하고, 관찰 시간과 장소를 선정하여 일관된 방법으로 관찰을 진행해야 한다.

(2) 평정법

매장 직원들의 업무 능력을 정량적으로 평가하는 방법. 평정법을 사용할 때는 평가 지표를 명확히 설정하고, 평가 방법과 점수 체계에 대한 사전 정의가 중요하다. 또한, 평가 결과를 직원과 함께 리뷰하고 피드백을 제공하여 개선 사항과 교육 계획을 수립할 수 있다. 평가의 공정성과 정확성을 기하기 위해 여러 관찰자나 평가자의 의견을 종합하는 것도 필요하다.

(가) 기술 평정법

평가자가 직원의 업무 능력을 서술하는 방식이다. 직원의 동작, 태도, 업무 수행 방식 등을 상세하게 기술하여 평가한다. 주관적인 평가 요소가 있을 수 있고, 평가자의 경험과 판단에 따라 달라질 수 있다.

예) 고객과 원활한 소통 능력이 뛰어나고 문제 해결에 적극적으로 참여하는 모습을 보였음.

(나) 숫자 평정법

직원의 업무 능력을 숫자로 평가하는 방식. 평가자가 미리 정의한 평가 척도에 따라 점수를 숫자로 부여하는 방법이다. 보통 1~5, 1~10 등의 척도를 사용한다. 각 항목별로 평가지표와 가중치를 정하고 합산하여 직원의 전반적인 업무 능력을 평가한다. 상대적 객관적인 평가를 제공할 수 있고, 여러 평가자의 의견을 종합하여 평가 결과를 도출할 수 있다.

(다) 평정법(기술 평정법과 숫자 평정법) 채택 시 주의사항

기술 평정법과 숫자 평정법이 각각의 장단점이 있으므로, 상황에 맞게 적절한 방법을 선택하여 사용하는 것이 좋다. 또한, 평가자는 공정하고 일관된 평가를 위해 평가 척도와 기준을 명확히 정의하고, 평가 과정에서 주의 깊게 평가를 수행해야 한다.

(3) 모의법

실제 업무 상황을 모방하여 직원의 역량과 능력을 평가하는 방법. 실제 매장 업무를 시뮬레이션하고, 직원들이 그에 따라 업무 수행하는 방식으로 진행한다. 실제 상황과 유사한 환경에서 진행되어 현실적인 업무 역량을 평가할 수 있다는 장점이 있다. 평가 시에는 평가자가 관찰하고 평가 지표에 따라 직원의 수행을 평가하고, 결과를 피드백하여 개선 사항과 향후 교육 계획을 수립할 수 있다.

(4) 시험법

직원의 학습 내용과 이해도를 평가하기 위해 표준화된 시험 형식을 사용하는 방법. 시험법은 필기시험과 구두시험으로 분류된다. 지식과 이해력을 중심으로 평가하며, 일반적으로 주관식, 객관식, 문제 해결방법 기술 등 다양한 유형의 문제를 활용한다. 지식과 이해에 중점을 두기 때문에 실무적인 역량이나 커뮤니케이션 능력 등의 다른 측면 평가는 다른 방법을 함께 활용하는 것이 좋다. 또한, 시험 문제의 출제와 채점 과정에서 공정성과 일관성을 유지하기 위해 신중하게 설계되어야 한다.

3) 교육 평가 기준표

구분	평가 내용	평가방법에 따라 작성 (Y,N) (1~5점)
메뉴 지식 (Product Knowledge)	○메뉴에 대한 지식과 이해도 ○메뉴의 특징, 식재료 설명 능력 ○메뉴 관련 질문에 대한 정확하고 자세한 답변 능력	
고객 서비스 (Customer Service)	○고객과의 커뮤니케이션 기술 ○고객의 요구사항을 이해하고 해결하기 위한 능력 ○고객을 만족시키기 위한 노력, 태도	
판매 기술 (Sales Techniques)	○제품 판매를 위한 설득력, 컨설팅 능력 ○고객의 관심을 유발하고 구매로 이어지도록 하는 능력 ○추가 메뉴 또는 서비스를 제안하는 능력	
업무 처리 (Task Handling)	○매장 업무 처리 능력과 조직력 ○시간 관리 및 우선순위 설정 능력 ○문제 해결 및 대응 능력	
팀워크 (Teamwork)	○팀원, 직원들과의 협력, 소통 ○공동 목표 달성을 위한 기여 ○조직의 성과에 도움이 되는 역할 수행 능력	
리더십 (Leadership)	○직원들을 이끌고 지도하는 능력 ○업무 목표 설정과 업무 분배 능력 ○문제상황에 대한 적절한 대응과 지원	

2 교육 만족도 평가

1) 교육 만족도 조사

구분	내용
평가 시기 선정	매회, 교육이 끝난 후 평가지를 돌려서 평가한다.
평가 대상자의 선정	프로그램 참가자 전원을 대상으로 한다.
평가 목표 선정	프로그램 시작 전, 후의 차이를 토론해 본다. 참가자들이 얻은 것과 잘못 교육을 실시해서 다른 참가자들에 비해 뒤처진 점 등을 토의한다.
평가 자료 수집 방법 선정	프로그램 참가한 전원을 대상으로 설문지 응답을 이용하여 조사, 통계낸다.

2) 교육 대상자의 교육 만족도 평가 설문지 양식

◆ **교육 대상자 교육 만족도 평가 설문 내용**

1. 개인 인적 사항 조사

다음은 매장 운영자님의 개인적 특성에 관한 질문입니다. 해당하는 항목을 선택하여 주시거나 작성하여 주시기 바랍니다.

개인의 인적 사항의 주요 조사 항목은 성별, 직급, 연령, 혼인 여부, 학력 등이 주로 표기된다.

2. 교육 프로그램 만족도 조사

다음은 교육 프로그램 만족도 조사입니다. 해당하는 항목을 선택하여 주시거나 작성하여 주시기 바랍니다.

설문 내용	전혀 그렇지 않다.	그렇지 않다.	보통 이다.	그렇다.	매우 그렇다.

교육 프로그램 만족도 조사의 내용은 수업 내용 만족도, 강의 시간, 교육 대상자의 요구반영, 흥미 유발, 학습자의 참여도 고취, 교육 대상자의 눈높이(교육 수준) 등을 다룬다. 만족도의 평가 기준은 '전혀 그렇지 않다'에서부터 '매우 그렇다'까지 5단계 척도로 구분하여 평가한다.

3. 강사 만족도 조사

다음은 교육 강사 만족도 조사입니다. 해당되는 항목을 선택하여 주시거나 작성하여 주시기 바랍니다.

설문 내용	전혀 그렇지 않다.	그렇지 않다.	보통 이다.	그렇다.	매우 그렇다.

강사 만족도 조사의 내용은 강사의 교육 준비와 열정, 강사의 옷차림과 용모, 수업 방식, 강의의 질적 측면 평가, 교육 대상자와의 의사소통을 평가한다.

4. 교육 기관 만족도 조사

다음은 교육 기관 만족도 조사입니다. 해당하는 항목을 선택하여 주시거나 작성하여 주시기 바랍니다.

설문 내용	전혀 그렇지 않다.	그렇지 않다.	보통 이다.	그렇다.	매우 그렇다.

교육 기관 만족도 조사는 교육 기관 직원들의 서비스 내용(친절, 책임감), 교육 상담 서비스, 교육 프로그램 홍보, 교육 대상자의 지원(교재, 자료 등) 행정적 절차(숙박, 식사, 안내 등), 교육 대상자의 자치 활동에 대한 내용을 평가하는 것이 좋다.

5. 교육 시설 및 환경 만족도 조사

다음은 교육 시설 및 환경 만족도 조사입니다. 해당하는 항목을 선택하여 주시거나 작성하여 주시기 바랍니다.

설문 내용	전혀 그렇지 않다.	그렇지 않다.	보통 이다.	그렇다.	매우 그렇다.

교육 시설 및 환경 만족도 조사는 강의실 규모, 수업에 필요한 기자재, 수강생 인원 배분, 교육 대상자를 위한 편의시설(숙박, 휴게실, 식당 등), 주변 환경, 강의실 환경(온도 및 습도 등), 방음 시설 등의 내용을 평가한다.

6. 개인 의견 조사

다음은 교육 대상자 개인 의견 조사에 관한 질문입니다. 개인의 의견에 부합되는 내용을 선택해 주세요.

개인 의견 조사 부분은 다양한 부분에 대해서 물을 수 있다. 가장 선호하는 교육 프로그램은 무엇이었는지, 이론 수업은 어땠는지, 실습 수업은 어땠는지, 1년에 몇 회 교육이 적당한지, 교육 기간은 얼마를 선호하는지, 한 강의 당 인원은 어느 정도가 적당한지 등을 묻는다.

설문 조사에 응해주셔서 감사합니다. 이 자료는 교육 프로그램 개선을 위하여 쓰일 것입니다.

교육부(2022), 매장 교육 관리(LM1301030106_21v2), 한국직업능력연구원 p.64

3) 교육자 교육 만족도 평가 설문

교육 대상자와 마찬가지로 교육자에게도 교육 프로그램에 대한 교육 만족도 평가 설문지를 받아야 한다. 이는 교육자 관점에서 강의나 환경 등의 평가를 받고 다음 교육 프로그램 개선 시 반영하기 위함이다.

"본 교육의 큰 제목"을 마치고....

강의명과 강사 이름을 적는다.

1. 의도한 강의의 진행 여부
2. 본 강의 내용을 진행함에 있이 문제점이 발생하였는가를 물어본다.
3. 교육생들의 수준과 반응을 물어본다. (강사가 생각한 교육생들 수준과 강의 내용 수준)
4. 강의 프로그램을 진행하기 위한 교육 장소의 적절성 여부
5. 강의 목적의 달성 여부
6. 강사료의 적정 책정 여부
7. 다음 동 프로그램 진행 시 개선되어야 할 점은 무엇인가 등을 물어보고 다음 프로그램 기획 시 프로그램을 개선한다.

교육부(2022), 매장 교육 관리(LM1301030106_21v2), 한국직업능력연구원 p.64

3 교육 프로그램 개선

다양한 요소를 고려하여 다음과 같은 접근 방법을 활용한다. 만족도 조사를 통해 얻은 데이터와 응답자들의 의견을 바탕으로 교육 프로그램을 지속적으로 개선, 향상시킬 수 있다.

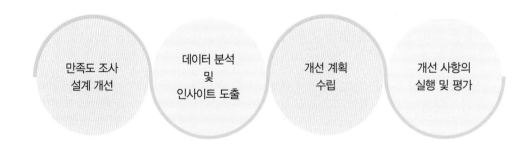

1) 만족도 조사 설계 개선

　(1) 설문지의 구성

　　설문지의 질문 항목을 다양한 측면에서 평가할 수 있도록 다차원적인 항목을 포함시
　　킨다. 교육 내용, 교육 방식, 교육자의 역량 등 다양한 요소를 고려한다.

　(2) 척도의 다양성

　　다양한 종류의 척도를 활용하여 응답자들의 다양한 의견을 수집할 수 있도록 한다.
　　예) 다단계 척도, 빈도 척도, 중요도 척도 등

　(3) 개방형 질문

　　개선할 부분에 대한 자유로운 의견을 수집할 수 있는 개방형 질문을 추가하여 응답자
　　들의 다양한 의견을 수집한다.

2) 데이터 분석 및 인사이트 도출

　(1) 만족도 조사 결과를 체계적으로 분석하여 핵심 인사이트를 도출. 만족 요소와 불
　　만 요소, 개선이 필요한 부분 등을 파악한다.

　(2) 응답자들의 의견을 세분화하여 특정 그룹이나 세부 항목에 대한 만족도를 분석한
　　다. 이를 통해 특정 부서나 직원 그룹에 대한 개선 방안을 발굴할 수 있다.

3) 개선 계획 수립

　(1) 도출된 인사이트를 기반으로 개선 계획을 수립한다. 우선순위가 높은 개선 사항을
　　파악하고 개선 목표와 대응 방안을 구체화한다.

　(2) 개선 사항에 따라 교육 내용, 교육 방식, 교육자의 역량, 평가 방법 등을 개선하고
　　보완한다. 필요한 경우 외부 교육 전문가나 컨설턴트의 도움을 받을 수도 있다.

4) 개선 사항의 실행 및 평가

　개선 계획을 실행하고 그 효과를 평가한다. 개선된 프로그램을 적용한 후, 만족도 조사를
　통해 응답자들의 만족도 변화를 측정한다. 평가 결과를 다시 분석하여 개선 방향을 조정하
　고, 지속적인 개선을 위한 사이클을 반복한다.

01 Q(품질), S(서비스), C(청결)에 대한 설명이다. 알맞지 않은 것은? (난이도: ★★)

① Q는 Quantity에 대한 내용으로 메뉴마다의 적정한 양을 가리킨다.
② S는 Service를 말하며, 고객을 대하는 직원의 친절도와 매너를 말한다.
③ C는 Cleanliness, 청결을 말하며, 매장의 위생은 고객의 안전과 연관된다.
④ Q는 Quality에 대한 약자로 메뉴의 품질을 말한다.

02 영업 준비 현황 점검의 내용이 아닌 것은? (난이도: ★★)

① 전일 영업현황, 오늘의 영업현황 점검
② 전일의 특이 사항 등 로그북 확인 및 기록
③ 식자재의 안정성은 메뉴의 안전성과 직결
④ 메뉴 원가 중 고정비로서 모든 메뉴가 동일한 비율 유지

03 영업 준비 현황 점검의 내용 중 주방과 관련된 내용이 아닌 것은? (난이도: ★★)

① 영업을 위한 식자재 품질, 배송 확인
② 목표 매출액과 고객 수에 따른 식자재 준비 사항
③ 냉장, 냉동고의 온도 확인
④ 테이블 정돈 상황, 매장 출입구 정돈 상태 확인

04 영업 준비 현황 점검의 내용 중 주방 관련 내용을 고르시오. (난이도: ★★)

① 영업을 위한 식자재 품질, 배송 확인
② 테이블 정돈 상황, 매장 출입구 정돈 상태 확인
③ 냉난방기의 작동 상태
④ POS 시스템, 잔돈, 사무용품 준비상태

정답 01 ①   02 ④   03 ④   04 ①

05 영업 중 점검 체크리스트에 대한 내용이다. 주방 관련 내용이 <u>아닌</u> 것은? _(난이도: ★★★)

① 메뉴 제공 품질 상태 점검

② 기기, 설비 문제없는지 점검, AS 메모

③ 저녁시간 전 각종 소모품 보충 점검

④ 원부재료 재고조사 및 발주 점검

 다음 각 설명에 대해서 빈칸에 알맞은 것을 쓰세요. (주관식)

01 전일의 매출 특이 사항, 시설집기 AS, 직원 교육내용, 고객 특이 사항, 기타 체크사항 및 전달사항 등 기록으로 매장에서 조회, 미팅 시 사용한다. _(난이도: ★★)

◉ 문제해설은 동영상 강의에서 확인하세요.

01 매장 인력 채용 시 고려사항이 <u>아닌</u> 것은? (난이도: ★★★)

① 직무 경력자 또는 경험자 중심의 채용을 고려한다.
② 매장의 필요 인력을 고려하여 대규모 공채를 통해서만 모집한다.
③ 인턴 등 현장 실습을 이용하여 채용하는 것을 고려해야 한다.
④ 직무에 적합한 인재 선발을 위한 타당성 있는 채용 시험을 진행한다.

02 각 단위별로 자유 토론을 할 기회를 부여하고 개별적으로 적격 여부를 심사하는 면접은? (난이도: ★★)

① 집단 면접
② 스트레스 면접
③ 비지시적 면접
④ 정형적 면접

03 지원자에게 최대한 의사 표시의 자유를 주고 폭넓은 정보를 얻는 면접의 형태는? (난이도: ★★)

① 집단 면접
② 스트레스 면접
③ 비지시적 면접
④ 정형적 면접

04 직무명세서를 기초로 질문의 목록을 준비해 면접관이 차례로 질문하는 면접 방법은? (난이도: ★★)

① 집단 면접
② 스트레스 면접
③ 비지시적 면접
④ 정형적 면접

정답 01 ② 02 ① 03 ③ 04 ④

05 매장 인력 양성 시 신입사원 교육훈련의 중요성으로 **틀린** 것은? (난이도: ★★★)

① 교육 훈련은 생산성 향상에 필수적이다.

② 교육 훈련은 조직 문화형성에는 이용될 수 없다.

③ 교육 훈련은 조직 구성원의 개인적 성장 욕구 충족에 필요하다.

④ 교육 훈련이 선행되어야 사회환경변화에 대응할 수 있다.

 다음 각 설명에 대해서 빈칸에 알맞은 것을 쓰세요. (주관식)

01 이 용어는 매장 내 직원들의 업무 성과, 역량, 발전 가능성 등을 평가하는 과정이다. 이를 통해 개별 직원의 성과를 인식, 보상, 개발, 인력 관리 등의 의사 결정에 활용할 수 있다. (난이도: ★★)

정답 **05** ② / (주관식) **01** 인사평가

연습문제

매장 교육관리

 ◉ 문제해설은 동영상 강의에서 확인하세요.

01 직무 기술서 작성 시 필요한 항목이 <u>아닌</u> 것은? (난이도: ★★★)

① 직무의 주요 활동
② 직무 목적
③ 직무의 주요 책임
④ 담당 종사자의 가정환경

02 연간 교육 계획에 대한 점검 포인트 중 <u>틀린</u> 것은? (난이도: ★★)

① 사업 목표와 전략 과제를 고려해야 한다.
② 목표 달성의 핵심이 되는 직무, 역할, 프로세스를 검토한다.
③ 직원 의식 조사는 점검 포인트에 해당되지 않는다.
④ 계획을 실행에 옮기면 변화가 일어날 것인지에 대한 예상 검토한다.

03 연간 교육 계획 수립 시 고려할 사항이 <u>아닌</u> 것은? (난이도: ★★)

① 교육과정 리스트
② 당해연도 교육 중점 과제
③ 평가 방법
④ 전년도 예산

04 세부 교육 운영안 작성 시 고려해야 할 사항이 <u>아닌</u> 것은? (난이도: ★★)

① 교육 일정
② 지속적인 지원
③ 교육 내용
④ 교육 담당 직원

정답 01 ④   02 ③   03 ④   04 ④

05 OFF-JT(집합 연수 교육)의 형태로 맞지 <u>않은</u> 것은? (난이도: ★★)

① 온라인 세미나 및 워크샵
② 교육 강좌 및 인증 프로그램
③ 온라인 교육 및 이러닝
④ 실무 멘토링

 다음 각 설명에 대해서 빈칸에 알맞은 것을 쓰세요. (주관식)

01 (   )은 인적자본의 능력을 개발하고 발전시키는 중요한 역할을 하며, 이러한 (   )을 통하여 조직구성원의 조직몰입이 높아지므로 최종적으로 개인의 성과 향상은 물론 조직의 지속적인 가치창출이 가능해진다. (난이도: ★★★)

정답 **05** ④ / (주관식) **01** 교육 훈련

능력단위	과목명	능력단위요소		수 행 준 거		
외식고객 서비스관리	매 장 손 익 관 리	매출 관리하기	○	매장 손익관리의 기본개념을 이해하고 손익계산서를 작성할 수 있다.	○	
				객수 예측 기법을 통해 정확한 예상 객수를 산정할 수 있다.	○	
식자재관리				매출 분석 시 객단가와 회전율, 메뉴별 판매 현황을 토대로 매출을 분석할 수 있다.	○	
메뉴 품질관리				매출 분석을 토대로 매출을 향상시킬 수 있는 방법을 도출할 수 있다.	○	
매장 시간대별 업무관리		원가 관리하기	○	정확한 원가 계정 항목을 파악할 수 있다.	○	
				메뉴별 정확한 원가를 산정할 수 있다.	○	
매장 인력관리				메뉴 제공 시 메뉴별 평균 폐기율을 측정할 수 있다.		
매장 교육관리				판매되고 있는 전체 메뉴의 표준 원가를 산정할 수 있다.		
				표준 원가의 금액과 실제 판매된 메뉴의 원가 금액차를 산정하고 문제점을 개선할 수 있다.		
매장 위생관리		인건비 관리하기		매장의 매출을 토대로 표준화된 작업지시서를 작성할 수 있다.		
				매장 예상 입점 객수 예측을 토대로 업무용 작업지시서를 작성할 수 있다.		
매장 안전관리				업무용 작업지시서에 따라 포지션별, 업무 능력별로 최적의 인력을 배치할 수 있다.		
				업무용 작업지시서의 목표시간과 일치하지 못한 업무를 분석하고 개선할 수 있다.		
매장 마케팅관리		기타비용 관리하기	○	매장의 기타비용관리 대상에 대한 유형을 분류할 수 있다.	○	
매장 손익관리				매장의 기타비용관리 목록표를 작성할 수 있다.	○ ○	
비대면 서비스 운영관리				기타비용관리 목록표에 따라 기간별로 실사를 할 수 있다.		
				실사결과에 따라 기타비용의 유지보수 운용을 할 수 있다.		

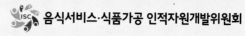
음식서비스·식품가공 인적자원개발위원회

지식		기술		태도		NCS 외
매장 매출관리 사례에 대한 지식	○	매장 매출 분석 능력	○	확한 매장 매출 분석 태도	○	
매장 매출 관리 목표 설정 지식	○	재무제표 작성 기술	○	재무제표 분석에 따른 매출 향상 의지	○	
재무제표에 대한 지식	○					
매장 매출 분석 방법에 대한 지식	○	객수 예측 능력	○	객수 예측을 통한 매장운영 효율성 극대화 의지	○	
객수 예측 기법에 대한 지식	○					
원가 산정에 대한 지식	○	메뉴별 원가 산정 능력	○	정확한 원가 분석 태도	○	
메뉴 폐기 기준에 대한 지식	○	메뉴 폐기율 측정 기술		폐기율 관리를 통한 비용 절감 의지		
표준 원가 산정 방법에 대한 지식	○					
원가 개선 방법에 대한 지식	○	판매되는 전체 메뉴의 표준 원가 산정 능력		원가분석을 통한 매장운영 효율성 극대화 의지	○	
표준화된 작업지시서에 대한 지식		표준화된 작업지시서 작성 능력		접객 생산성을 극대화하려는 의지		
업무용 작업지시서에 대한 지식		업무용 작업지시서 작성 능력		업무용 작업지시서 준수 태도		
인력배치에 대한 지식		효율적인 인력배치 능력		업무 개선 의지		
입무 분식 방법						
매장 기타비용에 관한 규정	○	매장 기타비용유형 분류 능력	○	구체적인 매장 기타비용관리 목록표 작성 의지	○	
매장 기타비용관리 목록표 관리에 대한 지식	○	매장 기타비용관리 목록표 작성 기술	○	정확한 매장 기타비용 실사 태도		
		매장 기타비용 실사 능력		비용 절감을 위한 적극적인 태도	○	
매장 기타비용 유지보수 방법		매장 기타비용 유지보수 운영 능력		효율적인 매장 기타비용 유지보수 운영 의지		

외식
운영관리사

매장 손익관리

Contents

I. 매장 손익관리

01

매출 관리하기

◆ 매장 손익관리의 기본개념을 이해하고 손익계산서를 작성할 수 있다.

◆ 객수 예측 기법을 통해 정확한 예상 객수를 산정할 수 있다.

◆ 매출 분석 시 객단가와 회전율, 메뉴별 판매 현황을 토대로 매출을 분석할 수 있다.

◆ 매출 분석을 토대로 매출을 향상시킬 수 있는 방법을 도출할 수 있다.

매출 분석 및 계획

1 매출 분석 및 계획

• 외식업체의 매출은 메뉴, 서비스, 그 외 물리적 환경 등을 제공하여 얻은 대가를 의미한다. 지속적이고 성공적인 외식업체 운영을 위해서는 매출 분석이 필수적이며, 창업 단계뿐만 아니라 영업 전후, 그리고 정기적으로 이루어져야 한다.

• 매출 분석 결과를 통해 외식업주는 현재의 영업 상태를 정확히 파악하고, 이를 바탕으로 영업 목표를 세우거나 개선할 수 있다.

1) 원가/손익분석을 통한 외식경영관리

원가/손익관리는 성공적인 외식 경영을 위한 중요한 요소이다. 원가 관리는 표준 원가를 미리 계산하고, 실제 발생한 원가와의 차이를 분석하여 손실이 발생하는 부분을 개선하는 과정이다. 이는 반복적인 개선 과정을 통해 비용 효율성을 높이는 데 중점을 둔다.
손익관리는 제품이나 서비스를 판매할 때, 어떤 메뉴나 서비스가 이익을 내고 있으며, 어떤 것이 손해를 발생하고 있는지를 분석하여 파악하고, 이를 개선하는 것을 말한다. 이 두 가지 관리 기법을 통해 외식업체의 수익성을 지속적으로 높일 수 있다.

◆ 원가관리와 손익관리

원가/손익분석

원가관리
표준원가 설정–현실원가 산출–원가절감 도모

$+$

$-$

손익관리
제품과 서비스를 얼마나 팔았고 그로 인해 손익이
얼마나 발생했는지 파악하여 관리

$\times$

$\div$

2) 매출 분석

매출이란 제품이나 상품 등을 판매하여 얻은 대가를 의미한다. 외식업체의 매출은 메뉴, 서비스, 그리고 그 외의 물리적 환경 등을 제공하고 얻은 수익을 말한다. 매출액 규모를 늘리는 것도 중요하지만, 매출이 어떻게 구성되어 있는지 파악해야 한다. 예를 들어 어떤 메뉴가 많이 팔리는지, 어떤 시간대에 매출이 발생하는지, 어떤 고객층이 주로 이용하는 지를 면밀히 분석하는 것이 더 중요하다.

매출 분석을 위해서는 일 매출, 주 매출, 월 매출, 연 매출 등 기간별 분석, 메뉴별, 판매 시간대별, 고객별 등의 기준을 설정하는 것이 필요하다. 매출 분석에 필요한 데이터는 장부, POS(point of sales) 시스템, 카드 결제 실적 등을 통해 수집할 수 있다. 이러한 매출 분석을 통해 월별 매출 현황과 증감률, 프로모션별 매출 비중, 고객 구매 데이터를 분석함으로써 효과적인 판매 전략을 수립할 수 있다.

◆ **매출, 매출액, 외식업체의 매출**

매출	제품이나 상품 등을 판매하는 것
매출액 (sales)	제품이나 상품 등을 판매하고 얻은 대가
외식업체의 매출	메뉴, 서비스, 그 외 물리적 환경 등을 제공하여 얻은 대가

(1) 매출 분석 기준 선정

매출 분석 기준은 매출 분석의 목적에 따라 선정할 수 있다. 먼저 일자별, 월별, 요일 별 등의 시간대별로 구분하여 분석할 수 있다. 일 매출, 주 매출, 월 매출, 연 매출 등의 매출 정보가 축적되면 일정한 추세를 나타내게 되며, 이를 바탕으로 수요 예측이 가능해진다. 이러한 예측을 통해 외식업체는 효율적인 영업 계획을 세울 수 있다.

주기별 매출 분석은 외식업체가 성장하고 있는지, 성수기는 언제인지, 어느 시간대를 중심으로 영업 계획을 수립해야 하는지를 구체적으로 파악할 수 있게 해준다.

메뉴별 매출 분석은 메뉴 관리를 위한 중요한 기준이 된다. 메뉴의 인기 여부, 수익성 등을 파악하여 고수익/저수익 메뉴를 구분하고, 이를 바탕으로 식재료비, 인건비 등의 비용 손실을 줄여 효율적인 외식 경영을 실현할 수 있다. 또한 테이블별 매출, 현금/신용카드 매출 현황 분석 등을 통해 외식업체의 매출 특성을 파악할 수 있다.

매출 분석 기준	
일자별 매출현황	상품(메뉴)별 매출현황
월별 매출현황	테이블별 매출현황
요일별 매출현황	일별 현금영수증 매출현황
시간대별 매출현황	신용가드 매출현황

(2) 매출 분석방법

외식업체의 매출을 분석하려면 수익 창출에 기여하는 다양한 요소를 평가하고, 매출 추이, 트렌드, 개선점을 파악해야 한다. 외식업체의 매출을 효과적으로 분석하는 방법은 다음과 같다.

(가) 자료 수집 : 일별, 주별, 월별, 연도별 매출 수치를 포함한 모든 관련 매출 자료를 수집한다. 이 자료는 총 매출, 평균 객단가, 고객 수, 판매 메뉴 항목, 시간대별 매출 등 다양한 측면을 포함해야 한다. 이 데이터는 POS(Point of Sales) 시스템이나 회계 프로그램 등에서 얻을 수 있다.

(나) 매출 세분화 : 식품, 음료 매출, 메뉴 카테고리별 매출, 요일별 매출, 시간대별 매출 등 다양한 기준으로 매출 자료를 세분화하여 분석한다.

(다) 주요 추이파악 : 평균 객단가, 고객 수, 면적당 매출, 시간 경과에 따른 매출 증가율과 같은 중요한 추이를 파악한다. 이를 통해 외식업체의 생산성과 효율성을 객관적으로 분석할 수 있다.

(라) 비교 분석: 현재 매출 수치를 과거 자료와 비교하여 시간에 따른 실적 동향을 파악한다. 또한 업계 표준이나 유사한 규모, 업종, 입지의 다른 매장과 비교하여 경쟁력을 평가하고 개선점을 찾아낸다.

(마) 매출 예측: 과거 매출 자료를 활용하여 미래 매출을 예측하고, 현실적인 매출 목표를 설정한다.

3) 매출계획수립

외식업체의 매출계획수립은 수익 증대를 위한 전략적 계획과 구체적인 목표 설정을 포함한다. 매출계획은 크게 판매계획, 생산계획, 일반관리계획, 점포계획으로 나눌 수 있다.

(1) 판매계획

판매할 상품의 종류, 상품별 판매가격, 고객당 매출(객단가), 고정고객의 재방문주기, 시기별 추정 매출액, 광고 선전비, 판매 인건비

(2) 생산계획

생산할 제품의 종류, 수량, 생산원가, 생산설비를 위한 투자액, 생산 노무비, 원자재 매입계획

(3) 일반관리계획

일반관리 소요인력의 종류와 수, 일반관리 인력 인건비, 사무실 운영비

(4) 점포계획

취급할 상품의 종류, 수량, 상품 또는 원자재 매입계획, 필요한 점포의 규모, 내부 및 외부장식, 각종 집기와 장치, 인력계획

판매계획에 포함될 항목
- 판매할 상품의 종류
- 상품별 판매가격
- 고객당 매출 (객 단가)
- 고정고객의 재방문주기
- 시기별 추정 매출액
- 광고 선전비
- 판매 인건비

생산계획에 포함될 항목
- 생산할 제품의 종류, 수량
- 생산원가
- 생산설비를 위한 투자액
- 생산 노무비
- 원자재 매입계획

일반관리계획에 포함될 항목
- 일반관리 소요인력의 종류, 수
- 일반관리 인력 인건비
- 사무실 운영비

점포계획에 포함될 항목
- 취급할 상품의 종류, 수량
- 상품 또는 원자재 매입계획
- 필요한 점포의 규모
- 내부 및 외부장식
- 각종 집기와 장치
- 인력계획

심재후(2009), 친절한 창업 교과서, 한스앤리

4) 수치중심의 외식업체 컨셉

외식업체의 컨셉은 매우 다양하게 표현할 수 있지만 매출 추정 및 계획 수립을 위해 다음과 같은 수치 중심의 외식업체 컨셉을 설정할 수 있다. 수치로 구성된 외식업체 컨셉은 메뉴, 입지 특성, 업종, 업태, 객단가, 좌석 및 테이블 수, 영업일수 및 영업시간 등으로 구성된다. 다음 표를 작성하여 이러한 수치 중심의 컨셉을 완성할 수 있다.

업 체 명		China
특 징		입지창출형의 전문음식점
업 종		중국음식점
업 태		풀서비스 외식업체
테이블수		15
좌 석 수		60
좌석점유율	점심	75%
	저녁	50%
테이블 회전율	점심	2
	저녁	1.5
객단가	점심	10,000
	저녁	30,000
월 영업일수		25
월 점심매출추정액		₩ 22,500,000
월 저녁매출추정액		₩ 33,750,000
월 매출추정액		₩ 56,250,000

출처: 진양호 · 정소윤(2016), 외식재무관리, 지식인

가상의 업체 컨셉을 정하기 위해

(1) 입지 특성에 따른 분류

외식업체를 입지창출형(예: 전문음식점, 고급 레스토랑)과 유동인구중심형(예: 패스트푸드점, 프랜차이즈 음식점)으로 나눈다.

(2) 업종과 업태 선택

업종에 따라 원가 비율이나 재무 구조가 달라진다. 예를 들어, 자본집약적 업종은 고정비 비중이 상대적으로 높고, 노동집약적 업종은 변동비 비중이 더 높은 특징이 있

다. 이러한 특징들은 기업의 재무 구조 전반에 영향을 미치며, 손익분기점 매출이나 영업 레버리지와 같은 핵심 지표를 변화시킬 수 있다. 또한, 업태에 따라 인건비 계획에 영향을 줄 수 있다. 간단한 서비스를 제공하는 업태와 풀 서비스를 제공하는 업태는 인력 구성이 다르기 때문이다.

(3) 전문음식점의 경우

좌석 수, 테이블 수, 회전율, 객단가, 월 영업일수 등을 세부적으로 계획한다. 이러한 계획을 통해 월 매출 추정액을 계산하며, 이 계산된 매출액은 판매 계획의 근거로 활용된다.

(4) 일반음식점의 경우

통행인구 수, 내점율, 실구매율, 객단가, 월 영업일수 등을 계획하여 월 매출 추정액을 산출한다. 추정된 매출액은 판매 계획 수립의 기준으로 활용할 수 있다.

5) 컨셉에 따른 매출추정법

매출액을 추정하는 다양한 방법이 존재하지만, 본 교재에서는 수치 중심의 컨셉을 활용하여 다음과 같이 매출액을 추정한다. 입지 특성에 따라 특정 함수나 공식들을 사용하여 매출액을 추정할 수 있다.

첫 번째, 입지창출형 외식업체는 주로 고정고객이 자주 찾아오는 비율이 높은 업종을 의미하며, 전문음식점이 이에 해당한다. 이러한 외식업체의 월 매출액을 추정하기 위해 다음 두 가지 계산법을 사용할 수 있다.

매출액 = 고객수×객단가

입지창출형 업종 월 매출액 추정	= 좌석 수 X 좌석점유율 X 회전율 X 객단가 X 월 영업일수
유동인구중심형 업종 월 매출액 추정	= 통행인구 수 X 내점율 X 실구매율 X 객단가 X 월 영업일수

① 좌석 기반 계산법

월 매출액=좌석 수×좌석점유율×회전율×객단가×월 영업일수

- 좌석 수: 매장에서 운영 중인 좌석의 총수
- 좌석점유율: 특정 기간 동안 좌석이 사용된 비율
- 회전율: 하루에 좌석이 몇 번 사용되었는지를 나타내는 비율
- 객단가: 고객 1인당 평균 매출액
- 월 영업일수: 해당 월에 매장이 영업한 일수

② 테이블 기반 계산법

월 매출액=테이블 수×테이블 단가×회전율×월 영업일수

- 테이블 수: 매장에서 운영 중인 테이블의 총수
- 테이블 단가: 테이블 1개당 평균 매출액
- 회전율: 하루에 테이블이 몇 번 사용되었는지를 나타내는 비율
- 월 영업일수: 해당 월에 매장이 영업한 일수

예를 들어, 중식당의 경우

- 4인 테이블이 15개인 음식점의 총 좌석수: 60석 (=4×15)
- 4인 테이블에 동석하는 고객의 평균수가 점심 3인, 저녁 2인이라면 점심 좌석 점유율은 3/4=0.75(75%), 저녁 좌석점유율은 2/4=0.5(50%)이다.
- 점심시간에 15개 테이블이 2회전, 저녁시간에 15개 테이블이 1.5회전한다.
- 객단가는 점심시간에 10,000원, 저녁시간에 30,000원이다.
- 월 영업일수는 주 1회 휴무, 월 평균 25일 영업한다.

위 사례의 월 추정매출액은

- 월 점심 매출액 = 60(석)×0.75(좌석점유율)×2(테이블회전수)×10,000(객단가)×25(월평균 영업일수)=22,500,000원
- 월 저녁 매출액 = 60×0.5×1.5×30,000×25= 33,750,000원
- 월 매출액 합계 = 22,500,000+33,750,000 = 56,250,000원

두 번째, 유동인구중심형 업종이다. 유동인구중심형 업종이란 패스트푸드점, 프랜차이즈 가맹점과 같이 가시성과 접근성이 좋아 유동 고객이 찾아오는 비율이 높은 업종을 의미한다. 일반음식점, 베이커리, 커피전문점 등이 이에 해당한다.

유동인구중심형 업종의 월 매출액을 추정하기 위해 다음과 같은 계산법을 사용할 수 있다.

월 매출액=통행인구 수×내점율×실구매율×객단가×월 영업일수

- 통행인구 수: 매장 앞을 지나는 잠재 고객의 수
- 내점율: 통행인구 중 매장에 실제로 방문하는 고객의 비율
- 실구매율: 내점 고객 중 실제로 구매하는 고객의 비율
- 객단가: 고객 1인당 평균 구매 금액
- 월 영업일수: 해당 월에 매장이 영업한 일수

이렇게 산출된 월 추정 매출액은 판매 계획을 세우는 기본금액으로 활용할 수 있다.

목표고객 수 설정

- 객수 예측이란 궁극적으로 수요 또는 판매량을 예측하는 것을 의미한다. 객수 예측을 위해서는 보통 통계학이나 수학적 기법을 사용하는 객관적 접근 방식과, 경영에 실제로 종사하는 사람들의 경험과 지식에 바탕을 둔 주관적 접근 방식을 병행한다. 이러한 접근 방식을 통해 동원 가능한 투자금액에 따른 수익목표를 설정하고, 그 수익목표를 달성하기 위한 매출액 및 목표 고정고객 수를 역으로 계산할 수 있다.

- 예를 들어, 표에서 투자금액의 3%를 월 수익목표로 책정하고 있다. 업종에 따른 차이는 있지만, 일반적으로 중소형 점포사업에서는 월 수익률 목표를 투자금액의 3% 정도로 설정한다. 월 수익목표를 달성하기 위한 월 매출목표는 수익목표의 3.3배로 설정하는데, 이는 매출에 따른 이익률을 약 30%로 가정했기 때문이다. 물론 업종별 평균이익률을 고려하여 월 매출목표를 조정하는 것이 필요하다.

- 이렇게 산출한 월 매출목표를 영업 가능 일수로 나누면 일 매출목표를 구할 수 있다. 여기에 고객당 매출과 고객의 재방문 주기를 고려하여 (모든 매출이 고정고객에 의해 발생한다고 가정할 때) 필요한 목표 고정고객 수를 계산할 수 있다. 목표 고정고객 수를 계산하면, 고정고객을 확보하는 데 적합한 상권을 선정할 수 있을 뿐만 아니라, 매일 대면해야 하는 고객의 수와 그에 따른 준비사항을 구체적으로 예상할 수 있다.

◆ 투자금액에 따른 목표고객 수 계산법

항목	비고	일반식당	아이스크림 전문점	패밀리 레스토랑
투자금액		1억원	1.5억원	3억원
월 수익목표	투자금액의 약 3%	300만원	450만원	900만원
월 매출목표	월 수익목표의 3.3배	1,000만원	1,500만원	3,000만원
일 매출목표	월 매출목표÷월 영업일	330,000원	500,000원	1,000,000원
고객당 매출	객단가	5,000원	4,000원	10,000원
일 고객	일 매출목표÷객단가	66명	125명	100명
재방문 주기		3일	7일	30일
목표 고정고객	일 고객×재방문주기	198명	875명	3,000명

출처: 심재후(2009), 친절한 창업교과서, 한스앤리, p.104 참조하여 재구성

매출 향상 전략 수립

1 매출 향상 전략 수립

매출액 증가가 어려운 상황에서 이익을 높이기 위해 손실을 최소화하고 관리하는 방법을 통해 외식업체의 이익을 증가시킬 수 있다. 이를 위해 체계적인 매출 향상 전략이 필요하다.

1) 매출 향상 전략 도출 방법

매출 향상 전략을 도출하기 위해서는 손익구조 파악, 목표매출 설정, 경쟁사 분석, 개선 사항 도출, 경영 진단의 단계를 거쳐야 한다.

(1) 손익구조 파악

외식업체의 영업을 위해 지출되는 재료비, 인건비, 경비 등의 비용을 분석하고, 실제로 어떻게 지출되고 있는지 파악한다. 이를 통해 얻을 수 있는 이익의 규모를 파악하여 효율적인 경영 전략을 세울 수 있다.

(2) 목표매출 설정

투자 금액, 점포의 규모, 좌석 수, 회전율, 업종 등을 고려하여 판매 분석 결과를 바탕으로 현실적인 목표매출을 설정한다. 이 목표매출은 경영계획의 핵심 기준이 된다.

(3) 경쟁사 분석

경쟁사는 비슷한 업종, 규모, 목적을 가진 업체로 정의할 수 있다. 오늘날 외식산업의 경쟁 환경은 시공간을 초월하여 이루어지고 있으므로, 같은 상권에 위치하거나 유사한 메뉴를 취급하는 업체들은 모두 경쟁사로 볼 수 있다. 소상공인시장진흥공단 상권분석시스템, (사)한국외식업중앙회 한국외식산업연구원의 외식스퀘어(www.kfiri.org) 등 다양한 정보 제공 사이트를 활용하여 경쟁사를 분석할 수 있다.

(4) 개선 사항 도출

외식업체 매출을 향상시키기 위한 몇 가지 개선 사항을 고려해 볼 수 있다.

(가) 메뉴 다양성 증가: 고객들에게 더 많은 선택을 제공하기 위해 다양한 메뉴를 추가
하거나, 계절에 맞는 특별 메뉴 또는 한정 메뉴를 도입한다.

(나) 분위기 및 서비스 개선: 고객이 식사를 더욱 즐겁고 기억에 남게 할 수 있도록 음
식 제공 방식과 서비스를 개선한다.

(다) 온라인 마케팅 강화: 소셜 미디어와 음식 배달 앱을 통해 음식 사진이나 할인 행
사 등을 공유하여 더 많은 사람들에게 매장을 알린다.

(라) 프로모션 다양화: 특정 기간이나 이벤트에 맞춰 프로모션과 할인을 제공하여 고
객 방문을 유도하고, 충성 고객을 위한 멤버십 프로그램을 강화한다.

이러한 개선 사항들을 종합적으로 고려하여 매출을 향상시킬 수 있다. 하지만 어떤 전
략이 가장 효과적일지는 매장 특성과 경영 상황에 따라 다를 수 있으므로 다양한 고려
가 필요하다.

(5) 경영 진단

외식업체의 경영 진단을 위해 다음과 같은 재무 상태를 분석한다.

(가) 재무제표 분석: 매출액, 순이익, 영업이익 등 재무제표를 통해 외식업체의 재무
상태를 파악한다.

(나) 원가율 및 비용 구조 분석: 매출액 대비 원가율과 비용 구조를 분석하여 비용 절
감 및 수익 증대 방안을 모색한다.

(다) 현금흐름 분석: 현금흐름표를 통해 외식업체의 현금흐름을 파악하고, 자금 조달
및 운용에 대한 계획을 수립한다.

(6) 매출 향상 전략 도출

매출 향상 전략은 다양한 측면에서 고려되어야 한다. 고객 만족도를 높여 재방문 및
재구매를 유도하고, 이를 통해 매출을 향상시키는 것이 중요하다. 다음과 같은 전략들
을 도출하고 실행함으로써 외식업체의 매출을 효과적으로 향상시킬 수 있다.

외 식 운 영 관 리 사

(가) 메뉴 개선: 고객의 취향에 맞는 메뉴를 개발하고, 메뉴의 질을 지속적으로 개선한다.

(나) 고객 경험 개선: 고객이 매장에서 즐거운 경험을 할 수 있도록 서비스 수준을 높이고, 고객 만족도를 강화한다.

(다) 마케팅 및 홍보 활동 강화: 다양한 채널을 통해 매장을 홍보하고, 효과적인 마케팅 전략을 실행한다.

(라) 재고관리 최적화: 낭비를 최소화하고 비용을 절감하기 위해 효율적인 재고관리 시스템을 구축한다.

(마) 운영 효율성 증대: 인력 배치의 효율성을 높이고, 비대면 서비스 도입을 통해 서비스 속도를 향상시키며 고객 대기 시간을 줄인다.

◆ 상권분석시스템

상권정보시스템	홈페이지	제공정보
(사)한국외식업중앙회 한국외식산업연구원 외식스퀘어 www.kfiri.org		– 업종적합도 지수 – 밀집도 – 성장성 – 매출규모 – 점포 수 – 매출비중 – 고객비중
소상공인시장진흥공단 상권정보시스템 https://sg.sbiz.or.kr/ godo/index.sg		– 창업자가진단 – 상권 분석 – 시장 분석 – 상권 현황 – 정책통계
서울시 상권분석서비스 https://golmok.seoul. go.kr/stateArea.do		– 뜨는 상권(주요상권 분석) – 나는 사장(내 가게 주변) – 나도 곧 사장 (예비사장님 위한 창업 분석) – 지역 · 상권별 현황 – 자가진단
나이스비즈맵 https://m.nicebizmap. co.kr/analysis/ analysisFree		– 상권분석보고서 – 유동인구 – 밀집도 – 뜨는 업종 – 영상콘텐츠

마이프차 https://myfranchise. kr/map		– 업종 추천 – 상가매물 찾기 – 프랜차이즈 브랜드 별 월 매출/예상수 익/창업비용
캐시노트 https://map.cashnote. kr/		– 카드사 데이터 기반 – 동일업종 비교 분석 – 예상매출액 도출

2) 상황별 매출액 향상전략

(1) 자신의 매장 유형 파악

외식업은 흔히 "입지 산업"이라고 불린다. 매장의 입지에 따라 방문 고객 수와 매출액
이 크게 좌우된다. 자신의 매장이 어떤 유형인지 파악하기 위해서는 요일별과 시간대
별로 방문 고객 수를 분석하는 것이 우선되어야 하며, 이러한 분석은 매장의 입지 유
형에 큰 영향을 받는다.

(2) 요일별 방문 고객 수 파악

(가) 비교대상 선정

자신의 입지 유형이 파악되었다면, 유사한 입지와 유사한 업종을 가진 매장과 요
일별 방문 고객 수를 비교해야 한다. 이를 위해 자신의 매장과 유사한 상권에 있
는 매장을 선정하여 비교를 진행한다.

(나) 비교요일 선정

비교할 매장이 선정되었다면, 요일별로 비교할 기준을 정한다. 요일 기준을 설정하는 방법은 다음과 같다.

- 전주의 같은 요일과 비교하기
- 전달의 같은 요일과 비교하기
- 전년도 같은 달, 같은 요일과 비교하기

(다) 경쟁사와 비교

앞서 분석한 자신의 매장 요일별 방문 고객 수를 선정된 비교 대상 매장과 비교한다. 이때, 비교 시점에 특정 상권 프로모션이나 광고가 있었는지 등의 일시적 상황 변수를 고려해야 한다.

(3) 시간대별 방문 고객 수를 파악한다.

식당의 매출을 향상시키기 위해서는 시간대별 고객 특성과 방문 고객 수를 파악하여 적절한 전략을 수립해야 한다. 각 시간대에 방문하는 다양한 고객 그룹의 특성을 파악하고, 이에 맞춘 서비스를 제공하는 것이 중요하다.

(가) 조식 시간대(아침):

- 주요 고객: 출근하는 직장인, 학생, 관광객 등
- 고객 특성: 빠르고 간편한 식사를 선호하며, 커피나 빵류에 관심이 많다.
- 유의점: 평일과 주말에 따라 고객 수 차이가 발생할 수 있다.

(나) 점심 시간대:

- 주요 고객: 직장인, 학생, 업무 관련 모임 고객 등
- 고객 특성: 신속한 서비스와 저렴한 가격을 중시하며, 영양가 있는 식사를 선호한다.
- 유의점: 회사 근처나 학교 주변에서 평일에 고객 수가 많을 수 있다.

(다) 오후 시간대 (브런치 및 다과 시간):

- 주요 고객: 친구나 가족과 여유로운 시간을 즐기려는 고객
- 고객 특성: 차, 디저트, 가벼운 스낵을 선호하며, 여유로운 분위기를 선호한다.
- 유의점: 주말 오후에 방문하는 고객 수가 증가할 가능성이 크다.

(라) 저녁 시간대:

- 주요 고객: 가족, 연인, 친구 등

　　　－ 고객 특성: 여유로운 분위기와 높은 퀄리티의 음식을 선호한다.
　　　－ 유의점: 저녁 식사 시간을 맞추어 방문하는 고객이 많다.

　　시간대별 고객 특성과 방문 고객 수를 파악하기 위해 매출 데이터를 분석하고, 고객의 행동을 관찰하거나 설문조사를 통해 고객 선호도를 파악할 수 있다. 이를 바탕으로 맞춤형 메뉴나 이벤트를 기획하여 고객을 유치하고 매출을 증대시킬 수 있다.

(4) 요일 및 시간 분석에 따른 매출액 향상 전략을 수립한다.

　　앞서 요일별 및 시간대별 매출액 분석을 시행했다면, 이를 바탕으로 각 상황에 맞는 매출액 상승 전략을 수립해야 한다. 외식업체 매장의 경우 피크타임과 논피크타임으로 시간별 매출액을 구분하여, 각각에 맞는 전략을 수립하는 것이 효과적이다.

(5) 손실 관리로 이익 증대

　(가) 손실은 이익을 감소시키는 최대 요인

　　　손실이 발생하지 않으면 매입 시점에서 예상한 이익을 실현할 수 있다.

　(나) 손실의 종류

　　① 가격 하락 손실

　　　매입 시점에서 예정한 매가를 에누리 등으로 인하여 가격을 인하할 때 발생하는 손실이다. 정기 발주 시 다음의 공식을 활용하여 발주량을 계산할 수 있다
　　　발주량 = (발주 사이클 + 조달 기간) × 1일당 평균 판매 수량 + 최저 재고량 － 현재 재고량

　　② 상품 폐기 손실

　　　유효 기간이 지난 상품이나, 판촉을 해도 팔리지 않는 상품을 '폐기' 처분할 때 발생하는 손실이다.

　　③ 재고 조사 손실

　　　장부상의 재고와 실제 재고를 조사했을 때 발생하는 차액이다. 재고 조사 손실을 계산하는 공식은 다음과 같다
　　　재고 조사 손실 =장부상의 재고액 － 실제의 재고액

　　④ 품절 손실

　　　고객이 원하는 상품이 매장에 없을 때 발생하는 손실이다.

02

원가관리하기

◆ 정확한 원가 계정 항목을 파악할 수 있다.

◆ 메뉴별 정확한 원가를 산정할 수 있다.

2.1 원가관리의 중요성

1 원가관리의 중요성

원가(cost)란 어떤 재화나 서비스를 획득하기 위해 소비된 자원을 화폐 가치로 표현한 금액을 말한다. 원가 관리는 이러한 원가 자료를 집계하고 배분하며 분석하여 경영 계획을 수립하고 통제하는 데 필수적인 역할을 한다. 또한, 특수한 의사결정에 필요한 정보를 제공하여 외식업체의 수익성을 높이는 데 기여한다.

1) 원가란

원가는 재화나 서비스를 획득하기 위해 소비된 자원을 화폐로 표현한 금액이다. 원가는 소멸원가와 미소멸원가로 구분된다.
- 소멸원가: 경제적 효익 발생이 완료되어 더 이상 발생하지 않는 원가를 말한다. 예를 들어, 상품이 판매되어 수익이 창출된 경우에는 비용으로 처리되며, 수익 창출에 기여하지 못한 경우에는 손실(로스)로 처리된다.
- 미소멸원가: 미래에 경제적 효익을 창출할 것으로 기대되는 원가를 의미하며, 자산, 재고자산, 재공품 등이 여기에 해당한다. 예를 들어, 아직 판매되지 않은 재고나 진행 중인 생산품이 미소멸원가에 포함된다.

2) 원가 계산의 필요성

외식업체의 수익성을 높이기 위해 가장 먼저 접근해야 할 분야는 원가 분석과 절감이다. 원가는 재료비, 인건비, 제조경비의 세 가지 요소로 구성된다.

- 재료비: 음식 생산에 사용된 원재료의 금액이다.
- 인건비: 생산과 관련된 인력의 인건비를 의미한다.
- 제조경비: 재료비와 인건비 이외에 생산과 관련된 경비를 말하며, 매장의 수도광열비, 설비의 감가상각비, 외주 가공비 등이 이에 해당한다.

원가 계산이 필요한 이유는 다음과 같다.

(1) 원가를 알아야 관리할 수 있다.

외식업체에서 발생하는 원가에는 비능률적이거나 낭비적인 요소가 포함될 수 있다. 원가 계산을 통해 이러한 요소를 파악하고 제거함으로써 원가 절감 또는 원가 효율성을 향상시킬 수 있다. 원가를 통제하고 관리하는 것은 비용 절감의 핵심이다.

(2) 원가를 정확히 계산해야 올바른 가격을 정할 수 있다.

메뉴 가격은 경쟁사의 가격, 소비자의 기대 가격 등 다양한 요인에 의해 결정되지만, 외식업체에서 메뉴를 생산하는 데 드는 원가도 중요한 결정 요소이다. 정확한 원가 계산은 적정 가격을 설정하고, 수익성을 확보하는 데 필수적이다.

(3) 원가를 알면 구체적인 메뉴 관리를 할 수 있다.

메뉴별로 원가 계산을 하면 외식업체에 기여도가 높은 메뉴와 그렇지 않은 메뉴를 구분할 수 있다. 이를 통해 기여도가 높은 메뉴에 집중하고, 기여도가 낮은 메뉴는 개선하거나 제외하는 등 구체적인 메뉴 관리를 할 수 있다.

◆ **원가계산의 필요성**

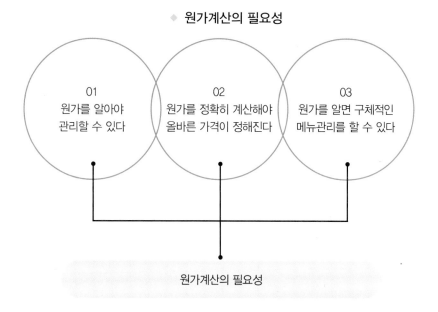

원가계산의 필요성

원가 절감은 이익을 극대화하기 위한 중요한 방법이다.

외식업체에서 매출원가가 증가하면 매출총이익이 감소하는 경우가 발생할 수 있다. 매출 원가는 재료비, 인건비, 경비로 구성되기 때문에, 어떤 원가 항목이 매출원가를 증가시키고 있는지 그 원인을 분석하는 것이 원가 절감의 출발점이다.

3) 원가절감의 효과

원가 절감의 효과는 다음 사례를 통해 명확히 알 수 있다. 예를 들어, 어떤 외식업체의 원가율이 80%라고 가정했을 때, 이 외식업체가 이익을 40% 증가시키고자 한다면 두 가지 방법이 있을 수 있다. 첫 번째는 매출 증대이고, 두 번째는 원가 절감이다.

(1) 매출 증대를 통한 이익 증가

매출 증대를 통해 이익을 지금보다 40% 증가시키려면, 매출액이 1,000만원에서 1,400만원으로 증가해야 한다. 이 경우, 원가는 1,120만원(매출액의 80%)이 되고, 이를 차감한 매출총이익은 280만원이 된다. 이는 매출액이 40% 증가했을 때 이익이 40% 증가하는 효과를 가져올 수 있다.

(2) 원가 절감을 통한 이익 증가

매출 증가가 어려운 경영 환경 속에서는, 이익을 증가시키기 위해 원가를 절감하는 방법이 있을 수 있다. 동일한 매출액 1,000만원을 유지하면서 원가를 10% 절감하여 720만원으로 줄이면, 매출총이익은 280만원으로 증가하게 된다. 즉, 원가를 10% 줄이는 것은 매출을 40% 증가시키는 것과 동일한 효과를 가져올 수 있다.

특히, 외식업체의 원가율이 높을수록 원가 절감이 이익에 미치는 영향은 더욱 커질 수 있다. 원가율이 80%인 경우, 원가를 10% 줄이는 것은 이익을 40% 증가시키는 것과 같은 효과를 발휘할 수 있다.

	현재 (원가율 80%)	매출증가 (원가율 동일, 매출증가율 40%)	원가절감 (10%)
매출액	1,000만원	1,400만원	1,000만원
매출원가	800만원	1,120만원	720만원
매출총이익 (매출−매출원가)	200만원	280만원	280만원
매출이익 증가율	−	40%	40%

4) 내부 관리 목적의 원가 계산

내부 관리 목적의 원가 계산은 조직 내부에서 경영 및 의사 결정을 지원하기 위해 사용되는 원가 계산 방법을 말한다. 이러한 원가 계산은 외부 보고나 재무 보고를 위한 원가 계산과는 다소 차이가 있으며, 주로 다음과 같은 목적으로 사용된다.

(1) 제품 또는 서비스 가격 책정

내부관리 목적의 원가 계산을 통해 제품이나 서비스의 원가를 정확히 파악하여 적절한 가격을 책정할 수 있다. 이를 통해 수익을 극대화하고 경쟁력을 유지할 수 있다. 예를 들어, 메뉴의 원가를 분석해 합리적인 가격을 설정하면 고객 만족도와 함께 수익성도 높일 수 있다.

(2) 비용관리 및 효율화

원가 계산을 통해 각 비용 요소를 추적하고 분석함으로써 비용을 효과적으로 관리하고 절감할 수 있는 기회를 찾을 수 있다. 불필요한 경비를 줄이고 생산성을 향상시키는 데 도움이 된다. 예를 들어, 재료비나 인건비의 비효율적인 사용을 줄여 이익률을 높일 수 있다.

(3) 메뉴 엔지니어링

메뉴의 원가를 파악하여 수익성이 높은 제품이나 서비스를 식별할 수 있다. 이를 통해 수익성과 선호도를 기준으로 최적의 메뉴관리를 할 수 있으며, 수익성이 낮은 메뉴를 조정하거나 폐기하는 결정을 내릴 수 있다. 예를 들어, 판매량이 높지만 이익이 낮은 메뉴를 개선하거나, 이익이 높은 메뉴를 더욱 강화하는 전략을 세울 수 있다.

5) 원가의 적정선 찾기

재료비와 인건비는 외식업체의 2대 원가, 즉 프라임 코스트(Prime Cost)라고 불리며 모든 비용 중에서도 가장 중요하게 관리해야 할 항목이다. 이 두 가지 원가율이 지나치게 높아지면 이익을 창출하기 어렵다. 하지만 이익 창출을 위해 원가율을 너무 낮게 유지하면, 고객들의 지지를 얻는 외식업체를 만들기 어려울 수 있다. 예를 들어, 재료비가 지나치게 낮으면 품질이 떨어질 가능성이 있고, 인건비를 낮게 책정하면 직원 수 부족이나 서비스 질 저하로 이어질 수 있다.

외식업계 보고서나 조사 자료에 의하면 일반적으로 외식업체의 평균 재료비율은 30~35% 내외가 적당하다고 한다. 물론, 외식업의 원재료비율에 정석은 없다. 업종이나 업태에 따라 원재료비율은 30%에서 50% 이상까지 차지할 수 있다. 최근에는 원재료비와 인건비 외에 제경비 등 기타 지출이 크게 늘어나면서, 외식업계에서는 프라임 코스트를 60% 선에 맞추기 위해 노력하고 있다.

표준 원가율로는 재료비 비율이 35%, 인건비 비율이 25%로 제시된다. 하지만 모든 업종과 업태가 이 표준 원가율을 따라야 하는 것은 아니다. 두 가지 원가율의 합계가 매출 대비 60%를 유지할 때 수익성을 높이기가 용이하다고 한다. 고객을 적절한 가격대의 메뉴와 서비스로 만족시키기 위해서는 외식업체의 업종·업태에 따라 재료비율과 인건비율의 균형을 맞추는 것이 중요하다.

2.2 원가구성과 분류

외식업 경영자의 의사결정을 지원하기 위해 가장 적합한 원가 정보를 제공하려면, 의사결정 목적에 따라 원가 분류 기준을 명확히 해야 한다. 원가는 원가의 형태에 따라, 제품과의 관련성에 따라, 원가 발생 행태에 따라 분류할 수 있다.

◆ 원가구성과 분류

1 원가 형태에 따른 분류

1) 재료비

재료비는 메뉴를 만들기 위해 소비된 주재료, 부재료, 양념비 등을 포함한다. 재료비는 원가 계산 기간 중에 사용된 재료의 수량에 재료의 구입단가를 곱해 계산한다. 재료를 여러 차례에 걸쳐 구입하게 되면, 구입 시점마다 단가가 다를 수 있어 어떤 단가를 적용해야 할지 결정하는 것이 중요하다. 이러한 경우, 원가의 흐름에 대한 가정에 따라 다음 방법 중 하나를 선택해 계산할 수 있다.

[재료비 = 재료소비수량 × 구입단가]

(1) 계속기록법

재료의 사용 수량을 파악하기 위해 재료를 구입해 입고할 때와 주방으로 출고할 때마다 이를 기록한다. 식재료의 종류별로 각각 기록하여 언제든지 구입 수량, 사용 수량, 재고 수량을 파악할 수 있다.

(2) 선입선출법

먼저 입고된 재료부터 순서대로 사용된다는 원칙을 적용한다. 전기에 이월된 재료가 우선 사용되며, 이후 당기에 구입된 재료가 순서대로 사용된다고 가정한다. 남아 있는 재료의 재고 수량에는 가장 최근에 구입한 단가를 적용한다.

(3) 총평균법

전기에 이월된 재고와 당기 중에 새로 구입한 재료의 평균 구입 단가를 계산해 적용하는 방법이다. 재료 구입 단가의 변동이 심할 경우, 가격 변동의 영향을 제품 원가에 덜 미치도록 할 수 있다. 그러나 원가 계산 기말이 되기 전까지는 총평균 단가를 알 수 없기 때문에 원가 계산에 제약이 있을 수 있다.

2) 인건비

인건비는 음식을 준비하고 서비스를 제공하는 데 필요한 노동 비용을 말한다. 주방 스태프와 서빙 직원 등의 임금과 급여가 여기에 포함된다. 원가가 발생하는 목적에 따라 노무비와 인건비로 구분할 수 있다.

(1) 노무비

제품을 생산하거나 용역을 수행하는 인력에 대한 급여, 수당, 상여금, 퇴직급여 등을 포함한다. 이는 매출을 발생시키기 위한 인력 비용으로, 매출과 직결되는 목적성이 있는 원가이다.

(2) 인건비

인건비는 노무비보다 포괄적인 개념으로, 생산이나 용역 수행과 관련 없는 임원, 관리부서, 영업사원의 급여와 복리후생비 등 외식업체 전체 인력의 노동 대가를 포함한다. 외식업체에서는 인건비를 계산할 때 복리후생비를 경비 항목으로 분리하여 계산하는 경우가 많다. 결과적으로 노무비는 매출원가에 포함되는 비용이고, 노무비를 제외한 나머지 인건비는 판매관리비에 해당한다. 외식업체에서는 일반적으로 노무비라는 용어보다는 인건비라는 용어를 사용한다.

3) 경비

경비는 제품 제조와 관련해 발생한 비용 중 재료비와 인건비를 제외한 나머지를 총칭한다. 예를 들어, 조리 설비에 대한 감가상각비, 전기료, 식당 건물 임차료, 가스 수도비 등이 경비에 해당한다. 특히 1년에 한두 번씩 지출되거나 계산되는 경비(보험료, 세금과 공과금, 감가상각비 등)는 매월 그 금액을 나누어 원가에 산입해야 한다. 또한, 경비 중 판매비와 관리비에 해당하는 금액은 이를 분리하여 제조원가에서 제외해야 한다.

4) 판매관리비

외식업의 경우도 제조업의 성격을 띠고 있기 때문에, 주방에서 발생하는 식재료비, 주방 인건비, 주방 설비 감가상각비, 전기 수도 가스 요금 등은 음식의 제조원가로 본다. 이에 비해 손님이 식사를 하는 홀에서 발생하는 서빙 직원 인건비, 비품의 감가상각비, 전기 수도 요금은 판매관리비로 분류된다. 이는 외식업체에서 제품의 제조와 직접 관련 없는 비용, 즉 비제조원가로서 판매비와 일반관리비로 나뉜다.

(1) 판매비(selling costs):상품의 판매를 위한 비용으로, 외식업체의 전반적인 영업 활동에서 발생하는 비용을 포함한다. 직원의 급여와 판매 수수료, 운송비, 포장 운반비, 광고 선전비 등이 이에 해당한다.

(2) 일반관리비(administrative costs): 상품을 생산, 제조, 판매하는 부문의 비용이 아니라, 총무, 인사, 기획, 회계, 새무 등과 같은 관리 부문에서 발생하는 비용이다. 임원, 사무원의 급료와 수당, 감가상각비, 지대, 집세, 수선비, 사무용 소모품비, 통신비, 교통비, 보험료, 교제비 등이 일반관리비에 포함된다.

판매관리비와 제조경비의 구분

'판매관리비'와 '제조경비' 계정과목은 재무제표를 작성하는 데 있어 혼동을 일으킬 수 있다. 외식업체마다 같은 항목이라도 다르게 구분될 수 있으며, 이는 각 외식업체의 회계기준에 따라 달라진다.

즉, 판매관리비와 제조경비의 항목은 동일할 수 있다. 이 두 가지 원가 항목을 구분하는 기준은 "어떠한 용도나 목적으로 쓰이는가"에 따라 결정된다. 같은 비용이라도 판매관리비로 처리하면 판매관리비가 되고, 제조경비로 처리하면 제조원가가 되는 것이다.

예를 들어, 홀에서 근무하는 사원의 건강보험료는 판매관리비로 처리되고, 주방에서 근무하는 사원의 건강보험료는 제조원가로 처리될 수 있다. 또한, 홀과 주방이 한 공간에 있는 일반 외식업체의 경우, 전기세를 각 부서로 나누어 배분하는 기준을 만들어 판매관리비와 제조원가로 분리하여 회계처리를 할 수 있다.

그러나 재무관리를 위해 지나치게 복잡한 기준과 과정을 도입하면, 오히려 일상적인 업무에 비효율적인 영향을 줄 가능성이 크다. 따라서 외식업체는 다음과 같은 두 가지 접근법 중 하나를 선택할 필요가 있다:

– 부서 기준으로 구분:
  홀(영업부)과 주방(생산부)으로 나누어 관리하는 방법이다. 이 방법은 물리적 공간과 인력을 기준으로 비용을 구분하기 때문에 명확하고 관리가 용이하다. 예를 들어, 홀에서 발생하는 모든 비용을 판매관리비로, 주방에서 발생하는 모든 비용을 제조원가로 처리하는 방식이다.

– 용도와 쓰임 기준으로 구분:
  비용이 실제로 사용된 용도와 목적에 따라 제조원가나 판매관리비로 구분하는 방법이다. 이 방법은 외식업체의 특정 운영 상황이나 전략에 맞게 비용을 더 세분화하여 관리할 수 있다. 예를 들어, 특정 장비의 감가상각비가 주방에서 사용되면 제조원가로, 사무실에서 사용되면 판매관리비로 처리하는 방식이다.

2 제품과의 관련성에 따른 분류

제품과의 관련성에 따라 원가는 직접원가와 간접원가로 분류할 수 있다.

1) 직접원가

직접원가 또는 직접비는 제품과의 관련성이 직접적이고 명확한 원가를 의미한다. 여기서 "직접적"이라는 것은 원가를 제품별로 추적하여 정확하게 부과할 수 있으며, 원가와 제품 사이에 개별적 인과관계가 명확한 경우를 뜻한다. 예를 들어, 메뉴 조리에 사용되는 식재료비는 직접원가에 해당한다. 이는 특정 메뉴를 만들기 위해 필요한 원재료의 비용을 직접적으로 추적하고 계산할 수 있기 때문이다.

2) 간접원가

간접원가 또는 간접비는 원가와 제품 간의 인과관계가 불분명하거나, 여러 제품에 공통적으로 발생하는 원가를 말한다. 제품별로 금액을 정확히 추적하여 부과하기 어려운 항목들이 간접원가에 해당한다. 예를 들어, 주방에서 사용되는 전기료, 조리 기구의 감가상각비, 또는 양념이나 부재료 등의 비용이 간접원가로 분류될 수 있다.

간접원가는 제조간접비로 분류되어 일정한 기준에 따라 각 제품별로 배부되어야 한다. 이러한 배부 과정을 통해 제품 원가를 산정할 수 있다. 예를 들어, 주방에서 여러 메뉴를 조리하는 동안 사용된 전기료는 특정 메뉴 하나에만 적용되는 것이 아니라 모든 메뉴에 공통적으로 적용되므로, 이를 여러 제품에 배부하여 원가를 산정하게 된다.

또한, 특정 제품에 실질적으로 추적할 수 있는 원가라 하더라도, 그 원가를 추적하는 데 드는 비용이 효익보다 크지 않은 경우에는 간접원가로 처리하는 것이 일반적이다. 예를 들어, 음식 조리에 사용되는 소량의 양념이나 부재료는 그 금액이 미미하고, 각 제품 단위까지 추적하여 원가 계산을 하더라도 큰 효익이 없는 경우가 있다. 이 경우, 이러한 원가는 간접원가로 처리하는 것이 더 바람직할 수 있다.

3 원가발생 행태에 따른 분류

원가발생 행태는 일정 기간 동안 생산 설비를 얼마나 많이 사용했는지, 즉 조업도에 따라 원가가 어떻게 변화하는지를 나타낸다. 원가는 변동원가와 고정원가로 구분할 수 있다.

◆ 원가발생 행태에 따른 분류

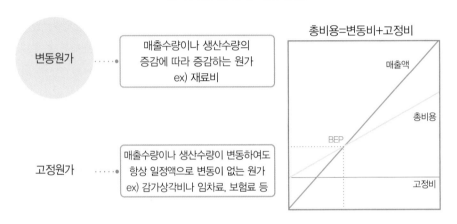

1) 변동원가

변동원가란 매출 수량이나 생산 수량의 증감에 따라 함께 증감하는 원가를 말한다. 예를 들어, 직접재료비나 직접인건비는 생산이 늘어남에 따라 자연스럽게 증가하기 때문에 변동원가에 해당한다. 변동원가는 생산량이 많아질수록 비용이 늘어나고, 생산량이 줄어들면 비용도 줄어드는 특성을 가진다. 외식업체에서는 판매량이 증가할수록 식재료비와 같이 메뉴 생산에 직접적으로 사용되는 비용이 증가하는 것을 예로 들 수 있다.

2) 고정원가

고정원가란 매출 수량이나 생산 수량이 변동하더라도 항상 일정하게 유지되는 원가를 말한다. 다시 말해, 생산량의 변동과는 무관하게 일정액으로 발생하는 원가이다. 예를 들어, 감가상각비, 임차료, 보험료 등이 고정원가에 해당한다. 이러한 비용은 외식업체에서 매월 또는 매년 정해진 금액으로 발생하며, 생산량의 증감에 영향을 받지 않는다. 예를 들어, 매장에서 임차한 건물의 임대료는 매출과 관계없이 매달 일정하게 지불되는 비용이다.

03

손익계산서

3.1 손익계산서 개념 및 기본구조

▮ 손익계산서 개념 및 기본구조

한 달간의 매출, 매입, 그리고 판매관리비를 파악하여 그 달의 영업 상태를 점검하고, 다음 달을 준비하기 위해 기업에서는 매월 손익계산서를 작성한다. 그러나 많은 소규모 외식업 자영업자들은 손익계산서를 작성하지 않는다. 그 이유로 흔히 "업장 규모가 작아 필요 없다"는 말을 한다. 하지만 이로 인해 매달 어떤 항목에서 얼마나 지출되는지, 고정비가 얼마인지, 그리고 실제 수익이 발생하고 있는지를 제대로 파악하지 못하게 된다. 사업의 규모와 관계없이 사업자등록증을 가지고 영업을 한다면, 매장 수익을 효율적으로 관리하기 위해 반드시 손익계산서를 작성해야 한다.

1) 손익계산서의 개념

손익계산서(profit and loss statement, income statement)는 특정 회계 기간 동안 발생한 모든 비용과 수익을 기록하여, 그 기간의 경영 성과를 보여주는 재무제표이다. 매장의 경영 성과는 "이익(profit)"으로 표현되며, 이는 "수익(revenues)"에서 "비용(expense)"을 차감하여 계산된다. 수익은 영업 활동을 통해 기업에 유입된 자산을 의미하며, 비용은 수익을 얻기 위해 사용된 자산을 의미한다.

2) 손익계산서 기본구조

손익계산서는 외식업체의 성과를 이익으로 나타내는 일종의 '경영 성적표' 또는 '경영 성과 보고서'이다. 손익계산서는 수익, 비용, 이익(이익 = 수익 − 비용)으로 구성된다. 이 재무제표는 위에서 아래로 순차적으로 읽으며, 각 단계에서 특정 지출 비용을 차감하는 구조이다.

손익계산서는 특정 기간 동안의 외식업체의 경영 성과를 나타내며, 이 기간은 보통 1년을 기준으로 한다. 이 기간은 사업연도와 결산의 편의를 위해 설정된다.

◆ **수익, 비용, 이익**

수익 − 비용 = 이익

0000년 1월 1일부터 0000년 12월 31일까지

차변	대변
비용	수익
이익	

이렇게 쓰고 남았습니다   이만큼 벌어서

◆ **손익계산서**

20XX.1.1~20XX.12.31

과목	금액(백만원)
(+)매출액	9,564
(−)매출원가	(7,310)
(=)매출총이익	2,254
판매비와 관리비	1,318
영업이익	936
영업외수익	182
영업외비용	(542)
법인세차감전순이익	576
법인세비용	(144)
당기순이익	432
주당이익	4,320원

*주식수: 100,000주
*주당이익: 당기순이익÷
발행주식수

3) 손익계산서 구성

(1) 수익

수익(Revenues)은 외식업체가 주된 영업 활동을 통해 일정 기간 동안 벌어들인 자본의 증가액을 의미한다.

(가) 영업수익(매출액)

영업수익은 외식업체의 주된 영업 활동에서 발생한 수익으로, 매출액을 의미한다. 매출액에는 고객에게 판매한 재화와 제공한 서비스에서 발생한 모든 수익이 포함된다. 외식업체의 주요 수익 창출 활동에서 발생한 모든 수익이 매출액에 포함된다.

(나) 영업외수익

영업외수익은 외식업체의 주된 영업 활동과는 무관하게 발생한 수익이다. 주로 금융상품, 유가증권, 부동산 등의 보유와 운용 과정에서 발생하는 수익을 말한다.

(2) 비용

비용은 수익을 얻기 위해 소비된 재화나 용역을 의미하며, 손실은 수익을 얻지 못한 가치의 상실을 의미한다.

(가) 영업비용

영업비용의 주요 항목은 매출원가이다. 매출원가는 고객에게 제공된 재화나 용역의 원가로, 판매된 부분의 원가를 의미한다. 매출원가는 재고자산과 밀접하게 연결되어 있으며, 판매된 재화와 창고에 남아 있는 재화를 비교하여 재고 부담 수준을 결정해야 한다.

◆ 판매에 따른 재무항목의 변화

자산	➡		➡	자본
원가	➡	판매	➡	비용
제조원가	➡		➡	매출원가

(나) 영업외비용

영업외비용(Non-operating Expense)은 영업 활동 이외의 투자 활동이나 재무 활동에서 발생하는 비용이다. 여기에는 지급이자, 외환차손, 외화환산손실, 기부금, 투자자산 처분 손실, 유형자산 처분 손실, 재해 손실 등이 포함된다.

(3) 이익

손익계산서에 표시되는 이익은 매출총이익, 영업이익, 법인세비용차감전순이익, 당기순이익, 네 가지로 나뉜다. 매출액에서 매출원가를 차감한 금액은 매출총이익이며, 매출총이익에서 판매비와 관리비를 빼면 영업이익이 산출된다. 영업이익에 영업외수익을 더하고 영업외비용을 차감한 금액은 법인세비용차감전순이익이 된다. 마지막으로, 법인세비용차감전순이익에서 법인세를 차감하면 당기순이익이 계산된다. 수익과 비용의 차이로 계산된 이익이 흑자(+)일 경우 이를 이익이라 하며, 적자(−)일 경우 손실이라 한다.

◆ 이익

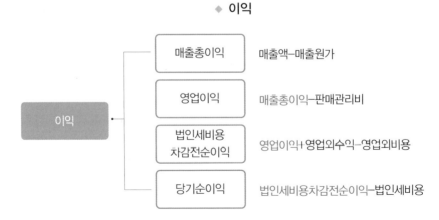

이익	매출총이익	매출액−매출원가
	영업이익	매출총이익−판매관리비
	법인세비용차감전순이익	영업이익+영업외수익−영업외비용
	당기순이익	법인세비용차감전순이익−법인세비용

(가) 매출총이익

매출총이익은 제품 판매에서 발생한 이익을 의미한다.

$$[매출총이익 = 매출 - 매출원가]$$

(나) 영업이익

영업이익은 매출총이익에서 판매비와 관리비를 차감한 금액으로, 외식업체의 영업 활동에서 발생한 이익을 나타낸다.

$$[영업이익= 매출총이익 - 판매관리비]$$

(다) 법인세비용차감전순이익

영업이익에 영업활동과는 전혀 관계없이 발생한 영업외수익을 더하고 영업외비용을 빼면 법인세비용차감전순이익이 계산된다.

$$[법인세비용차감전순이익 = 영업이익 + 영업외수익 - 영업외비용]$$

(라) 당기순이익

당기순이익은 법인세비용차감전순이익에서 법인세비용을 차감한 후의 최종 이익이다. 이익의 질적 측면을 평가하는 것도 중요한데, 질적으로 좋은 이익은 현금 유입을 동반하는 반면, 질적으로 나쁜 이익은 현금 흐름을 뒷받침하지 못한다.

$$[당기순이익 = 법인세비용자감전순이익 - 법인세비용]$$

3.2 손익계산서의 작성방법

1 손익계산서의 필요성을 파악 및 계획을 수립한다.

1) 손익계산서를 작성하면 불필요한 비용의 지출을 줄여 순이익을 증가시킬 수 있다. 또한, 손익계산서를 통해 매장의 수익이 실제로 발생하고 있는지 여부를 명확히 파악할 수 있다. 이 과정을 통해 매장을 더욱 체계적으로 관리할 수 있게 되며, 결과적으로 안정적이고 장기적인 운영이 가능해진다.

2) 추정 손익계산서는 작성 목적에 따라 월간, 분기별, 연간으로 나누어 작성한다. 외식업의 특성상 월별 손익계산서를 작성하는 것이 가장 적합하다. 매달의 수익과 비용을 정확히 파악함으로써 신속한 경영 판단과 조정이 가능해진다.

2 손익계산서에 사용되는 계정 과목을 파악한다.

1) 손익계산서를 일관되게 작성하기 위해서는 먼저 계정 과목을 정확히 이해해야 한다. 계정 과목은 매장에서 발생하는 다양한 거래를 분류하고 기록하는 데 중요한 역할을 한다.

2) 손익계산서는 일반적으로 매출액, 매출원가, 판매비와 관리비, 영업외수익과 비용으로 구성된다. 각각의 계정 과목은 손익계산서에서 특정 항목을 대표하며, 정확한 수익과 비용을 계산하는 데 필수적이다.

3) 매출액은 제품이나 상품을 판매하고 받은 대가이다. 이는 매장의 주된 수익원으로, 매출액을 정확히 기록하는 것은 손익계산서 작성의 기초가 된다.

4) 매출원가는 매출액을 발생시키기 위해 직접 소요된 비용이다. 예를 들어, 재료비나 제조비용 등이 여기에 해당된다. 매출원가는 매출액과 직접 연관되므로, 정확하게 파악해야 이익을 올바르게 계산할 수 있다.

5) 판매비와 관리비는 제품, 상품, 용역 등의 판매 활동과 매장의 관리 활동에서 발생하는 비용이다. 이 비용은 매출원가에 포함되지 않는 모든 영업비용을 포함하며, 예를 들어, 광고비, 급여, 임대료 등이 이에 해당된다. 이러한 비용들은 매장의 운영 효율성을 분석하는 데 중요한 역할을 한다.

3 정확한 손익계산서 작성을 위해 매장에서 발생하는 모든 지출과 매입에 관련한 사항을 파악하고 나열해야 한다.

손익계산서를 정확히 작성하기 위해서는 매장에서 발생하는 모든 지출과 매입을 빠짐없이 기록하는 것이 중요하다. 이를 통해 매장의 자금 흐름을 명확히 파악할 수 있으며, 경영 상태를 객관적으로 분석할 수 있다.

4 매장에서 지출 및 매입과 관련한 내용을 계정 과목과 연결시킨다.

1) 손익계산서에 명시된 계정 과목과 매장의 실제 지출 및 매입 항목이 일치하지 않을 경우, 유사한 계정 과목을 찾아 연결시킨다. 예를 들어, 특정 항목이 매출원가와 유사하다면, 해당 항목을 매출원가로 분류한다.

2) 이전 단계에서 작성한 매장에서 발생한 모든 자금 흐름 관련 내용을 각각의 계정 과목에 맞게 분류하고 배정한다. 이 과정에서 각 항목이 어떤 계정 과목에 해당하는지 신중히 판단해야 한다.

3) 매장의 지출 및 매입과 관련된 내용을 다음 표의 "매장 지출 및 매입 항목" 열에 모두 나열한 다음, 해당 내용에 대해 손익계산서 계정 과목명을 부여한다. 이 과정은 손익계산서를 체계적으로 작성하는 데 필수적이다.

◈ 매장 지출 및 수익 항목과 계정 과목 연결

*표는 앞서 학습한 계정 과목과 실제 매장에서 사용하는 항목(예시)을 연결시켜 놓은 것으로 학습자가 실제 자신의 매장에서 지출 또는 매입한 항목을 매장 지출 및 매입 항목에 대입하여 계정 과목을 부여하는 연습을 하도록 한다.

매장 지출 및 매입 항목(예시)	구분 1	계정 과목
매출액	총 매출액	
○○기업 외상	매출 환입 및 에누리	
○○기업 외상 조기 결제 할인	매출 할인	
재료 1 구입비	매출원가	
재료 2 구입비	매출원가	
재료 2 구입비	매출원가	
아르바이트생 급여	판매관리비	급여
직원 급여	판매관리비	급여
직원 회식	판매관리비	회식비
전단지 광고	판매관리비	광고 선전비
월세	판매관리비	임대료
A은행 이자	영업외수익	이자 수익
B은행 이자	영업외수익	이자 수익
주방 제빙기 판매 이익	영업외수익	유형 자산 처분 이익
A씨로부터 식당 부지의 증여	영업외수익	자산 수증 이익
매장 오픈 시 대출금	영업외비용	이자 비용
구청 불우이웃 돕기 성금 기부	영업외비용	기부금
판매 저조로 오븐기 싸게 판매	영업외비용	유형 자산 처분 손실

출처: 교육부(2016). 매장 손익 관리(LM1301030110_15v1). 한국직업능력개발원. p.8.

5 연결 적용한 계정 과목과 매장에서 지출 및 매입된 사항을 표준 손익계산서에 작성한다.

1 손익계산서의 활용

1) 외식업체의 정보파악

손익계산서는 일정 기간 동안 외식업체의 경영 활동 성과를 나타내는 보고서로, 수익에서 비용을 차감하여 이익 또는 손실을 계산하는 구조를 가진다. 이 보고서는 경영 성과를 영업 활동과 영업 외 활동으로 나누어 알기 쉽게 요약한다.

(1) 외식업체의 성장 상태 파악

손익계산서를 통해 외식업체가 계속 성장하고 있는지, 아니면 정체 상태인지 파악할 수 있다. 이는 지난해와 비교한 매출 증가율로 확인할 수 있으며, 동종 업계의 다른 외식업체 매출과 비교하여 시장점유율을 분석할 수 있다.

(2) 비용관리 상태 확인

외식업체가 이익을 높이려면 수익을 늘리는 것도 중요하지만, 비용관리가 제대로 이루어지지 않으면 매출이 증가하더라도 이익은 늘어나지 않는다. 매출액 대비 매출원가 또는 판매비와 관리비의 비율을 전년도와 비교해 보면 비용관리의 효율성을 확인할 수 있다.

(3) 영업 및 재무 활동의 성과 분석

영업 활동의 성과는 영업이익의 크기와 매출액 대비 영업이익의 비율(영업이익률)로 평가할 수 있다. 재무 활동의 성과는 영업외수익과 영업외비용으로 나타나므로, 영업이익과 법인세(비용) 차감 전 순이익을 비교하여 평가할 수 있다.

(4) 경영 성과 파악

당해 연도의 경영 성과는 주로 당기순이익으로 평가하지만, 이는 재무 활동의 결과도 포함되므로 영업 활동에 의한 경영 성과는 영업이익을 중심으로 분석하는 것이 좋다. 영업이익의 크기와 영업이익률은 외식업체의 장기적인 수익력을 나타내는 중요한 지표이다.

2) 손익계산서 분석포인트

손익계산서는 일정기간 동안 외식업체의 수익과 비용을 요약한 재무제표로, 경영 성과와 재무 상태를 파악하는 데 중요한 역할을 한다. 손익계산서를 분석할 때 주의해야 할 주요 포인트는 다음과 같다.

(1) 매출총이익의 크기
　－ 매출액과 매출원가를 분석하여 외식업체의 수익 성과를 파악한다.
　－ 매출 성장률과 경쟁 외식업체와의 비교를 통해 외식업체의 시장 점유율과 성장 가능성을 평가한다.

(2) 영업이익률 분석
　－ 영업이익과 순이익을 비교하여 영업 활동과 그 외 요인에 따른 이익 변화를 파악한다.
　－ 영업이익률과 순이익률을 분석하여 외식업체의 수익성을 평가하고, 경쟁 외식업체나 업계 평균과 비교하여 외식업체의 경쟁력을 확인한다.

(3) 매출총이익과 영업이익 비교
　－ 매출총이익은 영업 활동의 성과를, 영업이익은 관리 활동의 성과를 나타내는 지표로서 두 가지를 비교하여 외식업체의 경영체질을 파악할 수 있다.
　－ 이 비교를 통해 어느 부분을 개선해야 하는지 판단할 수 있다.

(4) 영업이익과 법인세차감전순이익 비교
　－ 영업이익에 영업외수익과 영업외비용을 차감한 것이 법인세차감전순이익이다. 이를 통해 외식업체의 자금 여유도와 자금 문제를 파악할 수 있다.

3) 손익계산서를 통한 경영체질 파악

매출총이익과 영업이익의 비교를 통해 외식업체의 경영체질을 평가할 수 있다. 매출총이익과 영업이익이 모두 높다면, 이는 영업과 관리가 모두 잘 되고 있는 외식업체라고 할 수 있다. 반면, 매출총이익은 높지만 영업이익이 낮다면, 관리가 부실하다고 판단할 수 있다. 반대로, 매출총이익은 낮지만 영업이익이 크게 줄지 않았다면, 관리를 잘하는 외식업체라고 할 수 있다. 특히 외식업과 같은 업종에서는 판매비와 관리비의 비중이 높을 수 있으므로, 업종의 특성을 감안하여 분석해야 한다.

◆ 손익계산서를 통한 경영체질파악

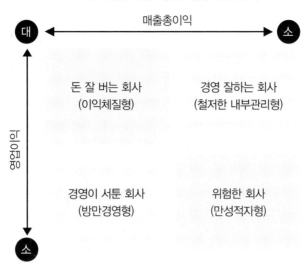

출처: 이병권(2014), 재무제표분석, 새로운 제안

04

손익분기점 분석 및 경영관리

손익분기점의 개념

1 손익분기점의 개념

1) 손익분기점의 정의

손익분기점(Break-Even Point: BEP)이란 일정기간 동안 매출액과 총영업비용이 일치하여 이익도 손실도 없는 상태, 즉 영업이익이 0이 되는 매출 수준을 말한다.

매출 수준은 금액이나 수량으로 표현할 수 있으므로, 손익분기점도 매출 금액으로 나타낼 수 있고, 매출 수량(조업도)으로도 나타낼 수 있다. 손익분기점은 이윤이 0이 되는 시점을 의미하며, 손익분기점 매출보다 많이 팔아야 이익이 발생한다.

일반적으로 손익분기점 매출을 계산할 때 적용되는 이익은 영업이익을 의미한다. 손익분기점 매출은 이익이나 손실이 0이 되는 매출액을 말하며, 실제 매출이 손익분기점 매출을 초과하면 영업이익이 발생하고, 반대로 미달하면 영업손실이 발생한다. 따라서 손익분기점 매출은 외식업체의 목표 이익과 목표 매출액을 산출하는 데 중요한 정보를 제공한다.

2) 손익분기점 분석을 위한 가정

손익분기점은 순이익이 0이 되는 조업도(매출액)를 의미한다. 매출액이 손익분기점을 초과할 때는 영업이익이 발생하고, 손익분기점에 미달할 경우에는 영업손실이 발생한다. 이는 기업 활동에서 고정비가 존재하기 때문이다.

만약 모든 영업비용이 변동비로만 구성되고, 제품의 판매가격이 단위당 변동비보다 크다면, 기업은 제품을 판매할 때마다 이익이 발생할 것이므로 손익분기점 문제가 발생하지 않는다. 그러나 고정비가 존재하기 때문에 매출액이 일정 수준에 도달하지 못하면 손실이 발생하며, 이로 인해 손익분기점 분석이 필요하게 된다.

손익분기점 분석에서는 몇 가지 가정을 설정하여 단순화를 시도한다. 이 가정들은 ①모든 비용이 고정비와 변동비로 구분될 수 있으며, ②변동비는 매출액에 비례하고, ③고정비와 단위당 판매가격은 일정 조업도 내에서 변하지 않으며, ④총수익과 총비용은 매출액의 일차 함수라는 점들이다.

3) 고정비 규모별 손익분기점 위치

외식업체가 수익을 올리기 위해서는 비용을 지출해야 하며, 비용에는 외식업체의 생산량이나 매출액에 비례하는 변동비와 비례하지 않는 고정비가 있다. 고정비에는 임차료, 이자비용, 감가상각비 등이 포함되며, 변동비에는 원재료비, 판매수수료 등이 포함된다. 고정비는 영업 상황과 상관없이 발생하는 비용이며, 변동비는 영업 상황에 따라 변하는 비용이다.

손익분기점 분석이란 매출액이 어느 정도가 되어야 이미 지출된 고정비를 회수할 수 있는지를 분석하는 것이다. 즉, 어느 정도 판매를 해야 지금까지 투자한 비용(고정비)을 회수할 수 있는지 확인하는 과정이다. 만약 외식업체에 변동비만 존재한다면 손익분기점은 존재하지 않는다. 변동비는 매출과 함께 해결되기 때문에 본전 회수의 문제가 발생하지 않는다. 예를 들어, 메뉴 한 개의 가격이 10,000원이고, 메뉴 한 개당 변동비가 6,000원이라면, 변동비 6,000원은 상품이 팔릴 때마다 상품 가격 10,000원으로 회수된다.

외식업체에서 발생하는 모든 비용이 변동비라면 손익분기점 문제는 발생하지 않을 것이다. 그러나 대부분의 경우 고정비가 발생하기 때문에 손익분기점 분석이 필요하다. 손익분기점이 되는 매출액은 고정비가 증가할수록 함께 증가한다. 동일한 매출액에서도 손익분기점이 높아질수록 매출액이 손익분기점에 미치지 못할 위험이 증가한다. 손익분기점 위치를 확인하는 이유는 이러한 위험성을 파악하기 위함이다.

◆ **고정비 규모별 손익분기점 위치**

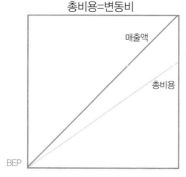
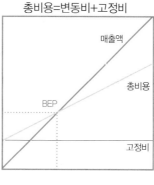
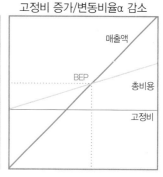

4) 손익분기점 계산을 위한 비용개념

변동비와 고정비는 외식업체의 이익에 서로 다른 영향을 미친다. 고정비는 매출과 관계없이 일정한 금액으로 발생하기 때문에 외식업체는 먼저 이 고정비를 회수하는 것이 중요하다. 고정비를 회수하는 원동력은 제품 판매에 따른 한계이익(마진), 즉 공헌이익(Contribution Margin)이다. 공헌이익은 매출액에서 모든 변동비를 뺀 금액으로, 이 금액이 최소한 고정비보다 많아야 이익이 발생한다.

(1) 고정비

생산량의 변동 여부에 관계없이 일정하게 지출되는 비용
- 감가상각비, 사무직원의 급여, 고정자산의 보험료, 부동산 임차료, 차입금의 지급이자, 재산세 및 종합토지세 등이 포함

(2) 변동비

생산량의 변동 여부에 따라 변화하는 비용
- 재료비, 외주가공비, 판매수수료, 포장비 등이 포함

(3) 공헌이익

고정비를 회수하는 데 기여하는 원동력
- 매출액에서 모든 변동비를 뺀 금액으로, 공헌이익이 최소한 고정비보다 많아야 이익이 발생

◆ **고정비와 변동비**

고정비	변동비
감가상각비 임차료 경영진인건비 기타 유지비용 보험료 재산세	직접인건비 원재료 판매수수료 포장비 연료비

손익분기점 분석

손익분기점을 분석하기 위해서는 외식업체의 고정비와 변동비 총액을 정확히 파악한 후, 변동비율을 계산해야 한다. 이때 고정비와 변동비는 제조원가뿐만 아니라 판매비와 관리비를 포함한 모든 영업비용을 대상으로 한다.

손익분기점 분석에서는 매출, 변동비, 고정비를 그래프로 표현하여 쉽게 이해할 수 있다. 예를 들어, 직선 S는 매출을, V는 변동비를, F는 고정비를 나타낸다고 할 때, 손익분기점 매출액은 매출이 변동비와 고정비의 합계와 같아지는 점 B에서 발생한다. 매출이 증가할수록 점 B를 넘어서면서 이익이 발생하고, 색칠된 영역은 이익이 증가하는 부분을 나타낸다.

그러나 실무적으로 비용을 변동비와 고정비로 분류하는 작업은 쉽지 않다. 예를 들어, 재료비, 외주가공비, 상품 운반비 등은 변동비로 분류되지만, 인건비, 감가상각비, 임차료, 보험료 등은 전형적인 고정비로 간주된다. 그러나 이 외에도 변동비나 고정비로 명확히 식별하기 어려운 비용들이 많아, 정확한 분석을 통해 비용을 세분화하는 작업이 필요하다.

다음 그래프에서 S 직선이 매출액을, V는 변동비를, F는 고정비를 나타낸다. 손익분기점 매출액은 B 점에서 매출액이 고정비와 변동비의 합계와 같아지는 지점이다. B 점 이하의 매출액에서는 적자가 발생하며, B 점을 초과하는 매출액에서는 이익이 증가하게 된다.

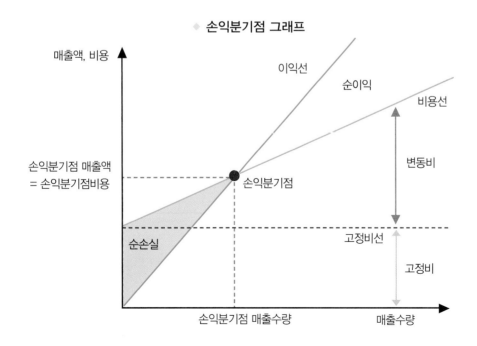

◆ 손익분기점 그래프

$$손익분기점\ 매출액 = \frac{고정비(F)}{1-변동비율\alpha}$$

매출액: s

고정비: F(인건비, 감가상각비, 지급임차료 등)

변동비: V(재료비, 외주가공비, 상품운반비 등)

변동비율: α(변동비÷매출액)

다음은 소상공인 지원센터에서 제공하고 있는 손익분기점 계산양식이다. 중소규모의 외식업체에서 간단하게 활용할 수 있도록 구성되어 있다.

◆ 손익분기점 계산양식

(단위: 천원)

구분	산출방식(월 기준)	금액
매출액(S)	– 실제 평균 매출액	
변동비(V)	– 원재료비 – 전기, 전화, 수도비 – 기타	
고정비(F)	– 임차료 – 대표자 등 임원 급여 – 종업원 급여 – 지급이자 – 기타(감가상각)	
변동비율 V/S × 100	(변동비/매출액 × 100)	
손익분기점 매출액	F ÷ (1–V/S)	
손익분기점 비율	(손익분기점 매출액/실제매출 × 100)	

출처: 경기소상공인지원센터(www.gsbdc.or.kr) "성공창업 플랜가이드북"

$$손익분기점\ 매출액 = \frac{고정비}{1-\dfrac{변동비}{매출액}}$$

이 외식업체의 경우 매출액이 1,000만원, 변동비가 700만원, 고정비가 570만원이다. 이 업체의 손익분기점 매출액을 계산하면 1,900만원이다.

$$\text{손익분기점 매출액} = \cfrac{\text{고정비}}{1 - \cfrac{\text{변동비}}{\text{매출액}}} = \cfrac{570\text{만원}}{1 - \cfrac{700\text{만원}}{1,000\text{만원}}} = 1,900\text{만원}$$

공헌이익 = 매출액−변동비

공헌이익률 = 1−(변동비÷매출액)

변동비율 = 변동비÷매출액

이렇게 계산된 손익분기점 매출액은 영업이익이 0인 상태이다.

4.3 손익분기점 분석을 통한 경영관리

1 손익분기점 분석을 통한 경영관리

1) 공헌이익

공헌이익은 매출액에서 변동비를 차감한 금액으로, 외식업체의 고정비를 회수하는 데 사용된다. 공헌이익이 많을수록 고정비를 회수할 여력이 커지며, 공헌이익이 고정비를 초과하면 그 초과액만큼 이익이 발생하게 된다. 따라서 공헌이익은 외식업체의 이익을 파악하는 데 매우 중요한 개념이다.

공헌이익을 높이기 위한 방법으로는 판매가격을 인상하거나 변동비를 줄이는 방법이 있다. 그러나 판매가격을 인상하면 매출 수량이 감소할 수 있고, 변동비를 줄이면 메뉴나 서비스 품질에 영향을 미칠 수 있으므로 이러한 점들을 충분히 고려해야 한다. 그럼에도 불구하고, 단위당 변동원가를 줄이면 공헌이익은 증가하고, 이로 인해 손익분기점도 낮아지는 효과가 나타난다.

◆ **공헌이익의 기능**

영업이익 증가액 = 매출증가액 × 공헌이익률

공헌이익률 = 공헌이익 ÷ 판매가격(매출액)

$$매출증가액 = \frac{이익의\ 증가액}{공헌이익률}$$

이병권(2006), 원가따라잡기, 새로운 제안, p.187.

공헌이익률을 이용하면 추가적인 매출 증대에 따른 영업이익 증가액을 미리 추정할 수 있다. 예를 들어, 공헌이익률(=공헌이익 ÷ 판매가격)이 40%인 경우, 현재 매출이 40만원에서 20만원 증가한다면, 영업이익은 8만원 증가할 것으로 예상할 수 있다.

[영업이익 증가액= 매출증가액 × 공헌이익률]

예를 들어, 공헌이익률이 30%이고 연간 고정비가 20억원인 외식업체가 내년도 매출을 현재의 100억원보다 40% 늘어난 140억원으로 계획했다면, 영업이익은 현재의 10억원에서 12억원(40억원 × 30%) 증가하여 총 22억원이 될 것으로 예측할 수 있다.

[40억원(매출증가액) × 0.3(공헌이익률) = 12억원(이익증가액)]

반대로, 외식업체가 목표로 하는 영업이익을 달성하기 위해서는 현재보다 매출을 얼마나 늘려야 하는지도 추정할 수 있다. 예를 들어, 목표 영업이익을 25억원으로 설정했다면, 현재보다 15억원의 이익 증가가 필요하다. 이를 공헌이익률 30%로 나누면, 필요한 매출 증가액이 50억원임을 알 수 있다. 즉, 매출액이 150억원에 도달하면 변동비(변동비율 70%) 105억원과 고정비 20억원을 차감한 후 목표했던 영업이익 25억원이 달성된다.

[15억원(이익증가액) ÷ 0.3(공헌이익률) = 50억원(매출증가액)]

2) 외식업체의 손익분기점 분석사례

손익분기점 분석이란 손익분기점에 내포된 경제적 의미를 이해하고, 이를 바탕으로 이익을 관리하는 기법이다. 외식업체가 생산 및 판매 계획을 수립하는 데 매우 유용하며, 특히 다음과 같은 질문에 답을 찾는 데 효과적이다

- 수익과 비용을 일치시키려면 몇 개의 제품을 생산, 판매해야 하는가?
- 판매량을 지금보다 특정량만큼 증가시키면 이익은 얼마나 증가하는가?
- 특정수준의 이익을 획득하려면 몇 단위의 제품을 생산, 판매해야 하는가?
- 일정한 매출 수준을 달성하기 위하여 확보해야 할 고객 수와 객단가는 얼마인가?

(1) 수익과 비용을 일치시키려면 몇 개의 제품을 생산하고 판매해야 하는가?

구분	산출기준	금액
매출액(S)	실제 평균 매출액	10,000원/1메뉴
변동비(V)	원재료비 파트타이머 인건비 공과금	7,000원/1메뉴
고정비(F)	– 인건비 300만원 – 임차료 120만원 이자 50만원 지급이자 100만원	전체 570만원
손익분기점 매출수량	고정비/(메뉴하나가격–메뉴하나 변동비)	1,900그릇
일별 손익분기점 매출수량	나누기 영업일수(30일)	63그릇

A메뉴를 판매하는 외식업체는 A메뉴에 7,000원의 변동비(ex. 재료비, 파트타이머 인건비, 전기세, 수도세, 포장비 등)를 들여 10,000원에 판매한다. 또한 고정인건비 300만원, 점포 임차료가 120만원, 이자비용 50만원, 감가상각비 100만원이 든다. 이 외식업체의 고정비는 570만원(=300만원+120만원+50만원+100만원)이다.

예를 들어, A 메뉴 하나를 판매하면 변동비를 제외하고 3,000원의 이익이 남는다고 가정해 보자. 이 경우, 고정비가 570만원이라면 570만원을 이익 3,000원으로 나누면 약 1,900그릇을 판매해야 본전을 찾을 수 있다. 즉, 월 30일을 영업일수로 가정하면 하루에 약 63그릇을 판매해야 손익분기점을 달성할 수 있다.

$$손익분기점\ 매출수량 = \frac{고정비}{메뉴\ 하나\ 가격 - 메뉴\ 하나당\ 변동비} = \frac{손익분기점\ 매출액}{판매단가}$$

이 식에서 분모에 해당하는 값을 **공헌이익(contribution margin)**이라고 부르는데, 이는 고정비를 회수하고 이익을 창출하는 데 기여하기 때문이다.

(2) 판매량을 지금보다 특정량만큼 증가시키면 이익은 얼마나 증가하는가?

공헌이익률이 30%이고 연간 고정비가 20억원인 외식업체가 있다고 가정하자. 이 외식업체가 내년도 매출을 현재 매출 100억원에서 40% 늘어난 140억원으로 계획했다면, 영업이익은 현재 10억원에서 12억원(40억원 × 30%) 증가하여 총 22억원이 될 것으로 예상할 수 있다.

$$영업이익증가액 = 매출증가액 × 공헌이익률$$

따라서, 매출이 증가할 때 공헌이익률을 활용해 예상 이익을 미리 계산하고, 이를 바탕으로 외식업체의 경영 계획을 세울 수 있다.

구분	현재	내년
매출액(S)	100억원	140억
공헌이익률	30%	
고정비(F)	20억	
영업이익	10억	22억

(3) 특정 수준의 이익을 획득하려면 몇 단위의 제품을 생산, 판매해야 하는가?

손익분기점 계산을 활용하여 외식업체가 원하는 목표이익을 달성하기 위해 필요한 매출액을 계산할 수 있다. 이를 위해 고정비에 목표이익을 추가하여 다음과 같이 계산할 수 있다.

예를 들어, 한 외식업체가 목표이익을 500만원으로 설정했다고 가정하자. 그러면 다음과 같은 계산식을 사용한다:

$$목표이익점 \ 매출액 = \frac{고정비 + 목표이익}{1 - \dfrac{변동비}{매출액}} = \frac{570만원 + 500만원}{1 - \dfrac{700만원}{1,000만원}} = 11,500,000원$$

만약 이 외식업체가 500만원의 이익을 달성하기 위해서는 약 1,150만원의 매출을 올려야 한다. 메뉴 가격이 1만원이라면, 이는 약 1,150그릇을 판매해야 한다는 의미이다. 이 매출 수량을 영업일수인 30일로 나누면, 하루에 약 38그릇을 판매했을 때 이 외식업체는 500만원의 이익을 얻을 수 있다는 결론에 도달할 수 있다.

구분	산출기준	금액
매출액(S)	실제 평균 매출액	10,000원/1메뉴
변동비(V)	원재료비 파트타이머 인건비 공과금	7,000원/1메뉴
고정비(F)	– 인건비 300만원 – 임차료 120만원 이자 50만원 지급이자 100만원	전체 570만원
목표이익점 매출액	고정비+추가목표이익/ (1-변동비율)	1,150만원
일별 손익분기점 매출수량	나누기 영업일수(30일)	38그릇

(4) 일정한 매출 수준을 달성하기 위하여 확보해야 할 고객 수와 객단가는 얼마인가?

외식입체가 500만원의 매출액을 목표로 설정한 경우, 객단가가 1만원이라면 필요한 고객 수는 500명이다. 이를 구체적으로 계산하면 다음과 같다.

$$\text{고객 수} = \frac{\text{목표매출액}}{\text{객단가}} = \frac{500만원}{1만원} = 500명$$

또한, 영업일수를 25일로 설정했을 때, 하루에 목표로 해야 할 고객 수는 20명이 된다.

$$\text{일 목표고객 수} = \frac{\text{총 고객 수}}{\text{영업일수}} = \frac{500명}{25일} = 20명/일$$

따라서 이 외식업체는 하루에 20명의 고객을 확보해야 500만원의 목표 매출액을 달성할 수 있다.

구분	기준	금액
목표매출액	500만원	5,000,000
객단가	만원	10,000
목표고객 수	=목표매출액÷객단가	500명
영업일수	25일	
일 목표고객 수	=목표고객 수÷영업일수	20명

3) 손익분기점에 의한 외식업체 체질

손익분기점 매출액을 통해 외식업체의 체질을 분석하고, 이를 바탕으로 다음 네 가지 대책을 세울 수 있다. 각각의 상황에 맞는 전략을 통해 외식업체의 경영 상태를 개선하고, 위험을 최소화할 수 있다.

– 고정비 비중과 손익분기점이 모두 높은 경우: 방만경영형

이 경우 외식업체는 큰 경영 위험에 직면해 있는 상태로, 방만한 경영이 이루어지고 있을 가능성이 크다. 고정비와 매출원가를 절감하고, 자동화 설비를 도입하는 등의 대책이 필요하다. 이러한 조치를 통해 고정비를 낮추고, 손익분기점을 줄여야 한다.

– 고정비 비중이 낮고 손익분기점이 높은 경우: 만성적자형

이 경우 외식업체는 수익성 확보에 어려움을 겪고 있는 상황이다. 원가 구조를 재편하고, 적자를 발생시키는 부문을 축소하는 한편, 변동비 절감을 위해 노력해야 한다. 이러한 조치를 통해 손익분기점을 낮추고, 외식업체의 수익성을 개선해야 한다.

– 고정비 비중이 높고 손익분기점이 낮은 경우: 적극경영형

이 경우 외식업체는 경쟁력 있는 제품과 서비스를 바탕으로 안정적인 성장을 이루고 있는 상태이다. 이 위치를 유지하기 위해, 제품의 경쟁 우위를 지속적으로 강화하고, 선행 투자와 인재 육성에 힘써야 한다.

– 고정비와 손익분기점이 모두 낮은 경우: 안정경영형

이 경우 외식업체는 가장 바람직한 경영 상태에 있으며, 안정적인 수익을 올리고 있다. 외식업체는 장기적인 경영 계획을 수립하고, 연구 개발에 대한 투자를 늘리면서 매출 목표를 상향 조정하여 안정적인 성장을 도모해야 한다.

◆ 손익분기점에 의한 외식업체 체질과 대책

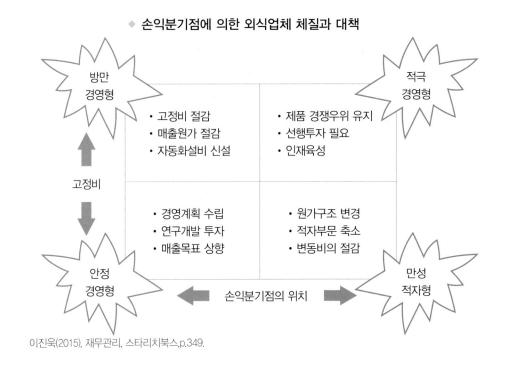

이진욱(2015), 재무관리, 스타리치북스,p.349.

4) 외식기업의 경영의사결정

(1) 외식업체의 이익을 올리기 위해선 매출증대 VS 비용절감

◆ **영업개선과 비용절감**

	개선 전	매출증대 10%	비용절감 10%
매출액	100억원	110억원	100억원
비용	90억원	99억원	81억원
이익	10억원	11억원	19억원
이익률		10% 상승	90% 상승

매출 증대는 외식업체의 순이익을 증가시키는 중요한 전제조건이다. 그러나 외식업체가 저비용·고매출 구조를 유지하지 못한다면, 장기적으로 이익을 유지하기 어렵다. 그래서 대부분의 외식업체는 매출 증대뿐만 아니라 비용 절감과 원가 절감도 중요하게 고려한다.

예를 들어, 한 외식업체가 100억원의 매출을 올리고 90억원의 비용을 지출한다면, 이익은 10억원이 된다. 여기서 매출을 10% 증가시키거나 비용을 10% 절감했을 때의 이익 변화를 비교해 보자.

- 매출 10% 증가: 매출이 110억원이 되고, 비용이 99억원(매출 증가에 따라 동일하게 10% 증가)으로 늘어난다면, 이익은 11억원으로 10% 증가한다.
- 비용 10% 절감: 매출이 100억원으로 동일하게 유지되는 상황에서 비용을 10% 절감하여 81억원으로 줄이면, 이익은 19억원이 된다. 즉, 비용 절감만으로 이익이 9억원 증가하는 효과가 나타난다.

이러한 계산을 보면, 비용을 5% 절감하는 것이 매출을 15% 증가시키는 것과 동일한 효과를 가져온다. 그러나 이러한 단순 계산은 변동비와 고정비의 비율이 외식업체마다 다르기 때문에, 실제로는 차이가 발생할 수 있다.

(2) 매출 증대 vs 가격 인상: 어떤 전략이 더 효과적인가?

이익을 증가시키기 위해 매출을 늘릴 것인가 아니면 가격을 인상할 것인가에 대한 선택은 경영 전략에 따라 달라진다. 매출총이익을 늘리기 위해서는 매출을 증가시키거나 매출원가를 줄이는 방법이 있다. 만약 매출총이익이 전년보다 감소했거나 경쟁사에 비해 낮다면, 그 원인을 분석해야 한다. 일반적으로 매출 감소는 판매량 감소나 객단가 감소에서 기인할 수 있다.

모의경영에서 확인할 수 있듯이, 판매량을 늘리는 것보다 판매단가를 높이는 것이 이익을 올리는 데 더 효과적이다. 하지만 실제로는 가격 할인이나 프로모션을 통해 판매량 증가에 중점을 두는 경우가 많다. 매출 증대와 가격 인상은 서로 상충되는 것처럼 보일 수 있지만, 실질적인 수익성을 극대화하려면 둘 다 고려해야 한다.

가격 인상은 영업이익을 높이는 데 더 효과적일 수 있지만, 가격 인상에는 고객의 반응을 고려해야 한다. 가격을 인상할 경우, 고객들이 인지할 수 있는 품질 향상이나 메뉴 변화, 식재료의 변화 등이 동반되지 않으면 큰 위험 부담이 따를 수 있다. 따라서 가격 인상을 고려할 때는 가격 탄력성을 함께 고려해야 한다. 가격 탄력성은 상품의 수요가 가격 변화에 따라 얼마나 민감하게 반응하는지를 나타낸다. 만약 가격 인상으로 인한 수익 증가가 고객 이탈로 인한 수익 감소보다 크다면, 가격 인상이 더 나은 선택이 될 수 있다.

결론적으로, 외식업체는 매출 증대와 가격 인상을 모두 고려하여 수익성을 높이는 전략을 구사해야 한다. 그 해답은 고객 만족에 있다. 고객이 만족한다면 가격이 약간 인상되더라도 경쟁업체로 이동하지 않을 것이며, 이는 궁극적으로 매출 증가로 이어질 것이다. 이를 위해서는 제품의 차별화가 필수적이다.

(3) 비용 절감: 고정비 vs 변동비, 어느 쪽을 줄일 것인가?

외식업체가 비용을 통제하기 위해서는 비용의 성격을 먼저 이해해야 한다. 모든 영업비용은 매출에 따라 변하는 변동비와 매출과 관계없이 일정하게 발생하는 고정비로 나뉜다.

- 고정비는 매출과 관계없이 발생하는 비용으로, 이익을 달성하기 위해서는 먼저 고정비를 회수하는 것이 중요하다. 고정비를 회수하는 원동력은 **공헌이익(Contribution Margin)**으로, 이는 매출액에서 변동비를 차감한 금액이다. 공헌이익이 고정비보다 많아야 이익이 발생한다.

– 변동비가 너무 많으면 공헌이익이 낮아져 고정비를 충당하기 어려워진다. 반면, 고
정비가 너무 많으면 손익분기점이 높아져 이익을 달성하기 어려워진다. 일반적으
로 변동비는 매출액의 30% 이하, 고정비는 매출액의 50% 이하가 적정한 수준으로
간주된다. 만약 외식업체의 비용 구조가 이 비율을 초과한다면, 원가 구조를 재편
할 필요가 있다.

또한, 자본집약적인 업종에서는 고정비의 비중이 높고, 노동집약적인 서비스 업종
에서는 변동비의 비중이 높다는 업종 간 특성도 고려해야 한다.

매장 손익관리

 ◉ 문제해설은 동영상 강의에서 확인하세요.

01 외식업체에 돈이 들어오는 통로가 <u>아닌</u> 것은? (난이도: ★)

① 영업활동   ② 재무활동   ③ 투자활동   ④ 홍보활동

02 다음 중 공통비에 속하는 비용이 <u>아닌</u> 것은? (난이도: ★)

① 재료비   ② 일반관리비   ③ 경비   ④ 인건비

03 다음 개념의 공식이 잘못된 것은? (난이도: ★★)

① 매출액과 해당비율=해당항목 금액/매출액
② 재료비=원재료비/판매량
③ 원가비율=원가/총매출액
④ 메뉴 판매비율=메뉴 판매금액/총 판매금액

04 매출총이익과 영업이익으로부터 파악한 경영체질분석이 잘못된 것은? (난이도: ★★★)

① 매출총이익이 크고 영업이익도 큰 회사는 돈을 잘 버는 회사-이익체질형
② 매출총이익이 적고 영업이익이 큰 회사는 경영을 잘하는 회사-철저한 내부관리형
③ 매출총이익이 크고 영업이익이 적은 회사는 차입의존형-과소자본형
④ 매출총이익이 적고 영이익도 적은 회사는 위험한 회사-만성적자형

05 다음 괄호에 들어가는 개념은? (난이도: ★★)

영업이익 + 영업외수익 − 영업외비용 = (   )

① 당기순이익   ② 경영성과   ③ 법인세차감전순이익   ④ 매출총이익

정답 01 ④   02 ①   03 ②   04 ③   05 ③

06 판매비와 관리비로 발생하는 비용이 <u>아닌</u> 것은? (난이도: ★)

① 복리후생비   ② 재료비   ③ 임차료   ④ 교육훈련비

07 외식업체의 원가관리에 대한 내용 중 <u>틀린</u> 것은? (난이도: ★★)

① 원재료비율에서 정석은 없다.
② 재료비율이 낮으면 가격대비 품질이 올라간다.
③ 업종업태의 특징에 따라 재료비율과 인건비율의 균형을 맞추는 것이 중요하다.
④ 인건비율이 낮게 책정되면 서비스 수준이 낮아질 가능성이 크다.

08 다음의 경우 이익의 증가액은 얼마인가? (난이도: ★★★)

> 매출의 증가액: 300만원   변동비율: 0.6

① 100만원   ② 110만원   ③ 120만원   ④ 130만원

09 손익분기점 분석을 위해 구분해야 하는 원가분류는? (난이도: ★★★)

① 재료비, 인건비, 경비   ② 변동비, 고정비
③ 간접비, 직접비   ④ 프라임코스트

10 원가계산이 필요한 이유가 <u>아닌</u> 것은? (난이도: ★)

① 원가를 알아야 관리할 수 있다.
② 원가를 알아야 직원관리를 잘 할 수 있다.
③ 원가를 정확히 계산해야 올바른 가격이 정해진다.
④ 원가를 알면 구체적인 메뉴관리를 할 수 있다.

11 다음 매출 분석방법 중 <u>틀린</u> 내용은? (난이도: ★★)

① 매출액은 원가와 이익으로 구분되어 있다.
② 매출액은 매출객수와 객단가의 누적으로 표시된다.
③ 고객 수는 합계만 파악해도 충분하다.
④ 매장 면적별 매출 분석을 사용하면 효율이 좋은 매장과 좋지 않은 매장의 구분이 명확해진다.

12 매출 계획 수립 시 판매계획에 포함될 항목이 <u>아닌</u> 것은? (난이도: ★★)

① 생산원가
② 상품별 판매가격
③ 고객당 매출(객단가)
④ 판매 인건비

13 수치로 나타내는 외식업체 컨셉에서 다루는 항목이 <u>아닌</u> 것은? (난이도: ★★)

① 객단가
② 내점률
③ 서비스품질
④ 테이블회전율

14 다음 중 객수예측의 방법이 <u>아닌</u> 것은? (난이도: ★)

① 추량법
② 선입선출법
③ 소비자 계획 분석법
④ 판매실적법

정답 11 ③   12 ①   13 ③   14 ②

15 투자금액에 따른 목표고객 수 계산을 위해 필요한 항목이 <u>아닌</u> 것은? (난이도: ★★)

① 월 수익목표율   ② 매출에 따른 이익률   ③ 영업시간   ④ 객단가

16 투자금액에 따른 목표고객 수 계산에서 다음 중 옳은 것은? (난이도: ★★★★)

① 매출에 따른 이익률을 약 30%로 가정하면, 월 매출목표는 수익목표의 3.3배이다.
② 고객의 재방문 주기는 업종에 상관없이 동일하다.
③ 목표고정고객은 월고객×재방문주기로 구할 수 있다.
④ 업종별 평균이익률에 상관없이 업체별 월 매출목표를 설정한다.

17 다음 중 손실관리에 대한 설명이 <u>틀린</u> 것은? (난이도: ★★★)

① 가격 하락 손실: 매입 시점에서 예정한 매가를 에누리 등에 따라 가격 인하할
   때 발생하는 손실을 말한다.
② 상품 폐기 손실:식품 등에서 유효 기간이 지난 상품이나 아무리 판촉해도 팔리
   지 않는 상품을 '폐기' 처분했을 때 발생하는 손실을 말한다.
③ 재고 조사 손실:장부상의 재고와 실제 재고 조사를 행했을 때의 실제 재고가 많
   은 경우를 말한다.
④ 품절 손실:고객이 찾는 상품이 매장에 없을 때 발생하는 손실이다.

18 상황별 매출액 향상전략수립을 위해 필요한 사항으로 <u>틀린</u> 것은? (난이도: ★★★)

① 자신이 운영하는 매장의 유형을 파악한다.
② 요일별 방문 고객 수를 파악한다.
③ 시간대별 방문 고객 수를 파악한다.
④ 요일별, 시간대별 방문 고객 수를 파악하는 것이 우선되어야 하며, 이는 입지의
   영향을 많이 받지 않는다.

정답 15 ③   16 ①   17 ③ 18 ④

19. 다음 외식손익관리 관련 내용 중 **틀린** 것은? (난이도: ★★★)

① 원가관리는 원가차이의 발생원인을 밝혀서 원가절감을 도모하는 활동이다.
② 손익관리는 매출이 발생한 고객, 제품군별로 상세한 정보를 제공하는 것이다.
③ 원가관리란 계획-실행-평가의 과정이다.
④ 손익관리는 경영 초기에 한 번 실시하는 것이 중요하다.

20 외식업체가 손익분기점을 계산하기 위해 알아야 할 두 가지 주요 비용은 무엇인가? (난이도: ★★)

① 판매비와 관리비
② 고정비와 변동비
③ 인건비와 재료비
④ 매출액과 순이익

 다음 각 설명에 대해서 빈칸에 알맞은 것을 쓰세요. (주관식)

01 손익계산서의 구성요소는 수익, (   ), (   )이다. (각 1점) (난이도: ★★)

02 비용은 매출원가, 판매비와 관리비 그리고 (   )으로 나뉜다. (난이도: ★★)

03 외식업체의 2대 원가, 재료비와 인건비를 칭하는 용어는? (   ) (난이도: ★★)

04 손익계산서에 표시되는 이익은 매출총이익, (   ), 법인세비용차감전순이익, 당기순이익 등 모두 4가지이다. (난이도: ★★)

05 손익계산서의 이익 중 영업/관리상황에 대해 파악할 수 있는 가장 중요한 의미를 가진 이익은? (난이도: ★★★)

06 매출액 계산 공식 중 빈칸을 채우시오. (난이도: ★★)

매출액 = (   ) × 객단가

07 유동인구 중심형 업체의 매출액 계산 공식을 완성하시오. (난이도: ★★★)

유동인구중심형 업종 매출액
= 통행인구 수 × 내점율 × 실구매율 × (   ) × 월 영업일수

08 매출을 발생시키기 위해 제품을 생산하거나 용역을 수행하는 인력에 대한 급여, 제수당, 상여금, 퇴직급여 등, 즉 매출과 직결된 목적성이 있는 원가항목은? (난이도: ★★★)

09 일정기간 동안의 매출액과 총영업비용이 일치하여 이익도 없고 손실도 없게 되는 즉, 영업이익이 0인 매출수준을 뜻하는 용어는? (난이도: ★★★)

10 제조원가가 판매단계를 거치면 어떤 항목으로 변하는가? (난이도: ★★★)

정답 **05** 영업이익 **06** 고객 수 **07** 객단가 **08** 노무비 **09** 손익분기점 **10** 매출원가

능력단위	과목명	능력단위요소		수행준거		
외식고객 서비스관리	매장 위생 · 안전관리	개인 위생 관리하기	○	위생관리 지침을 활용하여 개인 위생관리 기준표를 만들 수 있다.	○	
				작업장 내 개인 위생관리에 필요한 손세척 시설 및 소독 용품을 비치할 수 있다.	○	
식자재관리				직원들의 개인 식품을 오염시킬 수 있는 행동 및 위생관리 방법을 숙지시키고 준수하게 할 수 있다.	○	
				직원들의 정기적인 개인 위생점검을 통해서 청결을 관리할 수 있다.		
메뉴 품질관리		식자재 위생관리하기	○	식품 위생 관련 법규에 맞추어 식자재의 구입, 입고, 저장, 준비, 조리, 보관, 냉각, 재가열 시 필요한 위생관리 지침을 수립할 수 있다.	○	
				교차오염 방지를 위해 칼, 도마, 행주 등을 용도에 맞게 사용하고 철저하게 소독 관리할 수 있다.	○	
매장 시간대별 업무관리				정기적인 점검을 통해 음용수, 제빙기, 음료 디스펜서 등의 주방기기들을 위생적으로 관리할 수 있다.		
				식자재 위생문제 발생 시 발생 원인을 신속하게 찾아 대책을 수립하고 개선할 수 있다.	○	
매장 인력관리		시설물 위생관리하기	○	위생관리 지침에 의거하여 매장의 시설물의 위생관리 점검표를 작성할 수 있다.		
				매장 내 냉장 냉동고, 환기시설, 상하수도시설, 화장실 등에 대해 정기적으로 점검할 수 있다.	○	
				매장 내 방충, 방서를 위한 정기적인 소독을 진행하고 시설물을 위생적으로 관리할 수 있다.	○	
매장 교육관리				위생문제 발생 시 발생 원인을 신속하게 찾아 대책을 수립하고 개선할 수 있다.	○	
				신뢰할 수 있는 방역업체를 활용해 체계적으로 방충 · 방서 관리를 할 수 있다.		
매장 위생관리		개인 안전관리하기	○	매장 안전관리 지침서에 따라 개인 안전관리 점검표를 작성할 수 있다.	○	
				매장 내 발생하는 개인 안전사고의 유형을 숙지시키고 예방을 위한 안전수칙을 교육할 수 있다.	○	
				매장 내 필요한 구급품이 적정 수량 비치되었는지 확인하고 개인 안전보호 장비를 정확하게 착용하여 작업하는지 확인할 수 있다.		
매장 안전관리				개인 안전사고 발생 시 신속 정확한 응급조치를 실시하고 재발 방지조치를 실행할 수 있다.	○	
매장 마케팅관리		시설물 안전관리하기	○	시설물 안전관리 지침서에 따라 작업장 내 시설물에 대하여 안전관리 점검표를 작성할 수 있다.	○	
				시설물별 점검표를 가지고 계획된 점검 일정에 맞추어 안전을 점검할 수 있다.	○	
				시설물의 안전 위해요소 발견 시 필요한 안전 조치를 즉시 실행할 수 있다.	○	
매장 손익관리				시설물이 지속적으로 안전하게 유지 관리될 수 있도록 예방적 시실관리를 수행할 수 있다.		
		물질 안전관리하기	○	매장에서 사용하는 화학물질의 안전관리 점검표를 만들 수 있다.		
				물질 안전관리 시 화학물질의 관리 지침을 설명할 수 있다.	○	
				장 작업의 종류와 성격에 따라 안전관리 물질을 명확히 구분하여 안전하게 사용하고 보관할 수 있다.		
비대면 서비스 운영관리				물질 안전관리 시 정기적인 취급 교육을 실행하고 직원이 잘 준수하는지 체크하여 관리할 수 있다.		

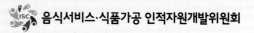

지식		기술		태도		NCS 외
개인 위생관리 방법		개인 위생관리 기술	○	위생 유지 및 청결한 작업 태도		
개인 건강관리 규정						
식중독 증상 및 사후 처리 지식		식품오염 방지 기술		위생법규 준수 의지		
식중독의 발생원인과 예방 대책		세균 증식에 영향을 미치는 요소를 통제하는 기술		근무수칙 준수 의지		
세균 증식에 영향을 미치는 요소 및 통제 방법						
매장 시설 위생 관련 법규에 대한 지식		매장 도구, 기계, 설비 위생관리 기술	○	위생적인 작업 태도		
매장 환경 관리 지식		매장 기계, 시설 청소 및 소독 기술	○	위생법규 준수 태도		
세제, 소독제 등 약품 관련 지식	○	매장 기계 및 시설 오염방지 보관 기술		근무수칙 준수 의지		
홀·주방 위생 관련 법규		홀·주방 위생관리 기술	○	위생적인 작업 태도		
홀·주방 환경관리 지식	○	시설물 및 기기 청소 및 소독 기술	○	위생법규 준수 태도		
홀·주방 시설물 및 기기 사용 및 관리에 관한 지식	○					
세제, 소독제 등 약품 관련 지식	○	적절한 작업환경 온도 유지 기술		근무수칙 준수 의지		
교차오염 및 시간 온도 규정 위반을 방지하는 방법에 관한 지식						
개인 안전사고의 유형에 관한 지식	○	안전관리 시스템 모니터링 및 관리 능력		작업 시 안전을 최우선으로 하는 자세		
개인 보호장비 사용 지식						
구급품 사용 지식		안전사고 발생 시 응급조치 능력	○	적극적으로 안전사고를 예방하려는 자세		
매장 내 조리기기 사용 지식	○	사고 원인 분석 및 재발 방지를 위한 관리 능력		정리 정돈하는 습관		
매장 내 안전 구호에 대한 이해		사고 시 대처 능력	○	개인 안전관리에 대한 솔선수범하는 자세		
부상을 방지하는 작업자세에 관한 지식						
시설물 안전관리 법적 사항 지식	○	정기적 점검과 관리 시스템 구축 능력	○	작업시 안전을 최우선으로 여기는 자세		
소방관리 지식		안전사고 발생 시 응급조치 능력		솔선수범하는 자세		
가스/전기 시설관리 지식		항상 점검하고 세밀하게 관찰하는 능력	○	근무수칙 준수 의지		
매장 내 시설물 및 기기 사용 및 관리 방법				고객과 직원의 안전을 최우선으로 여기는 태도		
물질 안전관리 법적 사항 지식		물질 안전제품의 취급 능력		작업 시 안전을 최우선으로 여기는 자세		
매장 내 화학물질의 제품정보에 관한 지식	○	위해 상황 발생 시 응급 조치 능력		사고 사례를 파악하고, 주의하려는 능동적 자세		
작업 용도에 맞는 올바른 화학용품 사용 지식		올바른 화학용품 사용에 대한 교육실행 능력	○	솔선수범하는 자세		
		정보의 원활한 공유·전파 능력		근무수칙 준수 의지		

외식
운영관리사

5과목

매장 위생·안전관리

I. 매장 위생관리

01

위생 관리하기

1.1 위생관리 기준
1.2 위생 시설관리
1.3 위생 교육

◆ 위생관리 지침을 활용하여 개인 위생관리 기준표를 만들 수 있다.
◆ 작업장 내 개인 위생관리에 필요한 손세척 시설, 소독 용품을 비치할 수 있다.
◆ 직원들의 개인 식품을 오염시킬 수 있는 행동 및 위생관리 방법을 숙지시키고 준
  수하게 할 수 있다.

1.1 위생관리 기준

1 위생관리의 의의

- 세계보건기구(WHO)에 의하면, 식품위생이란 '식품의 재배(생육), 생산, 제조로부터 최종적으로 사람에게 섭취될 때까지의 모든 단계에서 식품의 안전성(safety), 완전성(wholesomeness), 건전성(soundness)을 확보하기 위해서 필요한 모든 수단과 방법'이다. 또한 식품위생법 제2조 제11호에서는 식품위생을 '식품, 식품첨가물, 기구 또는 용기·포장을 대상으로 하는 음식에 관한 위생'이라고 정의되고 있다.

- 위생관리란 음료수 처리, 쓰레기, 분뇨, 하수와 폐기물 처리, 공중 위생, 접객업소와 공중 이용 시설 및 위생용품의 위생 관리, 조리, 식품 및 식품 첨가물과 이에 관련된 기구 용기 및 포장의 제조와 가공에 관한 위생 관련 업무를 말한다.

1) 식품위생의 정의와 목적

식품위생이라 함은 식품, 식품첨가물, 가구 또는 용기, 포장 등으로 하는 음식에 관한 위생을 말한다. 식품, 식품 첨가물, 가구 또는 용기, 포장 등으로 인한 위생상의 위해요소를 관리 및 통제하는 데 그 목적이 있다.

2) HACCP에 따른 식품위해요소

식품과 관련하여 발생하는 질병과 건강장해를 예방하기 위해서 식품의 채취, 가공, 조리, 저장, 운반, 포장 및 판매의 각 단계에서 병원성 미생물의 오염, 부패와 산패, 위해 화합물질의 혼입 등으로 발생하는 각종 위해를 적절하게 관리하여야 하는데 이때 중점적으로 관리해야 할 위해 요소는 다음과 같다.

(1) 생물학적 위해요소 : 세균, 바이러스, 곰팡이, 원충류, 조류(algae), 기생충 등

(2) 화학적 위해요소 : 자연독, 화학약품, 농약, 항생제, 유해식품첨가물, 중금속 등

(3) 물리적 위해요소 : 금속, 유리 등

식품위해요소 중점관리세도(HACCP): 식품의 원료, 제조가공 및 유통 등
전 과정에서 안전 위해 물질이 해당제품에 혼입되거나 오염되는 것을
사전에 예방·감시하기 위한 각 과정을 중점적으로 관리하는 기준

- HACCP(Harzcrd Analysis Critical Control Point: 위해요소중점 관리제도) :

  HACCP이란 식품의 원재료 생산에서부터 제조, 가공, 보존, 유통단계를 거쳐 최종 소비자가 섭취하기 전까지의 각 단계에서 발생할 우려가 있는 위해요소를 규명하고, 이를 중점적으로 관리하기 위한 중요 관리점을 결정하여 자주적이며 체계적이고 효율적인 관리로 식품의 안전성, 건전성 및 품질을 확보하기 위한 과학적인 위생관리 방법이다.

  HACCP는 식품안전성 보장을 위한 예방관리체계로 기존의 적정제조기준(GMP: Good Maunfacturing Practice)과 표준위생운영절차(SSOP: Sanitation Standard Operation Procedure)의 기본적 여건 위에서만 효과적으로 작동한다.

- GMP: 위생적인 제조환경에서 식품을 제조해야만 생산된 식품의 안전성과 품질이 보증된다는 전제하에 시설, 장비, 개인위생 및 공정관리의 기준을 설정함.

- SSOP: 식품취급 중 외부로부터 위해요소가 유입되는 것을 방지하기 위한 조치들을 규정함.

  ※ 국가가 인정하는 식품인증제도에는 농식품 지리적 표시제, 우수농산물 관리(GAP), 친환경농산물인증, 위해요소중점관리(HACCP), 식품안전경영시스템, 전통식품품질인증, 가공식품 KS인증 등이 있다.

3) 식품은 그 생산, 가공, 유통, 저장을 비롯하여 최종 소비자에 의해 섭취될 때까지의 각 단계로부터 오염가능성이 항상 존재하여, 식품위생관리에 대한 올바른 인식과 철저한 대책이 요구된다.

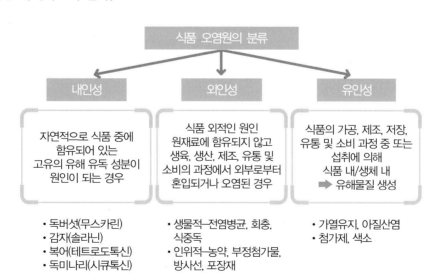

4) 식품과 미생물

(1) 미생물의 종류

(가) 곰팡이 : 본체가 가느다란 실 모양의 균사로 이루어진 균계(fungi) 생물을 폭넓게 통칭하는 말. 식물이 아니다. 그리고 '균계'라고 번역하여 쓰는 까닭에 박테리아를 의미하는 세균과 친척인 것처럼 혼동할 수 있으나 세균과는 범위부터 다르다. 원핵생물인 세균과 달리 균계는 진핵생물에 속한다.

(나) 효모: 균(fungus)계에 속하는 단세포의 진핵미생물로, Ascomycota(자낭균류)와 Basidiomycota(담자균류) 두 개의 문(phyla)에 분포되었다. 효모는 100여 종이 알려져 있으며 양조나 제빵 등에 사용되는 Saccharomyces가 가장 대표적이다.

(다) 세균: 세균은 고균, 진핵생물과 더불어 생물의 3영역 중 한 영역을 차지하는 원핵생물의 대표적인 분류군이다. 현재까지 13,000종 이상이 알려져 있으며 매년 600여 종의 신종이 새로 보고되어 있어 그 수는 지속적으로 증가하고 있다. 세균은 지구상의 어느 곳에서든 발견될 만큼 그 분포에 있어서 다른 생물군을 능가하며 대사의 다양성 또한 경이로운 수준을 보여주고 있다.

(라) 바이러스: 바이러스(virus)는 라틴어로 독(poison)이란 뜻이다. 바이러스의 존재는 19세기 후반에나 알려지기 시작했는데, 그 이전에는 병을 일으키는 작은 미생물은 세균뿐이라고 생각하였다.

◈ 식중독 발생의 원인

대분류	중분류	소분류	인균 및 물질
미생물	세균성	독소형 (오염된 미생물이 분비한 독소에 의한 중독)	황색포도상구균, 보툴리늄, 클로스트리디움 퍼프린제스 등
		감염형 (음식물과 함께 섭취한 병원균의 증식)	살모넬라, 장염비브리오균, 병원성 대장균(에스테리치아 콜리), 캠필로박터, 리스테리아 모노 사이토제네스, 여시니아, 바실러스 세레우스 등
	바이러스성	공기, 접촉, 물 등의 경로로 전염	노로바이러스, 간염A, 감염 E, Covid-19, 로타, 아스트로, 장관아데노

		동물성 자연독에 의한 중독	복어독, 시가테라독
화학 물질	자연독	식물성 자연독에 의한 중독	감자독, 버섯독, 원추리, 여로
		곰팡이 독소에 의한 중독	황변미독, 맥가독, 아플라톡신 등
	화학적	고의 또는 오용으로 참가되는 유해물질	식품첨가물
		본의 아니게 잔류, 혼입되는 유해물질	잔류농약, 유해성 금속화합물
		제조, 가공, 저장 중에 생성되는 유해물질	지질의 산화생성물, 니트로소아민
		기타 물질에 의한 중독	메탄올 등
		조리기구, 포장에 의한 중독	녹청(구리), 납, 비소 등

(2) 미생물의 생육조건

병원균이 어떻게 번식하는지를 이해하기 위해서는 미생물이 살아갈 수 있는 생육조건을 이해하면 된다. 다음은 병원균이 번식하려면 필요한 6가지 조건(FATTOM)이다.

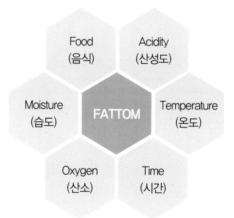

(가) Food(음식) : 병원균이 번식하기 위해서는 탄수화물이나 단백질 등의 에너지원이 필요하다.

(나) Acidity(산성도) : 병원균은 산이 없거나 거의 없는 식품에서 가장 잘 번식한다.

(다) Temperature(온도) : 병원균은 5℃~60℃(40°F~140°F) 위험온도(Danger zone)에서 가장 잘 번식한다.

(라) Time(시간) : 병원균이 번식하려면 시간을 필요로 한다. 음식물을 위험온도 구간에서 시간이 지남에 따라 병원균이 기하급수적으로 증가하여 4시간이 지나면 질병을 일으킬 가능성이 높아진다.

(마) Oxygen(산소): 번식을 위해서 산소가 있어야 하는 호기성 세균(초산균, 고초균, 결핵균, 아조토박터 등)과 산소가 없어야만 하는 혐기성 세균(대장균, 효모, 유산균 등)이 있다.

(바) Moisture(습도): 병원균은 습기가 있어야 한다.

(3) 병원균 번식의 통제

FATTOM을 통제하면 식품을 안전하게 보관할 수 있다. 그러나 대부분 업장에서 통제 가능한 것은 시간과 온도이다. 이 두 가지 조건은 정말 중요하며 안전을 위해서 시간과 온도의 통제가 가능한 식품(TCS: Temperature Control for Safety)을 TCS식품으로 알려져 있다.

예 1) TCS 식품의 온도를 통제하는 방법은 위험온도 5℃~60℃(41℉~140℉)에서 보관된 식품을 위험온도 범위에서 벗어나거나 시간을 제한하도록 한다.

예 2) 차가운 음식의 경우 최대 6시간까지 온도 조절 없이 보관이 가능하다.

(가) 냉장고에서 꺼내기 전까지 음식 온도를 5℃(41℉) 이하로 보관한다.

(나) 피크닉에 쓸 감자샐러드를 냉장고에서 꺼낸 시각이 오후 3시라면 라벨에 표기할 폐기시각은 그로부터 6시간 후인 9시이다.

(다) 냉각과정에서 위험온도(5~60℃/4~140℉)에서 6시간 이상 방치하지 않도록 한다. 냉각 시 식품 온도는 60(140℉)에서 60~21℃ 2시간 이내, 21~5℃(41℉) 이하로는 4시간 이내에 온도를 낮추도록 한다.

(라) 다시 가열해야 할 음식은 내부 중심 온도가 74℃(165℉) 이상에서 15초 이상 유지되도록 재가열한다. 2시간 이내에 적정 관리온도에 도달하지 않으면 폐기하도록 한다.

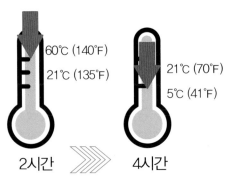

(마) 완제품 : 조리된 음식은 배식 전까지의 보관온도 및 조리 후 섭취 시간

　　28℃ 이하의 경우 : 조리 후 2~3시간 이내 섭취 완료

　　보온(60℃) 유지 시 : 조리 후 5시간 이내 섭취 완료

　　제품의 온도를 5℃ 이하 유지 : 조리 후 24시간 이내 섭취 완료

(바) 온도 조절 장비에서 음식 온도를 60℃(140℉) 이상으로 유지된 뜨거운 음식은 최대 4시간까지 온도 조절 없이 보관할 수 있다.

(4) 위해 가능성이 높은 식품(잠재적 위해 식품: Potentially Harzardous Foods: PHF)

　　병원성 미생물의 성장이나 독소 생성을 위해 온도, 시간을 관리해야 하는 식품을 의미한다. 모든 유형의 식품은 오염 가능성이 있다. 특히, 아래와 같은 식품은 병원균이 더 잘 번식하니 주의를 요한다.

(가) 육류나 가금류 : 햄버거, 고기파이, 커리 등

(나) 단백질 : 조리된 콩, 두부, 너트류 등

(다) 유제품 : 우유, 크림, 커스타드(단, 요거트는 산성이 있으므로 제외)

(라) 해산물 : 각종 해산물과 해산물이 들어간 초밥 등

(마) 새싹 : 알파파, 콩나물 등

(바) 자른 과일과 채소류 : 자른 멜론이나 수박 등

(사) 조리된 쌀이나 파스타류

2 위생관리

- 외식산업은 식중독 발생의 위험에 쉽게 노출되어 있어 주의가 필요한 산업군이다. 외식산업의 증가는 식중독이나 잘못된 식습관으로 인한 질병 발생 등의 사회적 문제로 확대되고 있는 추세이다.

- 외식산업은 생산과 판매가 한 곳에서 이루어지며 고객과 직접 상대하는 특성을 가진 노동 집약적 산업이다. 또한 식품을 취급하는 종사자들의 위생에 관한 지식수준과 업무수행능력이 식중독 예방에 직접적인 영향을 미치기 때문에 체계적인 위생교육과 위생관리 시스템을 갖추는 것이 무엇보다 중요하다.

- 식품을 다루는 모든 외식업체에서 개인위생은 식중독을 방지하기 위한 가장 기본적이고 중요한 요소이다. 식재료가 구매되어 업장으로 반입되어 저장, 가공 및 조리, 서비스되는 과정을 거쳐 고객에게 소비되는 전 과정에 사람이 개입되기 때문에 개인에 대한 위생 상태에 대한 점검과 교육을 필수적이라 하겠다. 따라서 외식업에 종사하는 개인은 다음과 같은 사항에 유의하여야 한다.

1) 개인위생 관련 법규 준수

식품위생법은 1962년 1월에 제정 공포되었으며, 총 13장으로 구성되어 있다. 이 법은 식품으로 인해 생기는 위생상의 위해를 방지하고 식품 영양의 질적 향상을 도모하며, 식품에 관한 올바른 정보를 제공하여 국민 보건의 증진에 이바지하는 것을 목적으로 한다. 외식 분야에 종사하는 인력들은 식품위생법에서 정하고 있는 내용을 준수해야 한다.

(1) 식품위생법 제41조에 의거하여 식품접객업 영업자의 종업원은 매년 식품위생에 관한 '식품위생교육'을 받아야 한다. 제36조 제1항 각호에 따른 영업을 하려는 자는 미리 식품위생교육을 받아야 한다. 제1항 및 제2항에 따라 교육을 받아야 하는 자가 영업에 직접 종사하지 아니하거나 두 곳 이상의 장소에서 영업을 하는 경우에는 종업원 중에서 식품위생에 관한 책임자를 지정하여 영업자 대신 교육을 받게 할 수 있다. 다만 집단 급식소에 종사하는 조리사나 영양사가 식품위생에 관한 책임자로 지정되어 제56조 제1항 단서에 따라 교육을 받은 경우에는 해당 연도 식품위생교육을 받은 것으로 본다.

(2) 식품위생법 제40조에 따라 식품 영업자와 종업원은 건강 진단을 받아야 한다. 영
업주는 영업 시작 전에, 종업원은 영업에 종사하기 전에 미리 검진을 받아야 한다.
건강 진단 검진 주기는 1년이며, 검진 주기는 건강 진단서 발급일 기준이 아니라
검진일을 기준으로 산정한다. 신규직원은 근무를 시작하기 전에 건강 진단서를 미
리 받아야 하고, 건강 진단 결과 이상이 있을 때는 일을 할 수 없다. 개인위생 규칙
에 관련된 내용은 종사원 채용결정 후 오리엔테이션 내용에 포함되어야 하며 이를
수세시설, 게시판, 화장실 등에 게시하여 종사원들이 일상생활에서 개인위생관리
규칙을 숙지할 수 있도록 해야 한다.

☑ 식품위생법(1962년 1월 제정 공포, 총13장 구성)
- 위생상의 위해를 방지
- 식품 영양의 질적 향상을 도모
- 식품에 관한 올바른 정보를 제공
- 목적: 국민 보건의 증진에 이바지

◆ 식중독균이 발견된 경우

1차 위반	2차 위반	3차 위반
영업 정지 1개월 당해 음식물 폐기 원료 폐기	영업 정지 3개월 당해 음식물 폐기 원료 폐기	영업허가 취소 또는 영업 폐쇄 당해 음식물 폐기 원료 폐기

◆ 개인위생 점검 항목

항목	내용
정기 건강검진 실시(연 1회)	종합 검진 및 결핵 진단(인근 병원 및 보건소)
비정기 건강검진(연 4회)	설사, 장티푸스 등 전염병 예방
몸에 상처 유무 확인(수시)	세균 감염 예방, 상처 소독 및 처치
위생복 착용 여부(수시)	외부로부터 오염 물질 예방

3 위생의 필요성

- 조리 종사자 등 식음료를 취급하는 자의 개인위생이 식품의 안전에 큰 위험을 초래하는 오염원이 될 수 있으므로 조리실에 들어가는 순간부터 나갈 때까지 전 과정을 위생 원칙에 따라 행동하고 개인위생 수칙을 철저히 지켜 생활화하여야 한다.

- 식품은 항상 청결하고 위생적으로 취급하여 병원 미생물, 먼지, 유해 물질 등에 의하여 오염되지 않도록 하여야 한다. 식품 종사자의 손에 의하여 식품이 오염 또는 부주의로 병원균을 식품에 부착시키거나, 유독 물질을 혼입시키는 일이 없도록 항상 주의하지 않으면 안 된다. 조리된 식품은 조리 후 사람의 손, 파리, 바퀴벌레, 쥐, 먼지 등에 의하여 오염되는 일이 없도록 적절히 보관하여야 한다. 살충제, 살균제, 기타 유독 약품류는 보관을 철저히 하여 식품첨가물로 오용하는 일이 없도록 주의하여야 한다.

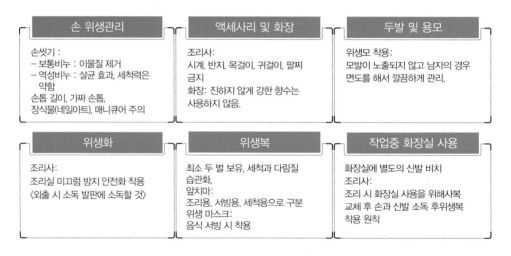

손 위생관리	액세서리 및 화장	두발 및 용모
손씻기 : – 보통비누 : 이물질 제거 – 역성비누 : 살균 효과, 세척력은 약함 손톱 길이, 가짜 손톱, 장식물(네일아트), 매니큐어 주의	조리사: 시계, 반지, 목걸이, 귀걸이, 팔찌 금지 화장: 진하지 않게 강한 향수는 사용하지 않음.	위생모 착용: 모발이 노출되지 않고 남자의 경우 면도를 해서 깔끔하게 관리.
위생화	**위생복**	**작업중 화장실 사용**
조리사: 조리실 미끄럼 방지 안전화 착용 〈외출 시 소독 발판에 소독할 것〉	최소 두 벌 보유, 세척과 다림질 습관화. 앞치마: 조리용, 서빙용, 세척용으로 구분 위생 마스크: 음식 서빙 시 착용	화장실에 별도의 신발 비치 조리사: 조리 시 화장실 사용을 위해사복 교체 후 손과 신발 소독 후위생복 착용 원칙

1) 손 위생관리

식품을 취급할 때 손의 역할이 가장 중요하기 때문에 식품을 취급하기 전이나 용변 후에는 반드시 손을 씻어야 한다. 손 씻기를 잘하더라도 손에 대한 관리를 잘못하여 병원균이 전파될 수도 있으니 다음의 경우를 주의해야 한다. 손을 씻기 위해 충분한 양의 비누를 바른다. 팔에서 팔꿈치까지 깨끗이 골고루 씻는다. 손톱의 길이, 손톱에 이물질이 들어가지 않도록 항상 청결하고 짧게 손톱을 관리한다. 가짜 손톱을 붙인 경우, 부러진 손톱이나 장식물이 조리 시 음식물에 들어갈 수도 있다. 매니큐어를 바르지 않도록 한다. 비누는 균을 살균하는 것이 아니고 씻어 흘려 없애는 것이고 또한 더러운 먼지 같은 것을 제거하는 작용을 한다. 그러므로 이때 다시 역성비누를 사용하는 것이 좋다. 이는 냄새도 없애고 독성도 적으므로 식품 종사자의 소독 방법에 가정 적합한 방법이다. 그러나 역성비누는 세척력이 약하기 때문에 많이 더러운 손을 씻고자 할 때는 비누와 함께 병용하는 것이 바람직하다.

※ 역성비누 : 보통비누가 음이온 활성인 것에 대해 양이온 활성제가 계면 활성 작용을 하는 비누로서 세척력은 약하지만, 살균력이 보통비누보다 강하다.

조리 및 기타 업무를 수행하다 보면 손을 베이거나 다칠 수 있다. 이럴 경우, 손가락 골무를 사용해서 상처 부위가 노출되지 않도록 주의를 하도록 하여 포도상구균과 같은 병원균에 의한 식품 오염을 방지한다.

2) 두발 및 용모

조리실(주방) 내에서 근무하는 모든 종업원은 위생모를 착용하여야 한다. 위생모는 외부에 모발이 노출되지 않도록 정확히 착용하여야 한다. 남자 종업원은 수염이 보이지 않도록 깨끗이 면도하여야 한다.

3) 위생복

조리 시에는 항상 청결한 위생복을 착용하여야 한다. 최소한 두 벌을 보유하고 세척과 다림질을 습관화하여야 한다. 앞치마는 조리용, 서빙용, 세척용으로 용도에 따라 색상을 달리하거나 구분하여 사용한다. 음식을 서빙할 때 기침이나 재채기를 통한 세균의 오염을 방지하기 위하여 필요시 위생 마스크를 사용한다.

4) 액세서리 및 화장

조리실(주방) 종사자는 시계, 반지, 목걸이, 귀걸이, 팔찌 등 장신구를 착용해서는 안 되며, 손톱에 이물질이 끼거나 세균이 잠복하기 쉽기 때문에 손톱은 짧게 깎고 청결을 유지해야 한다. 손톱에 매니큐어나 광택제를 칠해서는 안 되며, 인조 손톱을 부착해서는 안 된다. 화장은 진하게 하지 않으며 향이 강한 향수는 사용하지 않는다. 인조 속눈썹을 착용해서는 안 된다.

5) 위생화(작업화)

종업원은 매장 내에서 슬리퍼를 신고 다녀서는 안 되며, 조리실(주방) 내에서는 전용 위생화(작업화)를 신어야 한다. 외부 출입 시에는 반드시 소독 발판에 작업화를 소독하고 들어온다.

6) 작업 중 화장실 출입

화장실 입구에 전용 신발을 비치하여 화장실 출입 시 갈아 신어야 한다. 종업원이 조리 중 화장실에 갈 경우 사복으로 갈아입고 화장실 용무를 본 후에는 반드시 손과 신발을 소독하고 다시 위생복으로 갈아입어야 한다.

7) 장갑(일회용 고무장갑)

조리사의 손이 직접 음식이나 식재료에 접촉되지 않도록 위생장갑을 착용한다. 위생장갑은 전처리용, 조리용, 설거지용, 청소용 등으로 용도에 따라 색상별로 구분, 관리할 수 있다. 조리실(주방)에서 흔히 사용하는 일회용 위생장갑은 라텍스, 폴리에틸렌, 비닐 등 다양한 소재로 구성되어 있다. 일회용 위생장갑은 교차 오염을 방지하기 위하여 다음과 같은 경우 교체하여 사용하여야 한다.

(1) 용도나 목적이 다른 작업을 할 때
(2) 구멍이 났거나 찢어진 경우
(3) 휴식 등으로 한 번 사용했다가 벗어놓은 경우
(4) 생고기, 생선, 날달걀 등을 만진 후 비가열 조리 식품 또는 즉석 섭취 식품을 만지는 경우

8) 기타 금지행위

(1) 화장실 사용 후 손을 씻지 않는 경우
(2) 땀, 침, 콧물을 옷으로 닦는 경우
(3) 음식이 담긴 접시를 겹쳐서 나르는 경우
(4) 바닥이나 싱크대에 침을 뱉는 경우
(5) 주방에서 가리지 않고 코를 풀거나 기침하기

(6) 빵이나 얼음을 맨손으로 집는 경우

(7) 식기의 음식이 닿는 부분을 손으로 만지는 경우

◆ 개인 복장 착용 기준

구분	내용
두발	항상 단정하게 묶어 뒤로 넘기고 두건 안으로 넣는다.
화장	진한 화장이나 향수 등을 쓰지 않는다
유니폼	세탁된 청결한 유니폼을 착용, 바지는 줄을 세워 입는다.
명찰	왼쪽 가슴 상단 중앙에 부착한다.
장신구	화려한 귀걸이, 목걸이, 손목시계, 반지 등을 착용하지 않는다.
앞치마	리본으로 묶어주며 더러워지면 바로 교체한다.
손톱	손톱은 짧고 항상 청결하게 상처가 있으면 밴드로 붙인다.
안전화	지정된 조리사 신발을 신고, 항상 깨끗하게 관리한다.
위생모	근무 중에는 반드시 깊이 정확하게 착용한다.

4 개인위생관리 항목

외식업체에서 효과적인 개인위생관리를 실천하기 위해서는 다음 사항을 숙지하도록 한다. 식품을 취급하고 음식을 조리하는 사람은 자신의 건강 상태를 확인하고 개인위생에 주의를 기울여야 한다. 음식물을 통해 전염될 수 있는 병원균을 보유하고 있거나 설사, 구토, 황달, 기침, 콧물, 가래, 오한, 발열 등의 증상이 있을 때는 일을 해서는 안 된다. 위장염 증상, 부상으로 인한 화농성 질환, 피부병, 베인 부위가 있을 때는 즉시 점주, 점장, 실장 등 상급자에게 보고하고 작업하지 않아야 한다.

- 작업장에 입실 전, 지정된 보호구(모자, 작업복, 앞치마, 신발, 장갑, 마스크 등)를 청결한 상태로 착용
- 작업 전에 손(장갑), 신발을 세척하고, 소독한다.
- 남자 종업원은 수염을 기르지 말고, 매일 면도하여야 한다.
- 손톱은 짧게 깎고, 매니큐어 및 짙은 화장은 금한다.
- 작업장 내에는 음식물, 담배, 장신구 및 기타 불필요한 개인 용품의 반입을 금한다.
- 작업장 내에서는 흡연 행위, 껌 씹기, 음식물 먹기 등의 행위를 금한다.
- 작업장 내에서는 지정된 이동 경로를 따라서 이동하여야 한다.
- 작업장에의 출입은 반드시 지정된 출입구를 이용, 별도의 허가를 받지 않은 인원은 출입할 수 없다.
- 모든 설비 및 도구는 항상 청결한 상태로 정리 정돈한다.
- 작업장 내에서의 교차 오염 또는 2차 오염의 발생을 방지하여야 한다.

1.2 위생 시설관리

1 화장실/탈의실

- 화장실은 작업장과 직접 연결되지 않으며 작업장에 영향을 미치지 않는 곳에 정화조를 갖춘 수세식으로 설치한다. 내부 공기를 작업장 외부로 배출할 수 있는 별도의 강제 환기 시설(환풍기 등)을 갖추어야 한다.

- 벽과 바닥은 내수성·내부식성 재질로 청소가 용이하여야 한다. 출입구에는 손 세척, 건조, 소독 시설을 설치해야 한다. 작업장 외부로 통하는 환기 시설과 외출 복장, 위생복 간의 교차 오염이 발생하지 않도록 구분·보관할 수 있는 시설을 구비한다.

2 작업장 출입구와 통로

> 1) 작업장 내부로 출입구:
> 작업자를 위한 세척 소독 시설 구비, 세척 소독 후 출입,
> 세척 소독 설비는 입퇴실 방향에 따라 배치

> 2) 이물 제거를 위한 시설:
> 끈끈이, 진공 흡입기, 에어샤워등이 사용 가능
> 장화착용 시 세척조는 작업장 내에 설치하지 말고,
> 반드시 전실 내 작업장 퇴실구에 설치 → 교차 오염방지

> 3) 이동 통로:
> 작업장과 작업장 사이 이동 통로에 표시(차선방향을 표시한 것과 동일)

> 4) 에어커튼:
> 저온 창고 냉기 보존 목적으로 설치

1) 작업장 내부로 출입하는 곳은 반드시 작업자를 위한 세척 소독 시설을 구비하여 세척 소독 후 출입하여야 하며, 세척 소독 설비는 입·퇴실 방향에 따라 배치하여야 한다.

2) 이물 제거를 위한 시설은 끈끈이, 진공흡입기, 에어샤워 등이 사용 가능하며, 장화 사용 시 장화 세척조는 작업장 내에 설치하지 말고 반드시 전실 내 작업장 퇴실구에 설치하여 교차 오염되지 않도록 하여야 한다.

3) 이동 통로는 작업장과 작업장 사이 이동 통로에 표시하여야 한다. 도로에서 사거리, 삼거리, 막다른 길 등에 차선 방향을 표시한 것과 동일하다.

4) 작업장 외부에 설치하는 방충 설비 중 하나인 에어커튼은 선풍기와 같은 것으로 바람을 이용하여 해충의 비행 등을 방해하는 설비로 작업장 내에 설치할 경우 작업장 먼지, 작업자 이물 등을 작업장, 식품에 날려 떨어지는 결과를 초래하므로 저온 창고 냉기 보존 목적 이외에 설치하여서는 안 된다.

1.3 위생 교육

1 식품 위생 교육의 목적

- 식품을 직접 조리, 가공하는 사람은 작업 중에 식품 또는 식품접촉표면과 지속적으로 접촉하게 된다. 식품 관련 종사자들의 건강 상태나 작업 습관, 식품위생에 관한 지식과 생각이 식품의 안전성에 중대한 영향을 줄 수 있다.

- 따라서 식품 취급자로 하여금 식품위생의 중요성을 인식하고 식품위생에 대한 지식, 기술 및 올바른 태도를 가질 수 있도록 함으로써 식품 위생 사고를 방지할 수 있다.

2 식품 종사자의 위생관리

개인의 건강을 유지하기 위해서는 식품 그 자체의 위생은 물론 식품을 취급하는 '개인의 위생'을 고려하지 않으면 안 된다. 따라서 식품을 취급하는 종사자의 개인위생으로서는 적어도 다음에 열거하는 것을 유의하여 작업에 종사하여야 한다.

1) 전염성의 질환자 또는 손에 화농성의 상처가 있는 사람은 절대로 식품 취급에 종사하여서는 안 된다.
2) 식품을 직접 취급하는 사람, 기타 식품에 접촉하는 사람은 모든 것이 청결하고 깨끗하게 세탁된 위생복을 착용하고 모자나 마스크도 반드시 착용하여야 한다.
3) 식품 취급 종사자는 작업 시간 중 손을 항상 청결히 유지하고 용변 후에는 반드시 손을 씻어야 한다.

3 식품 종사자의 건강관리

식품은 세균이나 곰팡이에 의하여 부패하는 등 품질이 저하될 수 있다. 또한 세균 중에는 전염병이나 식중독의 원인이 되는 세균도 있다. 이와 같은 병원균은 식품의 제조나 판매와 같은 과정에서 유입되는 것이 많다. 그 경로를 밝혀 보면 식품 종사자 가운데 병원균의 보균 자를 발견하는 사례가 종종 있다. 식품 종사자가 가벼운 설사를 하는 정도의 경우라도 이질 균이 있었던 예가 있기 때문에 이를 경계해야 함과 동시에 반드시 건강 진단을 받은 후 식품 을 취급하는 작업에 종사하여야 한다.

1) 건강 진단

　(1) 영업자의 의무

　　건강 진단은 종사자의 채용 시와 정기적 또는 임시로 행하여야 하며, 위생 분야 종사 자들은 건강 진단 규칙, 일반 건강 진단 항목 및 그 횟수에 따라 건강 진단을 받도록 하여야 한다. 그리고 건강 관리 계획을 세우고 종사자의 건강 진단 등의 정보를 기록 해 두어야 한다. 종사자의 건강 상태를 파악하고 이상이 있을 때, 곧 의사의 진단을 받 게 하고 식품 취급에 종사시켜서는 안 된다.

　(2) 종사자의 의무

　　질병에 걸렸을 때는 신속히 책임자에게 신고하고 건강 상태에 충분히 주의를 기울이 고 건강 유지관리에 노력하여야 한다. 식품위생법 제40조에 따라 식품 영업자와 종업 원은 건강 진단을 받아야 한다.

　　(가) 건강 진단 검진 주기는 1년이다.

　　(나) 검진 주기는 건강 진단서 발급일 기준이 아니라 검진일을 기준으로 산정한다.

　　(다) 영업주는 영업 시작 전에, 종업원은 종사하기 전에 미리 검진을 받아야 한다.

　　(라) 신규직원은 근무를 시작하기 전에 건강 진단서를 미리 받아야 하고, 건강 진단 결 과 이상이 있을 때는 일을 할 수 없다.

　　(마) 건강 진단서 원본을 항상 소지하고 근무하여야 한다.

　　(바) 건강 진단서 유효 일자가 지나기 전에 미리 검진을 받도록 한다.

2) 영업에 종사하지 못하는 질병의 종류

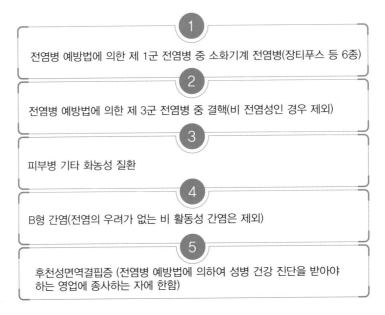

1. 전염병 예방법에 의한 제 1군 전염병 중 소화기계 전염병(장티푸스 등 6종)
2. 전염병 예방법에 의한 제 3군 전염병 중 결핵(비 전염성인 경우 제외)
3. 피부병 기타 화농성 질환
4. B형 간염(전염의 우려가 없는 비 활동성 간염은 제외)
5. 후천성면역결핍증 (전염병 예방법에 의하여 성병 건강 진단을 받아야 하는 영업에 종사하는 자에 한함)

(1) 전염병 예방법에 의한 제1군 전염병 중 소화기계 전염병(장티푸스 등 6종)

(2) 전염병 예방법에 의한 제3군 전염병 중 결핵(비전염성인 경우 제외)

(3) 피부병 기타 화농성 질환

(4) B형간염(전염의 우려가 없는 비활동성 간염은 제외)

(5) 후천성면역결핍증(AIDS, 전염병 예방법에 의하여 성병에 관한 건강 진단을 받아야 하는 영업에 종사하는 자에 한함)

※ 제1군전염병 : 전염속도가 빠르고 국민건강에 미치는 위해 정도가 너무 커서 발생 또는 유행 즉시 방역대책을 수립하여야 하는 다음 각목의 전염병을 말한다.
i) 콜레라, ii) 페스트, iii) 장티푸스, iv) 파라티푸스, v) 세균성이질, vi) 장출혈성대장균감염증
[네이버 지식백과] (식품과학기술대사전, 2008. 4. 10.)

3) 법정 위생 교육을 수강한다.

영업을 시작하려고 하는 신규 영업자나 기존 영업자 모두 식품위생법 제41조에 규정된 소정 시간의 위생 교육을 받기 위한 식품 위생 교육 신청서를 온·오프라인으로 신청한다. 식품 위생 교육을 수강한다. 수료증을 보관한다(온라인으로 수강할 경우 수료증을 출력).

4) 자체 위생 교육을 실시한다.

종사자 위생 교육은 교육 계획을 수립하여 매월 1시간 이상 실시하여야 한다.

종사자 위생관리	영업장 출입 위생관리	작업 전 위생관리
전염병 관리법 규정에 따라 국가지정 의료기관에서 주기(1년)에 맞게 건강진단을 시행 작업 전 종사자 위생 교육□실시 → 작업 필요사항 교육	• 종사자의 제품 접촉 금지: 피부병, 화농성 질환자 등 (작업장 출입 통제) • 화장실 등 외부 출입 시 외부 오염원의 작업장 혼입 방지 → 작업화 및 손 세척 • 작업장에 출입이 허가되지 아니한 외부인의 출입은 통제	• 작업장 내의 벽면, 바닥, 천장 등에 대한 청결 여부를 확인 • 가공 시설 및 기구류: 청결 여부를 철저히 확인 • 냉장고 등 보관 시설의 정상 작동 여부 확인 및 청결 확인

(1) 종사자 위생관리

종사자는 전염병관리법 규정에 따라 국가 지정 의료기관에서 주기(1년)에 맞게 건강 진단을 시행하여야 한다. 작업 전 종사자 위생 교육을 실시하여 작업에 필요한 사항을 교육한다.

(2) 영업장 출입의 위생관리

피부병, 화농성 질환자 등 제품에 악영향을 미칠 우려가 있는 종사자의 제품 접촉을 금지한다(작업장 출입 통제). 화장실 등 외부 출입 시 외부 오염원의 작업장 혼입을 방지하기 위하여 작업화 및 손 세척을 철저히 한다. 작업장에 출입이 허가되지 아니한 외부인의 출입은 통제한다.

(3) 작업 전 위생관리

작업장 내의 벽면, 바닥, 천장 등에 대한 청결 여부를 확인한다. 가공에 사용되는 시설 및 기구류의 청결 여부를 철저히 확인한다. 냉장고 등 보관 시설의 정상적인 작동 여부를 확인하고 청결 여부를 확인한다.

(4) 작업 시 위생 상태

(가) 작업장이 15℃ 이하의 온도로 유지되고 있는지 수시로 확인한다(양념 작업장은 작업 시 식육 작업장과 구획 조치 후 작업을 하여야 한다).

(나) 원료육의 적정 여부를 확인한다(보관 온도, 관능 검사 실시 여부).

(다) 원료육의 위생적인 전처리 실시 여부를 확인한다(해동, 비가식 부분 제거 등).

(라) 작업 순서 및 사항을 숙지하여야 한다(종사자에게 교육).

(마) 식육의 낙하 시 신속한 폐기나 소독을 실시한다.

(바) 기계의 정상적인 작동 여부와 원료 및 제품 포장재의 적절한 관리 여부를 확인하여 제품에 이물이나 오염 물질의 혼입을 방지한다.

(사) 완제품은 신속히 저장 창고 등으로 이동시켜 작업장에 체류하는 시간을 최소화한다.

(아) 제품의 운반은 바닥, 벽, 기타 기계 등에 접촉되지 않도록 하고 적정 온도로 보관 또는 운반한다.

(5) 작업 종료 후 위생 상태

제조시설은 청결히 관리하고 기구류는 작업 후 열탕 또는 약품을 이용하여 필히 소독한다. 작업장(가공실, 원료 처리실, 포장실), 냉장·냉동고는 작업 종료 후 청소를 실시하여 청결 상태를 유지하고 가능한 한 바닥의 물기를 제거한다. 작업 중 발생되는 폐기물은 가능한 한 작업장 외부에 관리하며 신속히 처리한다.

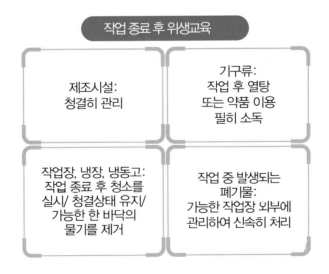

작업 종료 후 위생교육

제조시설: 청결히 관리	기구류: 작업 후 열탕 또는 약품 이용 필히 소독
작업장, 냉장, 냉동고: 작업 종료 후 청소를 실시/ 청결상태 유지/ 가능한 한 바닥의 물기를 제거	작업 중 발생되는 폐기물: 가능한 작업장 외부에 관리하여 신속히 처리

(6) 건강 진단

조리 종사자는 식품위생법에 따라 1년 1회 건강 진단을 받아야 할 의무가 있으며, 건강 진단 결과 제1군 전염병, 피부병 및 기타 화농성 질환, 제3군 전염병 중 결핵(비전염성인 경우 제외)인 경우 조리에 종사하지 못한다. 정기적인 건강 진단 이외에도 매일 조리 작업 전에 급식 관리자가 조리 종사자의 건강 상태를 체크하는 것도 중요하다. 발열, 설사, 복통, 구토하는 경우 식중독이 의심되므로 조리 작업에 참여하게 해서는 안 되며 의사의 진단을 받은 후 조치해야 한다. 본인 및 가족 중에 법정 전염병 보균자가 있거나 발병한 경우에는 완쾌될 때까지 조리 작업에 참여하지 못하게 해야 한다. 손이나 얼굴에 화농성 상처나 종기가 있는 경우 조리를 담당하지 않도록 업무를 조정해야 한다.

02

식자재 위생 관리하기

◆ 식품 위생 관련 법규에 맞추어 식자재의 구입, 입고, 저장, 준비, 조리, 보관, 냉각, 재가열 시 필요한 위생관리 지침을 수립할 수 있다.
◆ 교차오염 방지를 위해 칼, 도마, 행주 등을 용도에 맞게 사용하고 철저하게 소독 관리할 수 있다.
◆ 식자재 위생문제 발생 시 발생 원인을 신속하게 찾아 대책을 수립하고 개선할 수 있다.

2.1 식자재 위생관리

1 식자재의 흐름에 따른 위해요소관리

식재료의 구매, 입고, 검수, 저장, 조리, 서비스하는 과정에서 일어날 수 있는 위해요소를 잘 관리하는 것은 식자재 위생관리 책임자의 주요 업무이다. 이를 위해서는 식자재 취급자는 항상 교차오염, 온도 및 시간에 대한 관리를 철저히 해야 한다.

1) 교차오염

병원균은 작업 중에 주위로 쉽게 전파될 수 있다. 식품이나 씻지 않은 손에서 준비구역, 장비, 주방기구 또는 다른 식품으로 병원균이 전염될 수 있다. 교차오염은 식품을 구입할 때부터 고객에게 제공되는 모든 순간에 일어날 수 있다. 교차오염을 방지하기 위한 가장 기본적인 방법은 가공하지 않은 식품과 바로 먹을 수 있는 식품을 서로 멀리 떨어뜨려서 보관하거나 관리하는 것이다. 그러기 위해서 다음과 같은 점을 고려하여야 한다.

(1) 장비 구분

식품의 종류에 따라 사용할 장비나 기구 등을 구분하여 사용한다. 예를 들면, 도마를 사용할 경우 육류(붉은색), 어류(파란색), 채소(초록색), 가공품(노란색), 완제품(흰색)으로 구분해서 사용하면 교차오염을 피할 수 있다.

(2) 세척 및 살균

모든 장비 및 주방 기구는 작업 종료 후 세척하고 살균한다. 위의 예시처럼 도마를 구분해서 사용할 수 없는 경우, 작업 후에 반드시 세척하고 살균한 후 다음 작업을 진행하도록 한다. 예를 들면 살모넬라와 같은 병원균을 방지하려면 닭을 손질한 도마는 반드시 세척 살균하고 후에 채소를 작업한다.

(3) 서로 다른 시간에 식자재 준비

동일한 테이블에서 작업을 진행할 때는 생고기, 가금류, 해산물, 채소 등을 각각 다른 시간대에 작업하도록 시간을 배분한다. 이때도 도마나 각종 조리기구 및 장비는 작업 후 세척, 살균을 해주어야 한다.

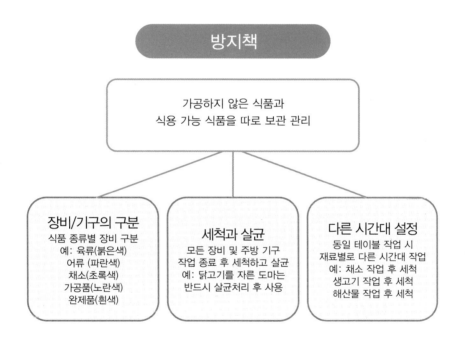

2) 시간과 온도 관리

식자재에 대한 위생관리는 자연에서 식재료를 구하는 시점부터 고객에게 전달하는 전 과정에서 이루어져야 한다. 특히, 주요 관리 항목은 시간과 온도라고 할 수 있다. 모든 식자재는 완전무결한 상태로 관리하는 것은 불가능하다. 따라서 식중독 예방을 위한 3대 원칙에 따라 고객에게 제공하기 전까지 철저히 관리되어야 한다.

(1) 식중독 예방의 3대원칙

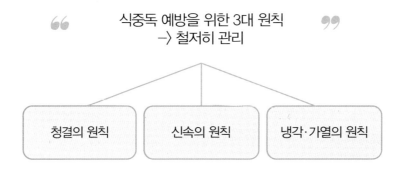

(가) 청결의 원칙 : 식사재를 위생적으로 처리하기 위해서는 세척, 살균 과정을 반드시 걸쳐야 한다. 식자재 취급자들은 손을 깨끗하게 자주 씻고, 청결한 주변환경을 만들도록 하여야 한다.

(나) 신속의 원칙 : 식자재는 잠재적인 오염원에 노출되기가 쉽다. 따라서 모든 식자재는 신속하고 적절하게 보관, 저장관리 되어야 한다. 또한 조리된 식품은 즉시 섭취하는 것이 바람직하다. 조리 후 시간이 경과됨에 따라 병원균은 기하급수적으로 늘어나기 때문에 식중독에 원인이 된다.

(다) 냉각/ 가열의 원칙 : 식중독균은 그 종류에 따라 증식의 최적온도가 서로 다르지만 일반적으로 5℃~60℃(40℉~140℉)에서 가장 활발하게 증식한다. 이 온도 구간을 위험온도(danger zone)라 한다. 따라서 식자재의 보관은 냉장온도(5℃ 이하)로 보관하도록 하며, 가열은 60℃ 이상으로 가열하도록 한다.

(2) 식품 보관 지침(TCS식품은 적정 내부 온도를 확인한다.)

　　(가) 뜨거운 음식은 60℃(140℉) 이상에서 보관한다.

　　(나) 차가운 음식은 5℃(40℉) 이하에서 보관한다.

(3) 시간과 온도의 적절한 관리방안

모든 직원은 다음과 같은 위생적인 절차를 지키도록 한다.

(가) 감시: 각 부서, 메뉴, 담당업무별로 식품에 대한 취급과 관리를 위임받은 위생에 대한 책임자를 두도록 한다.

(나) 도구: 적절한 종류의 온도계를 사용하도록 하며, 타이머를 이용해서 식품이 얼마 동안 방치되는지를 확인하도록 한다.

(다) 기록: 위생 책임자는 냉장/냉동고, 온장고, 가종 장비와 기기에 대한 적정한 온도를 확인하고 기록할 수 있도록 해야 한다.

(라) 시간과 온도 통제: 절차에 따라 식품이 위험온도 구간에 얼마나 방치되는지 통제한다. 냉장고 내의 식품의 양이나 문을 자주 여는 등에 대한 관리를 해야 한다.

(마) 개선책: 식품취급자가 기준 온도와 시간을 준수하지 못했을 때 이에 대해 적절한 조치를 하고 있는지 확인한다. 예를 들면, 스팀 테이블에 보관된 수프의 경우 2시간이 경과되어 온도가 60℃(140℉) 이하로 내려가면 재가열하여야 한다.

주방 기구 세척 및 소독

1 세척과 살균 소독

- 세척이란 시설, 도구 및 조리 장비로부터 더러운 오염 물질들을 제거하는 과정을 말하며, 살균 소독이란 세척 표면에서 미생물의 수를 안전한 수준으로 줄이는 과정이다.

- 찌꺼기나 때가 남아 있게 되면 소독제의 효과가 감소되며, 소독제가 필요로 하는 미생물과의 접촉 시간이 줄어들게 되므로 세척과 살균 소독은 2단계로 해야 한다.

- 살균, 소독 효과를 극대화하기 위해서는 1차적으로 표면을 깨끗이 세척한 후에 살균 소독제의 적정한 온도, 농도, pH, 접촉 시간 등을 준수하고 희석액의 농도를 적절히 맞추어야 한다.

1) 세척제

용도에 맞는 세척제를 선택해야 하며 사용 설명서에 따라야 한다. 세척제를 임의로 섞을 경우 화학 반응을 일으켜 세척력을 상실하거나 유해가스 등의 발생으로 위험할 수 있다. 용도 표시 라벨이 없거나 정확하지 않고 의심이 가는 세척제는 사용하지 않는다. 세척제는 사용하는 용도에 따라 1종, 2종, 3종으로 구분되어 있다.

◆ 세제의 종류

구분	사용법
알칼리성 세제	산성의 오염물을 중화시켜 제거하는 세제로 유리창용 세제, 가정용 왁스 세제, 기름때 전용 세제, 얼룩 제거 세제, 탄화 전용 세제, 만능 세제 등
중성 세제	가정용 식기 세제나 욕조 전용 세제로 오염물을 녹여 없애기 때문에 표면에 흠집을 내지 않음. 약알칼리성 세제를 희석한 것도 포함
산성 세제	화장실용 세제로 손 세정용으로 더러워진 것을 닦는 데도 적합
표백제	살균제가 들어간 염소계 세제로 누런 때를 제거(화장실용 세제도 염소계) 산성의 화장실 전용 세제와 혼합하면 유독가스가 발생 취급에 주의
살균제	알코올이 주성분인 세제로 도마 등의 조리 용구의 살균 표면에 물기가 남아 있으면 천연 효과가 없으므로 주의
왁스	바닥 표면에 엷고 투명한 수지막 형성으로 오염을 방지하고 광택을 냄

2) 세척제 사용 시 준수 사항

주방에 배치되어 있는 설비들은 자주 세척을 해야 수명이 오래가고 위생적으로 사용할 수 있다. 세척제는 안전하고 부식성이 없어야 한다. 세척제마다 특징이 다르므로 제조업체의 사용 설명서를 잘 확인하여 용도에 맞는 세척제를 선택하여야 한다.

주방의 세척 소독 시설은 조리 방법 및 특성에 따라 설치하여야 하는데 이물 등이 오염되는 공정에는 세척 소독 시설, 나머지는 소독 설비가 필요하며, 작업 도구에 대한 세척·소독은 작업장 내 세척 소독 시설에서 할 수 있으나, 이동 박스 등은 세척실에서 분리시켜 사용하여야 교차 오염을 방지할 수 있다. 세척 소독 게시물을 부착하는 것은 항상 눈으로 보면서 습관화하려고 하는 것이므로 세척 소독 설비와 맞는 게시물을 부착하여 일상화되도록 한다. 세척 소독 게시물을 부착하는 행동은 단순하지만, 그 게시물을 보고 철저히 준수되었을 때와 그렇지 않은 경우 기업의 손실은 엄청난 차이가 날 수 있다.

(1) 다른 세척제를 임의로 섞을 경우 화학 반응을 일으켜 세척제의 기능을 상실하거나 유해가스가 생성되는 등 위험할 수 있다.

(2) 물질 안전 보건 자료(MSDS: Material Safety Data Sheet)를 비치한다.

(3) 유해 성분이 함유된 물질은 모두 목록화하고 라벨링을 부착한다.

(4) 세척제는 주방에 보관하지 말고 별도의 구분된 세척제 전용 보관 장소에 보관한다.

2 소독

올바른 세척 방법을 통해 음식 찌꺼기나 오물들이 제거되었다 하더라도 안전하다고 안심하기 어렵다. 아무리 깨끗이 세척 작업을 수행했다 하더라도 눈에 보이지 않는 세균이 남아 있기 때문이다. 특히 음식물과 접촉하는 식기나 용기, 도구 등 모든 기물은 철저한 살균, 소독 작업을 통해서 세균을 박멸해야 한다. 소독 작업은 세척을 완료한 후에 수행하여야 한다.

이동할 수 없는 주방 기구들의 분해, 세척은 제작업체의 사용 설명서를 확인해야 한다. 일반적으로 세척하기 전에 기구들의 전원 공급 장치를 차단한다. 부피와 무게가 많이 나가는 냉장, 냉동 시설을 제외하고 전원이 연결된 기구는 감전의 위험을 방지하기 위해서 플러그를 빼놓는다. 음식물이나 식자재는 세척하기 전에 치워 둔다. 칼날, 뚜껑 등 분리가 가능한 부품은 따로 세척, 살균한다. 세척, 살균된 기구의 부품은 재조립한 후에도 다시 살균 처리한다. 분무기를 사용하는 살균 방법은 이동이 어렵기 때문에 무거운 기구의 살균에 좋은 방법이 될 수 있다. 분무는 살균제가 충분히 뿌려지도록 2~3분 동안 분무한다.

1) 냉장, 냉동 시설

냉장, 냉동 시설에는 음식물의 출입이 빈번하고 장기 저장하거나 혼재되는 식자재가 많기 때문에 아무리 저온이라고 하지만 세균의 번식이 용이하다. 냉장, 냉동 시설의 세척, 살균은 최대한 자주 해주고 음식물이 직접 닿는 랙(Rack)이나 내부 표면, 용기는 매일 세척, 살균하도록 한다.

2) 상온 창고

실온 창고는 정기적으로 청소해야 하며 벽, 바닥, 천장, 선반 등은 가능한 한 매일 세척해야 한다. 실온 창고의 청소, 살균 작업은 분무식이 효과적이지만 다른 시설 및 기구에 영향을 줄 수 있으므로 분무 시 사용하는 세척제나 소독제의 성분을 확인해야 한다.

(가) 진공청소기로 바닥의 먼지를 제거한다.

(나) 대걸레로 바닥을 청소한 후 자연 건조한다.

(다) 바닥은 항상 건조 상태를 유지해야 한다.

(라) 선입선출(FIFO) 원칙을 준수한다.

(마) 3정 5S 원칙에 따라 소모품은 각각 제 위치에 정리 정돈한다.

(바) 깔판, 팰릿, 선반도 청결하게 관리한다.

※ 3정 5S : ISO 9001(품질경영시스템)인증을 받기 위해서 기업에서의 품질 경영을 해야 하는 원칙 및 조건이 서술되어 있는데 이러한 무사고 고효율을 위한 방법으로 3정 5행이 많이 거론되고 있는 일본에서 시작된 작업환경 및 사무환경에서 낭비제거 및 작업환경 개선을 위하여 행하는 활동이다.
 ▶3정(3R): 정위치(Right Location), 정품(Right Product), 정량(Right Quantity)
 ▶5행(3S): 정리(Seiri), 정돈(Seiton), 청소(Seisoh), 청결(Seiketsu), 습관화(Shtsuke)

3) 주방 기물

위생 관리를 위한 기물 및 식기류의 세척 작업은 시간과 노동력이 많이 들기 때문에 매장의 위생 관리 측면에서 매우 중요하다. 조리원이 근무하는 주방 공간에 설치된 장비나 기물은 항상 청결한 상태를 유지해야 하고 정기적인 세척이 필요하다. 주방 설비는 제작사마다 모델이 다르기 때문에 구입 시 반드시 작동 매뉴얼과 세척을 위한 설명서를 확보해야 한다.

4) 배수로

배수로는 하부에 부착된 찌꺼기까지 청소를 철저히 하지 않으면 하수구에서 악취를 유발하거나 하루살이 등 해충이 발생하고 심지어 쥐의 이동 통로가 되므로 주기적으로 확인하여야 한다. 특히 배수로 설계 및 설치가 잘못된 경우 무거운 중량물을 옮길 때 하중에 의해서 파손 및 청소 및 관리가 어려울 수 있다.

5) 배기 후드

(가) 청소하기 전에 배기 후드 하부 조리 장비에 먼지나 이물질이 떨어지지 않도록 비닐로 덮는다.

(나) 배기 후드 내의 거름망을 분리한다.

(다) 거름망을 세척제에 불린 후 세척하고 헹군다.

(라) 부드러운 수세미에 세척제를 묻혀 배기 후드의 내부와 외부를 닦는다.

(마) 세척제를 잘 제거한 후 마른 수건으로 닦고 건조한다.

6) 주방 바닥

보통 바닥을 청소할 때는 호스로 연결된 스프레이나 솔, 대걸레 등을 사용하게 되는데, 어떤 방법을 사용하든지 바닥에 배수구 설치가 필수 사항이다. 바닥 청소는 가로, 세로 5m 정도의 공간을 한 번에 작업하고 다음 공간으로 이동한다. 세척 작업이 끝난 후에는 반드시 비눗기를 제거하고 마른걸레로 마무리하여 안전사고가 나지 않도록 세제가 바닥에 남아 있지 않도록 한다.

7) 천장

천장은 바닥과 벽만큼 자주 청소할 필요는 없으나 먼지, 기름때, 거미줄이 있는지 확인한다. 조명이나 배기 팬에 물기가 닿지 않도록 한다.

3 식품의 살균제

식품 첨가물로 표시되어 있는 제품으로 과일류, 채소류 등 식품의 살균 목적으로 식품에 사용되는 살균제로 그 목적은 보존료와 같이 식품보존에 있다. 그 작용은 살균이 주가 되며, 정균력도 있다. 보존제와 같이 살균제는 독성이 낮고 효력이 강하며, 지속성이 있고, 식품에 나쁜 영향을 주지 않으나 사용법에 유의하여야 한다. 최종 식품으로 완성되기 전에는 식품에 잔류하지 않도록 제거하여야 한다.

1) 희석 방법

1) 조제 :
제품에 표시된 사용방법
예) 치아염소산나트륨(4%) 50㎖ : 물 1L

2) 희석:
희석시 장갑, 보호안경,
마스크, 보호복 착용
3) 농도 확인:
세척제(살균소독제)와
혼합 금지

(1) 조제

제품에 표시된 사용 방법에 따라 조제한다.

[예시]: 차아염소산나트륨(4%) 50ml를 물로 1L가 되도록 희석한다.
[주의]: 식품첨가물 또는 기구 등의 살균 소독제 표시 여부를 확인하여야 한다.

(2) 희석

희석 작업을 하는 경우 장갑, 보호안경(고글), 마스크 등 보호복을 착용하고 통풍이 잘
되는 장소에서만 한다.

(3) 농도 확인

세척제 또는 살균 소독제와 혼합을 금지하고 사용할 때마다 조제하여 사용한다.

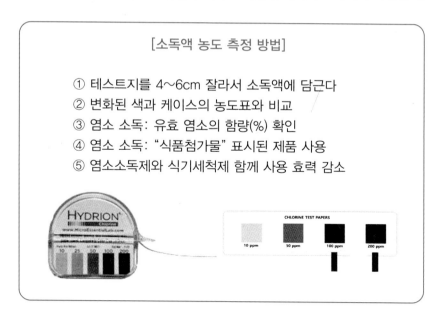

[소독액 농도 측정 방법]

① 테스트지를 4~6cm 잘라서 소독액에 담근다
② 변화된 색과 케이스의 농도표와 비교
③ 염소 소독: 유효 염소의 함량(%) 확인
④ 염소 소독: "식품첨가물" 표시된 제품 사용
⑤ 염소소독제와 식기세척제 함께 사용 효력 감소

※ 염소 소독(disinfection by chlorine): 염소 소독제를 물에 넣어 병원균을 사멸시키는 것.
특히 급속히 여과한 물에는 약간의 세균류가 제거되지 않고 잔류하기 때문에 반드시 여
과 수를 소독하지 않으면 안 된다. 또 염소는 소독 효과를 길게 지속시키는 성질이 있으
므로 만약 송배 급수 도중 약간의 오염을 받은 경우라도 수중에 염소가 조금이라도 있
으면 위험하지 않다. 이러한 이유로 소독에는 염소가 주로 사용된다.

4 주방 설비 세척

1) 기계 및 설비 세척 및 소독

   (1) 설비 본체 부품을 분해한다. 분해한 부품은 깨끗한 장소로 옮긴다.

   (2) 뜨거운 물로 1차 세척하고 세제를 묻힌 스펀지로 오염된 물질을 제거한다.

   (3) 흐르는 물로 세제를 씻어낸다.

   (4) 설비 부품은 뜨거운 물에 5분간 담근 후 세척하거나 200ppm의 차아염소산나트륨
       용액에 5분간 담근 후에 세척한다.

   (5) 완전히 건조시킨 후 재조립한다.

   (6) 분해할 수 없는 설비는 지저분한 곳을 제거한다. 그런 다음 청결한 행주나 위생
       타월로 물기를 제거한 후에 소독용 알코올을 분무한다.

   (7) 설비를 사용하기 전에는 설비 표면이 촉촉해질 정도로 소독용 알코올로 재차 분무
       한다. 그런 다음 알코올 성분이 제거된 후 사용한다.

   > ※ 차아염소산나트륨: 식품의 부패균이나 병원균을 사멸하기 위하여 살균제로서 사용된다.
   > 음료수, 채소 및 과일. 용기·기구·식기 등에 사용된다. 무색 혹은 엷은 녹황색의 액체
   > 로서 염소 냄새가 있다. 화학식은 Naocl이다. 물에 잘 녹으며, 수용액은 저장 중 분해되
   > 어 염소가스를 발생하므로 장기간 보관하게 되면 살균제로서 효력이 없어진다.

2) 도마, 식칼 세척 및 소독

   (1) 뜨거운 물로 씻고 세제를 묻힌 스펀지 등으로 깨끗이 닦아준다.

   (2) 흐르는 물로 세제를 씻어낸다.

   (3) 80℃의 뜨거운 물에 5분간 담근 후 세척하거나 200ppm의 차아염소산나트륨 용액
       에 5분간 담근 후에 세척한다.

   (4) 완전히 건조시킨 후 사용한다.

3) 행주 세척 및 소독

   (1) 뜨거운 물에 담가 1차 세척하고 식품용 세제로 씻어 깨끗한 물로 헹군다.

   (2) 100℃에서 5분 이상 끓여서 소독한다.

   (3) 의류용 세제에는 형광염료가 포함되어 있으므로 식품에 사용을 금지한다.

4) 기타 장비/ 도구를 세척 및 소독

　(1) 수세미: 자외선 소독기에서 소독한 후 보관한다.

　(2) 저울: 알코올 70%로 소독한다.

　(3) 온도계: 사용 전에 알코올 70%로 소독한 후 건조하여 사용한다.

　(4) 발판 소독조: 염소액 100ppm을 매일 아침 제조하여 사용하고 시간이 지남에 따라
　　희석되므로 1일 2회 미리 제조한 염소 소독액을 보충한다.

5 소독 시 유의사항

1) 소독의 종류 및 방법

소독의 종류 및 방법에서 먼저 소독의 종류는 다음과 같다.

　(가) 자비 소독(열탕 소독)은 끓는 물속에 넣어도 100℃ 이상으로는 올라가지 않으므
　　로 균 전부를 사멸시키는 것은 불가능하다. 병원성이지만 내열성인 균은 적기 때
　　문에 10~20분 끓임으로써 대부분의 병원균을 죽일 수 있다. 그릇을 포개어 소독
　　할 때는 끓이는 시간을 연장해야 한다.

　(나) 건열 살균은 식기를 대상으로 하며 식기 표면 온도 71℃ 이상 되어야 한다.

　(다) 화학 소독은 주로 칼, 도마, 식기를 대상으로 하며 용도에 맞는 '기구 등의 살균
　　소독제'를 구입하여 용법과 용량에 맞게 사용해야 한다.

2) 살균 소독제의 사용 방법

살균 소독제는 식품위생법에 명시된 '기구 등의 살균 소독제'를 구입하여 제품별 용량·용법
대로 사용한다. 미생물을 안전한 수준으로 감소시키기 위해서는 용도에 맞는 적절한 '기구
등의 살균 소독제'를 선택하고 용량·용법 및 주의 사항을 반드시 지켜서 사용하여야 한다.

※ 소독제 사용 방법 및 유의 사항
　① 지저분하고 더러운 때, 찌꺼기 및 유해 미생물을 안전한 수치로 감소되도록 목적에 맞는
　　소독제를 선택한다.
　② 사용 방법을 숙지하고 적절한 농도, 침지 시간을 결정한다.
　③ 소독액은 미리 제조해 놓으면 시간이 경과함에 따라 효과가 떨어지므로 사용하기 전에 제
　　조하고 시험종이(test paper)로 농도를 확인한 후 사용한다.

2.3 주방 시설 위생관리

1 주방 시설의 위생관리

- 장비, 용기 또는 도구는 청소가 하기 쉽게 고안되어야 한다. 재질은 표면이 비독성이고 청소 세제와 소독 약품에 잘 견뎌야 하고 녹슬지 않아야 한다. 주방의 위생 관리 담당자는 주방에서 사용하는 조리 설비, 용기 및 도구를 구매할 때나 부품을 교환할 때 물건이 구매 사양과 일치하는지 확인한다.

- 작업 종료 후 지정한 인원은 매일 작업 시작 전에 작업장의 모든 장비, 용기, 바닥을 물로 청소하고 식품 접촉 표면은 염소계 소독제 200ppm을 사용하여 살균한 후 습기를 제거한다.

2 주방 시설의 위생 점검 및 주기

매장의 위생 관리 담당자는 분기마다 1회씩 조리 기구, 식기, 찬기 및 도구의 표면의 세균 검사를 실시하고 그 결과를 주방장에게 보고하여야 한다. 매장의 위생 관리 담당자는 장비 및 용기에 대한 점검을 실시하여 그 결과를 위생 점검일지에 기록하여 관리하여야 한다.

◆ 주방의 항목별 세척방법

항목	내용
남은 야채	– 남은 야채는 매일 폐기 – 채소용 플라스틱 용기는 매일 세척
조리대/ 작업대	– 매일 세제를 묻혀 세척한 뒤 건조
바닥 청소	– 바닥은 건조 상태 유지 – 습기가 많으면 세균이 번식할 우려가 있으므로 물을 뿌려 세제로 1일 2회 청소 – 기름때가 있을 경우 가성소다를 묻혀 1시간 후 솔로 닦고 헹굼

칼	- 업무 종료 후 매일 갈고 클린저로 닦고, 전용 행주로 물기를 닦아 건조 보관 - 일하는 중에는 칼을 갈지 않음(쇠 냄새가 나기 때문)
도마	- 도마는 매일 물로 세척하여 사용 - 매일 사용 후 중성세제로 씻고, 살균 소독하여 보관 - 영업 중에는 조리할 때마다 물로 씻어 사용 - 특히 환절기에는 열탕 소독 필수 - 사용 후 지정된 장소에 세워서 보관
식기	- 세정은 중성 세제로 함 - 용기의 모퉁이는 주의 깊게 닦고, 세정 후 쓰레기, 먼지, 곤충으로부터 오염을 막기 위해서 지정된 장소에 수납
행주/ 쓰레기통	- 행주는 사용 후 세제 세척하고, 삶은 후 건조하여 사용 - 더러움이 심한 쓰레기통은 가성소다로 씻어 건조하고, 일반적으로는 세제 청소 후 락스로 헹구어 건조
가스레인지 주변	- 버너 출구가 막혀 있으면 철사로 찌르거나 막혀 있는 버너의 가스를 잠그고, 막혀 있는 버너를 뺀 다음 큰 버너에 거꾸로 올려 가열. 막힌 버너가 붉은색으로 변할 때 집게로 들어 찬물에 식히면 막혀 있던 불순물이 타서 부서짐. - 렌지 위는 항상 청결을 유지 - 쓰레받기는 폐점 후에 청결하게 청소 - 매일 렌지 표면은 전문 세제 등을 사용하여 금속 수세미로 세척
식기 선반	- 월 2회 식기를 놓는 선반을 세제로 세정하고 행주로 닦은 뒤 건조하여 사용 - 선반에 깔려 있는 행주 등도 꺼내서 주 1회 정도 새것으로 교환
닥트/환기팬	- 월 2회 가성소다를 이용하여 기름때 청소 - 닥트에서 기름 등이 떨어져 요리에 들어가는 것을 예방 - 필터 세정은 싱크대에 따뜻한 물을 담고 180cc 정도의 가성소다를 넣고 1일 담근 뒤 중성 세제로 세정
식품	- 입고된 식품은 품질, 양 체크 - 바닥에는 잡균이 있기 때문에 바닥에 직접 놓는 것은 금물
음식보관	- 뚜껑을 덮거나 랩으로 씌어 냉장 보관 - 필히 유통기한을 확인, 스티커 부착

◆ 주방 시설의 소독 방법

구분	소독	위생관리	유의사항
행주	열탕–일광	100℃ 이상에서 30분 이상 삶은 후 일광에서 건조	재료는 흰색 면목이 이상적이며 마른 행주와 젖은 행주를 구분하여 사용 (소독 횟수: 1일 1회 이상)
도마	약품–열탕–일광	세제와 락스를 섞어서 세척한 후 60℃ 이상의 열탕 속에서 살균하여 일광에서 건조	채소용, 어육용 구분 사용 나무 도마는 칼자국과 흠이 많이 생기면 음식물을 잔류 오염시키므로 새 것으로 교환 (소독 횟수: 1일 1회 이상)
칼	약품–열탕	사용 후 세제와 락스 섞은 물에 씻은 후 끓는 물(100℃)에 담갔다가 건조시켜 사용	채소용, 과일용, 어육용을 구분하여 사용 (소독 횟수: 1일 1회 이상)
식기	건조	세제로 씻은 후 충분히 건조	(소독 횟수: 1일 1회 이상)
수저	열탕–증가–일광	세제로 깨끗이 씻은 후 여러 번 헹구고 열탕 소독(끓는 물 100℃)한 후 건조	대나무 재질일 경우 썩지 않도록 건조시켜 사용 (소독횟수: 1일 1회 이상)
스테인리스 용기 및 기구	열탕	세제로 여러 번 씻어 헹구어 냄	(소독 횟수: 1일 1회 이상)
고무장갑		세제로 여러 번 씻어 헹구어 냄	주방에서 사용하는 고무장갑은 걸레를 빨거나 쓰레기통을 청소하는 등 다용도로 사용하지 않음

시설물 위생 관리하기

◆ 매장 내 냉장 냉동고, 환기시설, 상하수도시설, 화장실 등에 대해 정기적으로 점검할 수 있다.

◆ 매장 내 방충, 방서를 위한 정기적인 소독을 진행하고 시설물을 위생적으로 관리할 수 있다.

◆ 위생문제 발생 시 발생 원인을 신속하게 찾아 대책을 수립, 개선할 수 있다.

3.1 시설물 위생 점검

1 시설물의 위생관리

- 주방의 기물이나 식기류는 항상 청결한 상태를 유지하여야 하며, 사용자는 정확한 사용 방법과 청소 및 세척 방법을 숙지하여야 위생적이며 내구성을 유지할 수 있다. 이동이 불 가능한 주방 기구들은 제작사의 분해, 세척 설명서를 숙지하여야 하며, 기구마다 첨부된 사용 설명서 이외에 사항들을 확인하여야 한다.

2 위생 문제 발생 시 즉시 개선 대책을 수립한다.

1) 식중독 발생 시

  (1) 상급자에게 즉각 보고한다.

  (2) 식품의약품안전청 식품안전국 식중독예방관리팀에 신속히 보고한다.

  (3) 매장 이용 고객 수, 증상, 경과 시간을 파악한다.

  (4) 원인 식품을 추정해서 육하원칙에 따라 조리 방법 및 관리 상태를 파악한다.

  (5) 3일 전까지의 식자재, 음식을 파악한다.

  (6) 종업원 전체 검변, 질병 유무를 확인한다.

2) 판매된 음식에 이상 발생 시

  (1) 상급자에게 즉각 보고한다.

  (2) 최초로 발생된 증상과 시간을 파악한다.

  (3) 고객 중에 식중독 증세를 나타낸 환자 수를 파악한다.

  (4) 당일부터 2일 전까지 추적하여 식사한 내용을 확인한다.

  (5) 현재의 증상을 파악한다.

  (6) 상급자에게 현재까지 파악된 내용과 조치 사항을 보고한다.

방충, 방서

1 방충 · 방서 및 소독

- 매장의 청결을 유지하려면 해충이 번식하지 못하도록 해야 하고 항상 깨끗하게 유지해야 한다. 파리, 모기, 하루살이, 바퀴벌레 등 해충이 발견되면 매장에 심각한 문제를 야기할 수 있으며 고객에게 불쾌한 혐오감을 주기 때문에 매출 하락에 영향을 미치게 된다.

- 해충의 발생과 외부로부터 유입을 사전에 차단하여야 하며, 만일 유입된 해충과 이미 번식하고 있는 해충은 전문적인 점검과 진단을 통해 해충의 특성 및 생태를 파악하여 발생 원인을 제거하고 방역 방법 및 방역 주기를 결정한다.

물리적 방역　화학적 방역　생물학적 방역

1) 물리적 방역

해충의 서식지를 제거하거나 발생하지 못하도록 물리적으로 환경을 조성한다. 시설 개선 및 환경을 개선한다.

2) 화학적 방역

약제를 살포하여 해충을 구제하는 방법으로 단시간에 효과적이고 경제적이다. 독성이 강하기 때문에 관리에 주의해야 한다.

3) 생물학적 방역

천적 생물을 이용하는 방법으로 해충의 서식지를 제거한다.

2 방역 약품 선정 기준

살충제에만 의존하지 않고 해충의 특성 및 서식 환경에 따라 물리적, 화학적, 생물학적 방법 등을 혼합하여 종합적으로 해충을 방제하는 방법이다.

1) 허가된 지정 약품만 사용하고 약품에 대한 내성을 고려해서 반기별로 약품을 교체한다.
2) 세계보건기구(WHO)가 공인한 약품만을 사용한다.
3) 약품 보관 장소는 격리된 장소에 시건 장치를 하여 보관하고 사용 현황을 파악할 수 있도록 담당자를 지정하여 기록을 유지한다.
4) 외부 전문 방역업체의 방역 작업 후 소독 필증을 보관한다.

3 방충 방서 점검 방법

1) 해충을 차단한다.
2) 식자재 공급업체를 점검한다.
3) 출입문, 창문, 환기 구멍을 점검한다.
4) 바닥, 벽을 점검한다.
5) 배관을 점검한다.
6) 쓰레기를 위생적으로 처리한다.
7) 해충 퇴치기, 포충기를 설치한다.

Contents

II. 매장 안전관리

개인 안전관리하기

◆ 매장 안전관리 지침서에 따라 개인 안전관리 점검표를 작성할 수 있다.

◆ 매장 내 발생하는 개인 안전사고유형을 숙지시키고 예방을 위한 안전수칙을 교육할 수 있다.

◆ 개인 안전사고 발생 시 신속 정확한 응급조치를 실시하고 재발 방지조치를 실행할 수 있다.

1.1 안전관리

1 산업 안전과 안전의식

• 산업 안전이란 산업 현장에서 생명을 잃거나 건강을 해치는 일이 있어서는 안 된다는 인간 존중의 원리를 구체적으로 실현하는 종합적인 노력을 말한다. 또한, 다양한 재해로부터 인간의 생명과 재산을 보호하기 위한 계획적이고 체계적인 활동을 안전관리라 한다.

2 안전관리 운영 방침

1) 외식산업 안전관리 경영 이념

외식업체에서의 위생과 안전관리는 사장을 비롯한 종사자들의 지식이나, 태도 및 의지에 의해 많은 영향을 받게 된다는 점에서 안전 분위기 이론의 접목은 상당한 효과가 예상된다. 외식기업의 경영 활동에 있어 안전을 확보하는 것은 중요하다. 따라서 외식기업은 안전관리의 중요성을 대내외에 인식시키고 안전 운영 방침을 수립하고 전체 구성원들이 인지할 수 있도록 게시한다. 안전 운영 방침에는 안전관리 이념, 안전을 위한 지속적인 시설 개선, 안전 문화 정착 등의 의지를 포함한다.

2) 안전관리 목표('가', '나' 등급 적용)

기업은 다음과 같은 안전 목표를 정하고 이를 준수하기 위하여 노력한다. 사고율 감소 및 제로화, 선진국 수준의 안전관리 종합 체계의 조기 정착('가' 등급 적용)시키도록 하며 기타 해당 기관에서 정하는 안전 관련 사항을 준수하도록 한다.

3) 안전관리비 확보 및 보험 가입

기업경영을 위한 운영 관련 관리비를 수립할 경우 안전에 필요한 시설의 보완, 인력 확충, 안전 점검, 장비의 구입 등 안전관리비를 최우선으로 반영하여야 한다. 또한 매년 안전관리비 예산 계획을 수립하고 이행한다. 종사자의 상해·사망에 대비하여 종사자를 피보험자 및 수익자로 하는 보험에 가입하여야 한다.

4) 안전 문화

안전의식은 사고나 재해의 위험을 사전에 방지할 수 있도록 하는 상태를 의미한다. 조직 구성원 개개인의 태도, 가치관이 결집되어 나타난 조직 차원에서 관찰되는 안전의식, 안전 관련 행동 양식으로 볼 수 있으며 이는 조직의 구성원에게 기대된 일련의 안전 관련 체계 또는 관습으로 정의되며 구체적으로 안전을 중요시하고 우선시하는 조직의 분위기와 성향으로 관찰된다.

이를 위해 안전 홍보 자료 발간, 사고 예방을 위한 표어 및 포스터 게시, 제안 제도 시행 등('가' 등급 적용) 해당 기관은 안전관리 활동을 평가하고 그에 따른 포상 및 격려 제도를 시행한다. ('가' 등급 적용)

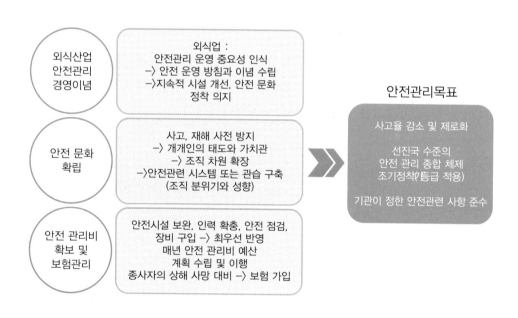

3 현장 안전관리

일반적으로 위험이 없는 상태가 안전이며, 안전은 위험의 반대 개념으로서 주어진 범위 내에서 재난 발생의 원인을 규명하고 결함을 발견하였을 때 이것을 과감히 제거하고 인적, 물적 원인을 통한 교정과 불안전한 상태나 불안전한 행동과 물적 에너지의 일탈로부터 위험을 줄일 수 있는 개념을 말한다.

1) 안전 대책의 중심 요소 분석

   (1) 기계적 또는 물리적으로 부적절한 환경이 주원인이 되어 발생한다.

   (2) 지식 또는 기능의 결여, 부적절한 태도가 주원인이 되어 발생한다.

   (3) 육체적 부적합이 주원인이 되어 발생한다.

2) 재난의 원인에 대하여 분석한다.

   (1) 재난이라는 최종 결과를 가져온 중요 관련 사항을 전부 조사하고 분석한다.

   (2) 재난의 연쇄적인 관계를 규명하고 그 결과를 검토하는 키워드로서 안전관리의 대상(4M)이 있다.

      (가) Man (인간적 요인): 사람의 실수, 착각, 무의식, 피로 등

      (나) Machine (기계적 요인): 기계의 결함, 기계 안전장치 미설치 등

      (다) Media (매체 · 환경적 요인): 작성순서, 작업방법, 작업환경 등

      (라) Management (관리적 요인): 안전관리규정, 안전교육 및 훈련미흡 등

3) 안전관리의 순서는 다음과 같다.

      (가) 계획(Plan): 현장 실정에 맞는 적합한 안전관리방법 계획을 수립

      (나) 실시(Do): 안전관리 활동의 시행, 교육 및 훈련의 실행

      (다) 검토(Check): 안전관리 활동에 대한 감사 및 확인

      (라) 조치(Action): 검토된 안전관리 활동을 조치, 더 나은 활동을 고려하여 다음 계획에 반영함.

외식사업은 인적사업이라고도 부른다. 이것은 아무리 입지와 시설이 좋더라도 그곳에서 일하는 지원의 수준이 낮으면 성공할 수 없기 때문이다. 또한 종사원은 고객에 대한 식음 서비스 제공을 주 업무로 하며, 동료나 상사 등 인간 환경이 중시된다. 직장에서의 인간 관계, 집단 본연의 모습은 지휘, 명령, 지시, 연락 등에 영향을 주고, 인간 행동의 신뢰성으로 관계하는 것이다. 기계의 재난 원인을 파악한다. 기계 설비 등의 물적 조건을 말하는 것으로 식당 내 다양한 장비와 설비 등 기계의 위험, 방호 설비, 비계나 통로의 안전 유지, 인간, 기계, 인터페이스의 인간공학적 설계 등이다. 매체의 재난 원인을 파악한다. 매체란

본래 인간과 기계를 연결하는 의미로 위험요소가 많은 주방에서 상품제조(조리)를 위한 다양한 작업을 펼칠 때 현장 정보, 현장 작업 방법, 현장 작업 시 그 당시의 상황이나 환경 등이다.

재난 원인을 파악한다. 현장 안전을 위한 법규와 대응 매뉴얼 준수 철저, 안전관리 조직, 교육 훈련, 현장 지휘 감독 등의 관리이다. 개인의 안전관리 점검표를 작성한다. 재난 발생의 연쇄 관계에서 불안전한 상태나 행동을 발생시키는 기본 원인이 4개의 요소라고 생각할 때 각 요소의 점검해야 할 내용들은 불안전한 상태나 행동의 원인이 될 수 있다.

◆ 개인 안전관리 점검표

구분		점검 내용
인간 (Man)	심리적 원인	망각, 걱정거리, 무의식 행동, 위험 감각, 지름길 반응, 생략 행위, 억측 판단, 착오 등
	생리적 원인	피로, 수면 부족, 신체 기능, 알코올, 질병, 노화 등
	관계적 원인	직장의 인간관계, 리더십, 팀워크, 커뮤니케이션 등
기계 (Machine)		기계 · 설비의 설계상의 결함, 위험 방호의 불량, 본질 안전화의 부족(인간공학적 배려의 부족), 표준화의 부족, 점검 정비의 부족
매체 (Media)		작업 정보의 부적절, 작업 자세, 작업 동작의 결함, 작업 방법의 부적절 작업 공간의 불량, 작업 환경 조건의 불량
관리 (Management)		관리 조직의 결함, 규정 · 매뉴얼의 부재, 불철저, 안전관리 계획의 불량 교육 훈련 부족, 부하에 대한 지도 · 감독 부족, 적성 배치의 불충분 건강 관리의 불량 등

4) 안전관리 시스템의 기능에 대하여 파악한다.

안전관리 시스템의 기능은 크게 3가지로 구분할 수 있다.

  (가) 안전관리자의 자체 안전 점검 테스트,

  (나) 안전 점검 결과 DB화 및 D-day 기능, 시설물 유지관리에 있어

  (다) 재난 및 보수 이력을 전산화하여 저장하는 것이다.

1 산업 재해

- 산업 재해(Industrial Accident)란 노동의 과정에서 작업 환경 또는 작업 행동 등 업무상의 사유로 발생되는 노동자의 신체적·정신적 피해를 의미한다.

- 산업안전보건법은 크게 총칙, 사업장 안전보건관리 체제, 유해위험 예방조치, 근로자 건강관리, 그리고 감독 및 명령 등 크게 5장으로 구성되어 있으며, 이 중 사업장 산업보건책무와 관련해서는 제2장(사업장 안전보건관리체제)과 제4장(근로자 건강관리)에 주로 규정되어 있다.

- 산업안전보건법의 제정 목적은 산업안전보건 기준을 확립하여 산업 재해를 예방하고, 쾌적한 작업환경을 조성함으로써 근로자의 안전과 보건을 유지 증진시키는 데 있으며, 적용 범위는 모든 사업 또는 사업장에 적용한다.

1) 산업 재해의 정의

- 산업 재해의 의미를 정리해 보면, 산업 활동을 통해서 발생하는 사고를 통칭하며, 인적 상해와 손해를 유발하게 하는 것으로 그 의미를 해석할 수 있다.

- 산업안전보건법 제2조 1항에 따르면 노무를 제공하는 사람이 업무에 관계되는 건설물·설비·원재료·가스·증기·분진 등에 의하거나 작업 또는 그 밖의 업무로 인하여 사망 또는 부상하거나 질병에 걸리는 것으로 정의하고 있다.

- 국제노동기구인 ILO(International Labor Organization)는 근로자가 물질 또는 타인과 접촉하였거나 여러 가지 물체나 작업 조건 하에 몸을 두었을 때 또는 노동자의 작업 행동 때문에 사람에게 상해를 수반하는 일이 일어나는 것이라 했다.

2) 매장 내 재해 발생의 원인 분석

매장 내 재해 발생 원인 분석

> (1) 불안전한 상태에 의한 사고 발생
> '사고의 직접 원인으로 기계 설비의 불안전한 상태'
> (2) 불안전한 행동에 의한 사고
> '사고의 직접 원인으로서 근로자의 불안전한 행동

감독 및 연락 불충분
기계, 기구의 오작동, 운전 중이 기계장치의 주유, 수리,
용접 부위 점검.청소, 불안전한 속도 조작, 유해 · 위험물질 취급 부주의,
불안전한 자세 동작 또는 상태 방지 등

(1) 불안전한 상태에 의한 사고 발생

불안전한 상태는 '사고의 직접 원인으로 기계 설비의 불안전한 상태'로 정의한다.

(2) 불안전한 행동에 의한 사고 발생

불안전한 행동은 '사고의 직접 원인으로서 근로자의 불안전한 행동'을 말한다. 불안전한 행동이라 함은 기계, 기구의 오작동, 운전 중인 기계장치의 주유, 수리, 용접부위 점검, 청소, 불안전한 속도조작, 유해 · 위험물질 취급 부주의, 불안전한 자세동작 또는 상태 방지 등이며 이에 대한 감독 및 연락이 불충분한 경우에 발생한다.

3) 매장 내 안전사고 유형

식음료 영업장에서의 위험요소로는 식당 내부 바닥이 미끄럼, 시설물에 부딪힘, 또는 뜨거운 음식으로부터의 화상 등이며, 주방에서의 위험요소로는 주방 내부 바닥의 미끄럼, 트랩에 빠짐, 휘발성 물질 및 각종 전기 · 화학기기로부터의 화재 또는 가스폭발, 칼 베임 또는 찔림, 각종 주방기구 및 운반기구의 부주의로 인한 감김, 끼임, 절단, 부딪힘 등의 근골격계 부상 등이다. 식품의 위생관리를 위해서는 식품의 생산에서 소비에 이르기까지의 각 과정에서 식품의 안전성을 위협할 수 있는 요인을 파악하여야 하며, 이에 대응하는 적절한 관리대책을 수립하여야 한다.

식품위생법 시행 규칙에 따르면 업종별 시설 기준에 있어 주방 작업의 적정 온도는 16~20℃, 습도 70%, 조명도 50~100Lux로 명시하고 있다. 조리 작업장의 온도는 튀김기, 국솥 등 열을 발생시키는 기기들로 인해 높아지므로 환기 시설이 적절하지 못한 경우 조리 종사원들의 작업 효율을 저하시키고 불쾌감이 유발되게 된다.

(1) 인적 요인에 의한 발생

(가) 개인의 선천적·후천적 소질 요인: 과격한 기질, 신경질, 시력 또는 청력의 결함, 근골 박약, 지식 및 기능의 부족, 중독증, 각종 질환 등

(나) 부주의는 무모한 행동에서 오는 요인: 책임자의 지시를 무시한 독단적 행동, 불완전한 동작과 자세, 미숙한 작업 방법, 안전장치 등의 점검 소홀, 결함이 있는 기계·기구의 사용 등

(다) 피로: 심적 태도가 교란되고 동작을 세밀하게 제어하지 못하므로 실수를 유발하게 되어 사고의 원인

◆ **학교 급식실 산업안전실태 조사결과**

출처: 전국학교비정규직 노동조합

① 근골격계 질환

외식업체 종사원의 경우 식자재의 운반, 조리기구와 장비(테이블, 의자 등)의 이동 및 운반하는 업무를 주로 하기 때문에 허리, 손목, 어깨, 팔굽(테니스 엘보) 거북목증후군, 외식업의 특성상 장시간 서서 업무를 수행 등의 근골격계질환이 많다.

② 피부 질환

조리실의 환경은 다습한 환경으로 조리 시 발생하는 고열과 복합적으로 작용하여 땀띠 등의 피부 질환을 유발할 수 있다. 증상의 종류로는 자극성 접촉성 피부염이 28.9%로 가장 많았고, 땀띠 22.2%, 알레르기성 접촉성 피부염 17.8% 순으로 조사 되었다.

③ 미끄럼 사고

조리 작업장의 바닥은 물이나 식재료의 사용으로 인하여 낙상 사고의 원인이 될 수 있어서 조리 구역은 바닥이 젖은 상태, 기름이 있는 바닥이 되지 않도록 하여야 하며, 주방 기구로 인해 시야가 차단되거나 낮은 조도로 인해 어두운 경우, 매트 가 주름진 경우 등에 주의를 하여야 한다. 특히, 주방의 경우는 미끄럼 방지 타일 과 안전화를 꼭 착용하도록 한다.

근골격계질환	허리, 손목, 어깨, 팔굽, 거북목중후준(장시간 서서 근무)
피부질환	자극성 접촉형 피부염, 땀띠, 알레르기성 등(과습한 환경)
미끄럼 사고	식재료, 기름 등으로 인한 낙상(인전화, 미끄럼 방지 타일)

④ 칼, 절단기 등에 의한 베임 사고

칼에 의한 베임 사고를 방지하기 위해서 다음 사항에 유의하도록 한다.

- 칼날은 항상 날카롭게 유지하도록 한다.
- 조리작업에 알맞은 칼을 사용한다.
- 칼을 가지고 캔이나 병을 따는 등의 행위를 하지 않는다.
- 칼이 떨어질 경우 절대 잡으려 하지 않는다.
- 칼을 싱크대에 절대 넣지 않는다.
- 칼은 항상 보이는 곳에 둔다.
- 믹서기, 절단기, 슬라이스 기기를 사용 후 멈춤을 한 다음 청소를 한다.
- 믹서기, 절단기, 슬라이스 기기를 사용 시 사용방법을 잘 숙지한다.
- 모든 기기의 칼날 안전보호장치를 제거하지 않는다.
- 깨어진 병이나 유리잔의 경우 쓰레기통에 넣지 말고 별도의 통에 넣는다.

⑤ 화상과 감전 방지

- 뜨거운 팬을 잡을 때는 전용 장갑을 사용하도록 한다.
- 절대 젖은 행주나 천으로 뜨거운 팬을 잡지 않는다.
- 팬의 손잡이는 불로부터 멀리 떨어지도록 한다.
- 뜨거운 것을 옮길 때는 "뜨겁습니다. 조심하세요." 하고 경고를 외친다.
- 조리 중인 뚜껑이 있는 팬이나 오븐의 문을 열 때는 내부에 있는 뜨거운 수증기를 조심한다.
- 젖은 손으로 전기 장치를 만지지 않는다.
- 고장 난 전자장치는 함부로 수리하지 말고 전문가에게 의뢰한다.
- 청소 시 전기장치에 물을 함부로 뿌리거나 하지 않는다.
- 조리복은 항상 화염방지처리가 된 재질로 제작된 것을 착용하고 자신을 보호할 수 있는 앞치마, 조리화를 착용하도록 한다.

⑥ 낙하, 낙상에 의한 사고

- 주방의 환경은 대부분 철 재질(스테인리스 테이블, 조리기구와 장비)로 이루어져 있기 때문에 넘어질 경우 크게 다칠 가능성이 크다.
- 냉장/냉동고나 창고를 청소 및 정리 할 때는 무거운 것은 아래쪽에 두도록 한다.
- 높은 곳에 있는 물건을 꺼낼 때는 안전사다리를 사용한다. 불안전한 의자나 박스 등을 사용하지 않도록 한다.
- 무거운 것을 운반할 때는 혼자 무리하지 말고 동료의 도움을 받는다.
- 절대로 주방에서 뛰어서는 안 된다.
- 바닥을 물 청소할 때는 "미끄럼 주의"가 쓰여 있는 경고판을 설치한다.
- 기름, 채소, 기타 미끄러운 물질이나 식재료를 떨어뜨렸을 때 곧바로 치워준다.
- 식재료나 기타 물건을 실은 카트(cart)를 사용할 때는 눈높이 이상으로 물건을 쌓지 않는다.
- 미끄럼 방지 처리가 된 안전화를 꼭 착용하도록 한다.

⑦ 화재 및 가스 사고에 대한 방지

- 만약 화재가 발생하면 화재 알람을 누르고 소방서에 신고를 한 다음, 인명구조나 화재를 진압하도록 한다.
- 모든 직원에게 화재를 대비한 교육을 정기적으로 한다.
- 모든 직원은 화재 시 사용할 수 있도록 소화기 사용법 등의 소방 교육을 실시하도록 한다.
- 튀김기, 그릴, 오븐, 후드 등 기름때가 많이 발생하는 장비는 정기적으로 청소해 주도록 한다.
- 업무 시작과 종료 시 가스밸브를 반드시 확인하도록 한다.
- 가스오븐을 사용하기 전에 환기를 시켜주도록 한다.
- 정기적으로 가스의 누출 여부를 확인하도록 한다.
- 식재료나 기타 물건을 실은 카트(cart)를 사용할 때는 눈높이 이상으로 물건을 쌓지 않는다.
- 미끄럼 방지 처리가 된 안전화를 꼭 착용하도록 한다.

(2) 물적 요인에 의한 발생

각종 기계·장비 또는 시설물에서 오는 요인을 말한다. 기계, 기구, 시설물에 의한 사고 요인으로는 자재의 불량이나 결함, 안전장치 또는 기기 작동방법의 미숙지, 시설의 미비, 각종 시설물의 노후화에 의한 붕괴, 화재 등 기타 재해를 들 수 있다.

(3) 환경적 요인에 의한 발생

불안전한 각종의 물리적·화학적 요인을 말한다. 건축물이나 공작물의 부적절한 설계, 통로의 협소, 채광·조명·환기 시설의 부적당, 불안전한 복장, 고열, 먼지, 소음, 진동, 가스 누출, 누전 등을 들 수 있다.

1 개인 안전 보호 장비의 개념

작업 시 안전 장비에 대한 올바른 선택과 착용 –〉 상해 예방

안전 장비: 작업자의 보호(건강과 안전)

장비의 색상, 외양, 스타일에 대한 관심도 가져야 하지만 무엇보다 상해를 방지할 수 있는 장비의 성능에 대해 보다 많은 관심을 가져야 한다

안전 장비의 유효기간, 보관 방법에 따른 성능 유지에도 많은 관심을 가져야 한다.

- 개인 안전 보호 장비는 신체 외부의 유해 위험 요인을 차단하거나 또는 그 영향을 감소시켜 산업 재해를 방지하기 위해 근로자 신체의 일부 또는 전부에 착용하는 것을 말한다.

- 개인 보호구는 근로자의 신체에 직접 착용하는 것으로 재해 위험을 방지하기 위하여 유해 위험이 있는 대상물에 부착하는 방구와는 구분된다.

◆ 올바른 조리위생복의 착용 사례

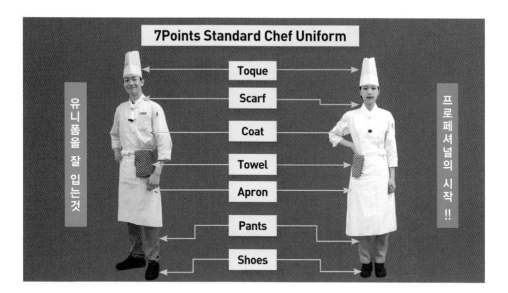

2 안전 보호 장비의 중요성

작업 시 안전 장비에 대한 올바른 선택과 착용은 상해 예방에 필수적이다. 안전 장비는 작업자의 보호(건강과 안전)를 위한 측면에서 항상 결정되어야 한다. 또한 장비의 색상, 외양, 스타일에 대한 관심도 가져야 하지만 무엇보다 상해를 방지할 수 있는 장비의 성능에 대해 보다 많은 관심을 가져야 한다. 또한 안전 장비의 유효기간, 보관 방법에 따른 성능 유지에도 많은 관심을 가져야 한다.

1.4 응급조치 및 재발 방지조치 실행

1 응급조치의 개념

- '응급조치(first aid)'라 함은 다친 사람이나 급성 질환자에게 사고 현장에서 즉시 취하는 조치로 119 신고부터 부상이나 질병을 의학적 처치 없이도 회복될 수 있도록 도와주는 행위까지 포함한다.

- 응급조치는 생명과 건강을 심각하게 위협받고 있는 환자에게 전문적인 의료가 실시되기에 앞서 긴급히 실시되는 처치를 말하며, 환자의 상태를 정상으로 회복시키기 위해서라기보다는 생명을 유지시키고, 더 이상의 상태 악화를 방지 또는 지연시키는 것을 목적으로 하고 있으며 환자 소생 이후의 회복 정도에 영향을 주는 관건 단계이다.

2 응급 상황 시 행동 요령

응급 상황이 발생했을 때는 행동하기 전에 마음을 진정시키고 내가 할 수 있는 것과 도울 수 있는 행동 계획을 세우는 것이 중요하다. 첫째, 전체 현장 상황이 먼저 안전한가를 확인하고 무엇을 해야 하고 무엇을 하지 말아야 할 것인지 인지한다. 둘째, 현장 상황을 파악한 후 전문 의료기관(119)에 전화로 응급 상황을 알린다. 셋째, 신고 후 응급 환자에게 필요로 하는 응급처치를 시행하고 전문 의료원이 도착할 때까지 환자를 돌보아야 한다.

1) 응급처치 시 꼭 지켜야 할 사항

(1) 응급처치 현장에서 자신의 안전을 확인한다.

(2) 환자에게 자신의 신분을 밝히고, 응급처치 시행에 대한 동의를 구해야 한다.

(3) 주변의 심각한 위험이 존재하지 않는 한 환자를 이동시키지 않는다.

(4) 최초로 응급 환자를 발견하고 응급처치를 시행하기 전 환자의 생사를 판정하지 않는다.

(5) 응급 환자를 처치할 때 원칙적으로 의약품을 사용하지 않는다.

(6) 환자에게 물을 비롯한 음식물을 제공하지 않는다.

(7) 응급 환자에 대한 처치는 어디까지나 응급처치로 그치고 전문 의료 요원에게 처치를 맡긴다.

◆ 응급 상황 시 행동 요령

시설물 안전관리하기

◆ 시설물 안전관리 지침서에 따라 작업장 내 시설물에 대하여 안전관리 점검표를 작성할 수 있다.

◆ 시설물별 점검표를 가지고 계획된 점검 일정에 맞추어 안전을 점검할 수 있다.

◆ 시설물의 안전 위해요소 발견 시 필요한 안전 조치를 즉시 실행할 수 있다.

매장 시설물 안전관리

1 시설물 유지 보수관리의 정의

시설물 유지관리 실시

유해요인 사전제거
시설물의 손상 감소 → 시설물의 제기능유지

- 시설물 유지관리란 완공된 시설물의 기능을 보전하고 시설물 이용자의 편의와 안전을 높이기 위하여 시설물을 일상적으로 점검 및 정비하고 손상된 부분을 원상 복구하며, 경과 시간에 따라 요구되는 시설물의 개량·보수·보강에 필요한 활동으로 정의된다.

- 시설물이 사용 수명 기간 동안 설계 당시 또는 현재 시점에서 요구되는 기능 및 성능을 유지할 수 있도록 관리하는 것이 시설물의 유지관리이며, 점검·평가, 유지 보수 계획 수립·유지 보수 실시·유지관리, 이력 관리 등 시설물이 설치되고 폐기되기까지의 전 과정에 소요되는 업무와 관련이 있다.

- 시설물 유지관리 실시를 통해 시설물의 제 기능을 유지하는 것뿐만 아니라 유해 요인을 사전에 제거하여 시설물의 손상을 줄일 수 있다.

2 시설물 유지 보수관리의 목적

시설물 유지관리는 예방 보전과 사후 보전 방식으로 분류할 수 있다. 이러한 관리를 통해 기능 측면에서 만족할 수 있고 오랫동안 시설물을 사용할 수 있도록 한다. 특히 환경과 위생 측면에서 양호한 상태로 보전하여 사용자의 능률을 높이고 비경제적 비용 지출을 방지하며, 예상치 못한 재해를 미리 방지하고 재산으로서의 가치를 높이는 데 그 목적을 가진다.

1) 시설물 안전 및 유지관리를 위한 기본 계획을 수립한다.

  (1) 매장의 각종 시설물 안전 및 유지관리 기준을 정립한다.

    (가) 안전 점검 및 정밀 안전 진단 주기를 설정한다.

    (나) 객관적인 시설물 상태의 평가 기준을 마련한다.

3 안전 점검의 정의

시설물의 안전관리에 관한 특별법 제2조(정의) 7항 '안전 점검'이란 경험과 기술을 갖춘 자가 육안으로 점검 기구 등으로 검사하여 시설물에 내재되어 있는 위험 요인을 조사하는 행위를 말하며, 8항 '정밀 안전 진단'이란 시설물의 물리적·기능적 결함을 발견하고 그에 대한 신속하고 적절한 조치를 하기 위하여 구조적 안전성과 결함의 원인 등을 조사·측정 평가하여 보수·보강 방법을 제시하는 행위를 말한다고 명시되어 있다.

4 시설물의 안전성 의미와 필요성

안전성의 기본 개념은 '정상적인 상태 또는 가치의 손실을 가져오는 물리적인 해가 없는 상태나 성질로 안전성은 당연한 선결 조건이다. 하지만 안전 규정의 체계적인 정착이 미비하여 제조자의 잘못된 설계 결과물을 설치 시 2차 안전 문제로 확대되며, 관리 주체의 지식 부족과 안전 규정에 대한 이해력의 부족으로 문제점이 지속적으로 발생하게 된다.

◆ 시설물 유지 보수관리 기준 정립

구분	예방 보전
준공 도서관리 (시설물 인수)	－ 준공 시설물을 해당 기관에 인계 － 하자 보수 여부를 판단, 해당 시공업체에 하자 보수 요구 － 하자 보수 공사결과 및 준공계를 검토 후 접수
유지관리 계획 수립	－ 담당 시설물 유지관리를 위한 점검 및 진단팀 구성 － 안전 및 유지관리 계획서를 수립 － 점검 결과 및 보수 이력 등을 검토하여 이전 및 유지관리 계획서를 작성
일상 점검	－ 일상 점검을 준비 － 점검 작업은 현장 조사를 실시 － 손상의 종류, 정도 등에 대해 보수가 필요한 사항을 판단하여 조사 평가서를 작성
정기 점검	－ 점검/진단 계획서를 바탕으로 정기 점검을 준비 － 자체 및 외부 기관을 통해 현장 조사, 외관 조사를 실시 － 점검 결과 보고서 작성 － 담당자가 문서 또는 시스템에 입력하여 자료 보관
긴급 점검	－ 자연재해나 사고 등의 외부 요인 발생 시 점검 여부의 판단 － 손상 예상 부위를 중심으로 특별 및 긴급 점검 실시 － 시설물에 발생한 손상의 종류, 정도 등에 대하여 보수가 필요한 사항을 판단하여 점검 보고서를 작성

정밀 안전 진단	– 안전 진단 전문 기관과 실시 계약 체결 – 보수 · 보강 및 개축 여부 판단 – 정밀 안전 진단 결과를 문서 또는 시스템에 입력 자료 보관 – 진단 결과 보고서 작성 후 보고
하자 보수	– 하자 보증 기간 내 문제 발생 시 공사 시행 – 하자 발생 내역 및 사진을 첨부하여 보고 – 하자 보수 지시 및 준공계, 검사 조서 입수
일상 유지 보수	– 유지 보수(보수 · 보강) 계획서에 근거 산출 내역서 작성
정기 유지 보수	– 유지 보수(보수 · 보강) 계획서에 근거 산출 내역 및 근거 작성
긴급 유지 보수	– 특별 점검 및 긴급 점검 조사 평가서 검토 후 문제점 발생 시 공사 시행, 신속한 예산 집행 및 공사업체 선정 후 착수 – 준공계 처리 후 실무 담당자 또는 전산 담당자가 문서 또는 시스템에 입 력하여 자료 보관

◆ 시설물 상태 평가 기준 정립

등급	상태	평가(조치) 기준
A등급	– 현재는 문제가 없으나 정기 점 검이 필요한 상태 – 안전 시설	– 이상이 없는 시설
B등급	– 경미한 손상의 양호한 상태 – 간단한 보수 정비 필요	– 지속적 관찰이 필요한 시설
C등급	– 보조 부재에 손상이 있는 보통 의 상태 – 조속한 보강 또는 일부 시설 대체 필요	– 보수 · 보강이 이행되어야 할 시설로서 현재 결함 상태가 지속될 경우 주요 부재의 결함 을 유발할 우려가 있는 시설
D등급	– 주요 부재에 진전된 노후화 또 는 구조적 결함 상태 – 긴급한 보수 · 보강 및 사용 제 한 여부 판단 필요	– 조속히 보수 · 보강하면 기능을 회복할 수 있 는 시설이거나 현재의 결함 상태가 지속되면 단면 손실 등으로 기능 상실 우려가 있는 시설 – 보수 · 보강 이행 시까지 결함의 진행 상태를 수치적 계측 관리가 필요한 시설 – 결함 사항의 진전이 우려되어 사용 제한 등 의 안전 조치 검토가 필요한 시설
E등급	– 주요 부재에 진전된 노후화 또 는 단면 손실이 발생하였거나 안전성에 위험이 있는 상태 – 사용 금지 및 개축 필요	– 보수 · 보강하는 것보다 철거, 재가설하는 것 이 경제적이라고 판단되는 시설 철거, 재가 설 전까지 재난 조짐 상태의 수치적 계측 관 리가 필요한 시설 – 붕괴 사고의 예방을 위하여 긴급 보강 등 응급 조치와 사용 제한 및 금지 조치가 필요한 시설

※ 안전성 평가 기준은 다음과 같다.

사용에 따른 위험성 존재 여부, 사용자의 상황에 따른 위험성, 물리적 위험 요소 존재 여부, 잠재적 위험 요소 존재 여부, 실수로 인한 사고 발생 가능성, 실수를 하였을 경우 현상 복귀의 수단 존재를 평가하도록 한다.

5 안전 점검의 범위와 결정

1) 시설물 범위 결정(안전 및 정밀 안전 진단)

정기 점검 및 정밀 점검은 형식적인 점검이 아닌 지침에 따른 합리적인 점검을 실시한다. 정밀 안전 진단은 시설물의 안전관리에 관한 특별법 제7조 제1항에 따라 관리 주체가 안전 점검을 실시한 결과 시설물의 재해 및 재난 예방과 안전성 확보 등을 위하여 필요하다고 인정하는 경우에 실시한다. 정밀 안전 진단은 안전 점검으로 쉽게 발견할 수 없는 결함 부위를 발견하기 위하여 정밀한 외관 조사와 각종 측정·시험 장비에 의한 측정·시험을 실시하여 시설물의 상태 평가 및 안전성 평가에 필요한 데이터를 확보한다.

2) 안전 및 정밀 안전 진단 과업 내용 결정

(1) 정밀 점검 및 긴급 점검 과업 수행 시 과업의 내용 및 범위는 크게 기본 과업과 선택 과업으로 분류한다.

(2) 기본 과업의 내용을 정리한다.

(가) 자료 수집 및 분석으로 점검 대상물의 관리 주체가 보유하고 있는 준공 도면, 구조 계산서, 특별 시방서 등의 설계 도서와 보수·보강 이력 사항과 작업 도면, 시설물의 관리대장 등의 관계 서류를 모두 수집 및 분석한다.

(나) 현장 조사 및 시험은 자료 수집 및 분석을 토대로 시설물에 대한 정밀 육안 조사를 실시하여 결함의 진행 유무 및 신규 결함의 발생 유무 등을 파악

(다) 상태 평가는 자료 수집 및 분석 시 조사된 기존 안전 점검 실시 결과와 금번 실시한 현장 조사 및 시험 결과와 비교 분석하여 대상 시설물(부재)에 대한 상태 평가를 실시하여 시설물의 안전 등급을 지정하며, 시설물 전체의 상태 평가 결과에 대한 책임 기술자의 소견을 기록

(3) 선택 과업의 내용을 정리한다. 정밀 점검 및 긴급 점검 시 선택과업의 범위는 다음과 같다.

　(가) 자료수집 및 분석: 구조계산, 실측 도면 작성(도면이 없는 경우)

　(나) 현장 조사 및 시험: 전체 부재에 대해 외관 조사망도 작성, 시설물 조사에 필요한 가설물의 안전시설 설치 및 해체 등, 조사용 접근 장비 운용, 조사 부위 표면 청소, 마감재의 해체 및 복구, 기타 관리 주체의 추가 요구 및 안전성 평가 등에 필요한 조사, 시험

　(다) 안전성 평가: 필요한 부위의 구조 해석 등 안전성 평가

　(라) 보수 · 보강 방법: 보수 · 보강 방법 제시

(4) 안전 점검 관련 비용을 산정하고 결정한다.

　안전 점검 비용 산정 시 포함되는 항목은 직접인건비, 제경비, 기술료, 직접경비 등으로 구성된다.

　(가) 직접인건비: 점검 및 진단 업무에 직접 종사하는 인원 등의 급료, 제수당, 상여금, 퇴직적립금, 산재보험금 등을 포함한 것으로써 기준 시설물에 대한 기준 인원, 규모별 기준 인원수 산정에 대하여 조정비를 적용하여 산출한다.

　(나) 제경비: 직접비(직접인건비 및 직접경비)에 포함되지 아니하는 간접비를 말하며, 임원, 서무, 경리직원 등의 급여, 사무실비, 광열수도비, 사무용 소모품비, 비품비, 통신운반비, 회의비, 공과금, 영업활동비 등을 포함한 것으로써 직접인건비의 110~120%로 계상한다.

　(다) 기술료: 안전 진단 전문 기관 등이 개발, 보유한 기술의 사용 및 기술 축적을 위한 비용으로써 조사연구비, 기술개발비, 기술훈련비 및 이윤 등을 포함하며, 직접인건비와 제경비를 합한 금액의 20~40%로 계상한다.

　(라) 직접경비: 당해 점검 및 진단 업무의 수행에 필요한 점검 및 진단 요원 등의 현지 여비 및 체재비, 현지 운영 등에 필요한 여비 및 현장체재비, 차량운행비, 현지 보조 인부의 노임, 위험수당, 기계 · 기구의 손료, 보고서의 인쇄비 등의 비용을 포함하며, 계상 기준은 직접인건비 대가 기준에 따라 실비로 계상한다.

안전 사고 발생 이론

1 안전 사고 발생 이론

1) 하인리히(Heinrich)의 도미노 이론

• 하인리히(Heinrich, 1959)는 사고 발생의 원인 분석을 위해 도미노(domino) 이론을 적용하였다. 하인리히에 의하면 1만 2천 건의 사고는 사건으로 이어지지 않았던 300건 이상이 있으며, 다시 그 뒤에는 아마도 수천에 달하는 불안전 행동과 불안전상태가 있다고 본다.

◆ 도미노 법칙 사고 발생 5단계

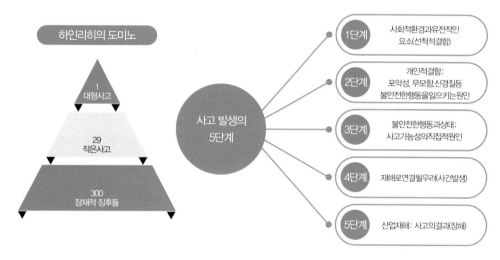

2) 버즈(Bird's)의 연쇄성 이론

버즈의 연쇄성 이론

기본원인: 통제 부족
손실 제어 요인(loss control factor)이 연쇄 반응함
상해, 중상, 물리적 손실사고/상해, 손실 없는 사고

[1 : 10 : 30 : 600]

안전관리 원활한 추진 전문적 관리 4가지 기능:
[계획, 조직, 지도, 제어]

- 버즈(Frank E. Bird's Jr. 1978)는 개선된 연쇄성 도미노 이론으로 175만 건의 사고 보고서를 분석하여 손실 제어 요인(loss control factor)이 연쇄 반응함으로써 사고가 발생하게 된다는 연쇄성 이론을 제시하였다. 기본 원인은 통제 부족에 의해 발생된다는 것이다. 버즈는 사고를 상해, 중상, 물리적 손실만의 사고, 상해, 손실이 없는 사고로 분류하였으며, 이는 각각 1 : 10 : 30 : 600의 비율로 나타난다고 하였다. 안전관리를 원활하게 추진하기 위한 전문적 관리란 계획, 조직, 지도, 제어의 4가지 기능을 말한다.

3) 위버(D. A. Weaver)의 연쇄 도미노 이론

위버의 연쇄성 이론

전술적 잘못의 징후:
불안전 행동, 상태와 사고 및 재해

작전적 과오:
정책 순서, 조직구조, 의사결정, 평가, 관리 및
행정 등의 안전 기술의 활용 및 시정 조치의 이행

- 위버는 작전적 과오의 개념을 설명하였다. 사고의 연쇄 반응 이론에 전술적 잘못의 발견과 지적이라는 새 개념을 결합시켜 불안전한 행동이나 상태와 사고 및 재해까지도 전술적 잘못의 징후로 보았다. 불안전한 상태, 불안전한 행동, 잘못된 장비, 결함 있는 구조물의 배치 등 사고의 원인이 된 요인 뒤에는 정책 순서, 조직 구조, 의사 결정, 평가, 관리, 행정 등의 작전적 과오가 반드시 있게 되는데, 안전 기술의 활용 및 시정 조치의 이행은 불안전한 행동과 상태를 명확히 함으로써 제거해야 한다고 주장하였다.

◆ **재해발생 매커니즘의 비교**

단계	하인리히	버드	위버
1	사회적환경과 유전적 요소	기본 원인(통제의 부족)	유전적, 사회적 요인
2	개인적 결함(간접원인)	개인/작업상의 원인	개인적 결함
3	불안한 행동과 상태 → 제거(효과적)	직접 원인(징후): → 계속적 제어 필요	불안한 행동과 상태 (전술적 잘못→징후)
4	사고	사고	시고
5	산업재해	재해	재해

2 재해예방의 4원칙

1) 손실 우연의 법칙: 사고는 우연성에 의해 결정

2) 원인 계기의 법칙: 재해 발생은 반드시 원인이 있다.

3) 예방 가능의 법칙: 재해는 원칙적으로 원인만 제거하면 예방이 가능하다.

4) 대책 선정의 법칙: 재해 예방에 가능한 안전대책은 반드시 존재한다.

3 안전 조치 실행 프로세스 개발

1) 위험도 평가

위험도 평가를 통해 위험요소를 발견하고 이를 개선하여 안전관리에 반영하여 시행한다. 위험도 평가란 사업장의 안전 보건 조치 의무가 있는 사업주가 자발적으로 유해위험 요인을 반복적으로 파악 → 평가 → 개선해 나가는 위험 관리 활동 체제이다.

2) 위험도 평가의 7가지 일반 원칙

(1) 위험도 평가 목적: 위험도를 제거

(2) 높은 것부터 순차적으로 위험도 제거 대책 수립

(3) 위험도의 범위 설정추진

(4) 법규위반 등의 긴급위험 우선제거

(5) 모든 유해위험 요인에 관한 위험도 평가

(6) 노사의 자율적 참여

(7) 일부작업: 사전 위험도 평가

3) 분야별 안전 대책 수립

안전관리는 운영기관의 조직과 인력 운영 부분부터 살펴보고 각 부서의 역할과 기능에 따른 안전관리 대책이 어떤 방식으로 수립, 운영되는지 확인하고, 이에 따라 사고, 장애에 어떤 결과를 가져오는지를 들여다볼 필요가 있다.

◈ 분야별 안전 대책 주요 활동

구분	주요활동	세부내용
영업 분야	전 분야 안전사고 요인 발굴 및 예방 대책 수립, 추진	− 안전사고 요인 발굴 − 사고 · 장애 유형, 위험 요인 및 안전 미비 사항 보완 − 안전 매뉴얼 정비 및 활용 − 신속 대응 방법 마련
	사고 재발 방지를 위한 피드백 활동	− 종합 안전 대책 회의 개최 − 안전 관련 현안 사항 토의 및 소속별 안전 대책 보고 − 시설물 고장 장애 평가반 및 기술 분야 자문위원회 운영
	사고 · 장애 발생 통계 분석 및 활용	− 통계 분석을 시행
	안전 영업을 위한 활동	− 장애 최소화를 위해 3단계 정밀 점검 및 검수 책임관제 시행 − 주요 부품 성능의 고급화 − 성능 저하 장치 집중 투자를 시행
시설 분야	안전관리의 생활화	− 현장 관리 감독자 중심의 자율적 안전관리체계 정착 − 안전 문화 운동 전개를 통한 직원 안전 의식 제고 − 안전 시설의 지속적인 개선 보완으로 위험도 저감 − 예방 점검 체계 확보를 통한 불안전 요인 사전 차단 등의 활동
	현장 안전	− 작업장 안전 점검 및 위험 예지 훈련의 생활화 − 유해 위험 작업장 등 취약 요인 철저 관리 − 사고 사례 교육 및 사고 사례 지속적 발굴 및 전파
	사고 장애 'ZERO'화	− 시설물 장비의 예방 점검 체제 구축으로 상시 최적 기능 유지 − 취약 주의 개소 특별 관리 및 시설 장비 노후화에 따른 대책 추진
	사고(장애) 대비 체계 강화	− 이례적 사태 발생 시 신속한 상황 보고 전파 체계 확립 − 신속한 장애 조치 능력 배양을 통한 주기적인 교육 훈련 강화 − 응급 복구 자재 장비 예방 정비 철저 등 신속한 복구 체계 구축

4) 분야별 안전관리 대책 이행

안전 대책이 수립된 후에는 당연히 이를 이행하여야 하지만 기관장의 정책적 판단과 사회적 요구 사항에 부합하여 안전관리 대책의 이행에 투입되어야 하는 인적, 물적 자원이 적절하게 안전관리 대책에 이행되지 못하는 경우가 있으므로 분야별 안전관리 대책의 이행 사항을 확인하는 것이 필요하다.

5) 외부 기관의 안전관리 평가

외부 기관의 평가에서 나타난 안전관리 내용을 분석하여 어떠한 평가와 제언을 하는지, 환류 작용은 시행되는지를 검토해 볼 필요가 있다.

03

물질 안전관리하기

◆ 물질 안전관리 시 화학물질의 관리 지침을 설명할 수 있다.

◆ 장 작업의 종류와 성격에 따라 안전관리 물질을 명확히 구분하여 안전하게 사용하고 보관할 수 있다.

3.1 화학물질관리

1 화학물질의 개념

- '화학물질 관리법'에서는 화학물질을 원소·화학물 및 그에 인위적인 반응을 일으켜 얻어진 물질과 자연 상태에서 존재하는 물질을 화학적으로 변형시키거나 추출 또는 정제한 것을 화학물질이라고 규정한다.

- 또한 유해 화학물질을 유독 물질, 허가 물질, 제한 물질, 또는 금지 물질, 사고 대비 물질, 그 밖에 유해성 또는 위해성이 있거나 그러한 우려가 있는 화학물질로 규정하고 있다.

2 작업 환경 측정의 의의와 목적

산업안전보건법 제42조 규정에 의하여 작업 시 발생하는 소음, 분진, 유해 화학물질 등의 유해 인자에 근로자가 얼마나 노출되는지를 측정, 평가한 후 시설 설비 등 적절한 개선을 통하여 깨끗한 작업 환경을 조성함으로써 근로자의 건강 보호 및 생산성 향상에 기여하기 위하여 작업 환경을 측정한다.

3 화학물질의 관리 체계 수립

1) 품질 경영 및 공산품 안전관리법에 의한 안전관리 체계 수립

(1) 식품 등과 같이 신체 기관을 통해 직접 흡수되는 품목 등 보다 강화된 형태의 안전관리가 필요한 품목들은 '식품위생법' 등 별도로 관리된다.

(2) 안전 인증이란 제품 검사와 공장 심사를 하여 공산품에 대한 안전성을 증명하는 것이며, 자율 안전 확인 제도는 공산품 제조업자 등이 안전 기준에 적합 여부를 스스로 확인하여 안전 인증 기관에 신고함으로써 안전 인증을 받는 것을 말한다.

(3) '안전 인증 제도'는 안전 인증 대상 공산품의 제조업자 또는 외국 제조업자가 출고 전 또는 통관 전에 모델별로 안전 인증 기관으로부터 안전 인증을 받는 것을 말한다.

2) 작업 환경 측정 실시

(1) 작업장 또는 작업 공정이 신규로 가동되거나 변경되는 등으로 대상 작업장이 된 경우 30일 이내 실시하고, 그 후 매 6월에 1회 이상 실시한다. 단 아래의 경우에는 측정주기를 변경한다.

(가) 3개월에 1회 이상: 발암성 물질이 노출 기준을 초과하거나 기타 화학물질이 노출 기준을 2배 이상 초과하는 작업장 또는 작업 공정의 해당 유해인자

(나) 1년에 1회 이상: 최근 1년간 공정 변경 등 작업 환경 측정 결과에 영향을 주는 변화가 없고, 최근 2회 측정 결과 노출 기준 미만인 경우(발암성 물질 취급 공정은 제외됨)

(2) 작업 환경 측정의 실시 방법은 개인 시료 포집(근로자가 호흡기 위치에 측정 기기를 착용하고 측정)이 원칙이다.

(3) 개인 시료 포집이 불가능할 경우에는 지역 시료 포집 방법(측정 기기를 일정한 지역에 고정해 측정)으로 실시한다.

(4) 1일 작업 시간 동안 6시간 이상 연속 측정하거나 작업 시간을 등 간격으로 나누어 6시간 이상 연속 분리하여 측정한다.

(5) 6시간 미만 측정이 가능한 경우는 유해 물질 발생 시간이 6시간 이내 또는 간헐적 작업인 경우, 단시간 노출 기준이 설정된 물질로서 단시간 고농도에 노출될 경우이다.

취급 교육 실행 및 체크관리

1 시설물의 안전 및 유지관리 기본 방향

• 시설물 안전 및 유지관리 기준의 정립, 체계의 개선, 기반 기술의 연구 개발하고 안전 및 유지관리 소요 인력의 양성을 양성한다. 또한 안전 진단 전문 기관을 육성 · 지원하고 시설물 관련 정보 체계를 구축하여 안전 및 유지관리 실행 기반을 조성하기 위한 충분한 재원(예산)을 확보한다. 정부 정책 지원 기능의 확대 및 시설물 관리 주체의 업무 대행/지원 기관으로서의 역할을 부여한다.

2 시설물 안전 유지관리수행 순서

1) 시설물 안전 유지관리 계획을 수립(소방시설, 대형건축물, 각종 가스시설)
2) 관리 규정을 작성(시설물 안전관리 종합 계획서)
3) 시설물 안전 유지관리체계를 점검,
4) 관리 책임자 선임(예를 들면, 사장, 점장, 관리소장 등)
5) 관리 책임자를 교육, 훈련(안전관리자의 신규 교육 및 정기 보수 교육)

3 물질 안전관리 교육 과정 및 내용

산업안전보건법 제31조 제1항(안전 교육)에서 "사업주는 당해 사업장의 근로자에 대하여 노동부령이 정하는 바에 의하여 정기적으로 안전에 관한 교육을 실시하여야 한다."라고 되어 있다.

◆ 안전관리 교육 시간 및 교육 내용

교육 과정	교육 대상	교육 내용
정기 교육	근로자	산업 안전 보건 법령에 관한 사항
		작업 공정의 유해 · 위험에 관한 사항
		표준 안전 작업 방법에 관한 사항
		보호구 및 안전장치 취급과 사용에 관한 사항
		안전사고 사례 및 산업 재해 예방 대책에 관한 사항
		근로자 건강 증진 및 산업 간호에 관한 사항
		안전 보건 표지에 관한 사항
		물질 안전 보건 자료에 관한 사항
		기타 안전 · 보건 관리에 필요한 사항
	관리 감독자	산업 안전 보건 법령에 관한 사항
		작업 안전 지도 요령에 관한 사항
		기계 · 기구 또는 설비의 안전 · 보건 점검에 관한 사항
		관리 감독자의 역할과 임무에 관한 사항
		근로자 건강 증진 및 산업 간호에 관한 사항
		물질 안전 보건 자료에 관한 사항
		기타 안전 · 보건 관리에 필요한 사항

4 안전 보건 교육

☑ 안전 교육의 개념과 목적

- 상해, 사망 또는 재산 피해 〉 불의의 사고 예방
- 안전 교육 〉 일상생활에서 개인 및 집단의 안전에 필요한 지식, 기능 등 이해
- 자신과 타인의 생명 존중, 안전한 생활 영위, 습관 형성
- 인간의 일상생활과 생산 활동 등 삶의 모든 영역: 각종 사고, 재해 방지 목적 〉 교육 활동

☑ 안전 보건 교육의 필요성

자연적, 인위적 위해 요인 〉 '식품 혼입' 가능성 증가, 식품안전 문제 〉 대규모화 초래 식품 안전성 확보(필수 조건)
➤식품 과학의 3대 추구 목표: ① 건강성, ②안전성, ③편리성 추구
➤외식업체: 식품의 안전성 우선

1) 안전 교육의 개념과 목적

안전 교육은 상해, 사망 또는 재산 피해를 불러일으키는 불의의 사고를 예방하는 것이다. 안전 교육은 교육이라는 수단을 통하여 일상생활에서 개인 및 집단의 안전에 필요한 지식, 기능, 태도 등을 이해시키고 자신과 타인의 생명을 존중하며, 안전한 생활을 영위할 수 있는 습관을 형성시키는 교육이라는 수단을 통하여 인간의 일상생활과 생산 활동 등 삶의 모든 영역에서 각종 사고나 재해 방지를 목적으로 하는 포괄적 교육 활동이라고 할 수 있다.

– 산업안전보건법 제29조 및 시행규칙 제26조 별표
– 안전보건교육 규정에 의거하여 사업장의 사업주는 근로자(비사무직 매 분기 6시간 이상, 사무직 매 분기 3시간 이상) 관리감독자 및 신규 채용자 안전보건교육을 실시하여야 한다.
＊ 2020년도부터 안전보건교육을 실시하지 않았을 경우 과태료 부과

(1) 안전 보건 교육의 의미

안전 보건 교육이란 근로자에게 안전하게 업무를 수행할 수 있도록 안전의 중요성을 인식시키고, 구체적으로 주어진 작업에 대해서 안전 작업 방법에 관한 지식, 기능을 습득하도록 교육·훈련하여 정해진 작업을 안전하게 할 수 있는 태도를 양성하는 것을 말한다. 따라서 안전 보건 교육의 목적은 근로자로 하여금 안전한 행동 내용을 숙지하여 이행하도록 유도함으로써 교육을 통한 동기부여, 잠재 위험의 발견 능력 향상, 비상시 대응력을 길러 안전사고를 방지하기 위하여 실시한다.

(2) 안전 보건 교육의 필요성

자연적이거나 인위적 위해요인이 식품에 혼입될 가능성도 증가하고 식품 안전 문제의 대규모화를 초래하게 되기 때문에 식품 안전성의 확보는 선택이 아닌 필수 조건이 되어야 하며, 21세기는 식품과학의 3대 추구 목표인 건강성, 안전성, 편리성을 추구하므로 외식업체에서는 식품의 안전성이 우선시 되어야 한다. 안전을 생활화하기 위해서는 교육을 통한 가치관과 태도 변화가 이루어져야 한다. 산업 현장에서 안전 보건 교육이 필요한 이유를 요약하면 다음과 같다.

(가) 외부적인 위험으로부터 자신의 신체와 생명을 보호하려는 것은 인간의 본능이다. 그 본능에도 불구하고 그것을 행동화하는 기술을 알지 못하기 때문이다.

(나) 안전사고의 많은 현상은 물체에 대한 사람들의 비정상적인 접촉에 의한 것이 많은 부분을 차지하고 있다. 안전 보건 교육을 위한 전반적인 근거는 위험에 관한 인식을 넓히고, 직업병과 산업 재해의 원인에 대한 지식을 확산시키며 효과적인 예방책을 증진하는 데 있다.

(다) 인적 요인에 의한 안전 문화는 교육을 통해서만 실현될 수 있다. 작업장에 아무리 훌륭한 기계·설비를 완비하였다 하더라도 안전의 확보는 결국 근로자의 판단과 행동 여하에 따라 좌우되기 때문이다.

(라) 사업장의 위험성이나 유해성에 관한 지식, 기능 및 태도는 이것이 확실하게 습관화되기까지 반복하여 교육 훈련하지 않으면 이해, 납득, 습득, 이행되지 않는다.

◆ 계층별 안전 보건 교육

계층	안전 교육		
선임 관리자	책임감 (accountability): 중간 관리자로 하여금 안전 성과를 보증하도록 함 질적 관리: 안전관리의 질을 관리하도록 함 가시성(visibility): 안전 활동에 직접 참여	종업원 보호 (safety caring)	적합한 작업 방식을 합의함 종업원에 대하여 존중하고 신뢰함 종업원의 필요 사항에 관심을 갖고 문제점을 공감함
		코칭 (safety coaching)	부하 직원에 대해 역할 모델이 됨 종업원의 역량을 강화시킴 의견을 공유함 종업원으로 하여금 의사 결정에 참여토록 함
		통제 (safety controlling)	규정을 제정함 상벌을 위한 리더의 권한을 행사함 종업원의 행동을 검토함
중간 관리자 및 현장 관리 감독자	상호작용 (safety interaction)		방향을 제시하고 조언을 제공함 안전의 모범 인물이 됨 안전을 유도하고 의사소통함
	정보 제공 (safety informing)		모니터링: 모니터링 시스템을 통해 안전 관련 정보를 수집함 정보 공유: 지속적으로 정보를 분석하여 종업원들이 중요한 정보를 받을 수 있도록 함 안전 대표자 역할: 안전 관련 위원회 등의 중요 회의에 참석함
	정보 제공 (safety informing)		계획, 자원 배분을 통해 안전 전략을 실행하여 성과를 향상시킴
안전 관리자	회사의 안전 방침에 대해 경영진과 현장 간의 의사소통 통로를 개발하고 모니터링함	전문 (safety expert)	카운슬링: 위험 관리, 사고 조사, 안전 성과 측정 정보 수집 방법을 제시하고 조사 방법을 개선함
		조정 (safety coordination)	안전 방침 개발, 안전 정보 관리 및 의사소통
		규정 (safety regulation)	안전 감독, 감사, 인센티브 제도

(3) 법정 안전 보건 교육 실시

산업안전보건법으로 정한 안전 보건 교육 과정은 정기 안전 보건 교육, 신규 채용자 교육, 작업 내용 변경 시 교육, 특별 안전 보건 교육의 네 가지가 있으며, 교육 대상 및 교육 시간은 다음과 같다.

◆ 사업 내 안전 보건 교육(제33조 제1항)

교육 과정	교육 대상		교육 시간
가. 정기교육	사무직 종사 근로자		매월 1시간 이상 또는 매분기 3시간 이상
	사무직 종사 근로자 외의 근로자	판매 업무에 직접 종사하는 근로자	매월 1시간 이상 또는 매분기 3시간 이상
		별표 8의2 제1호 라목 각 호의 어느 하나에 해당하는 작업에 종사하는 근로자	매월 2시간 이상
		판매 업무 및 별표 8의2 제1호 라목 각 호의 작업 외에 종사하는 근로자	매월 2시간 이상 또는 매분기 6시간 이상
	관리 감독자의 지위에 있는 사람		매분기 8시간 이상 또는 연간 16시간 이상
나. 채용 시의 교육	일용 근로자		1시간 이상
	일용 근로자를 제외한 근로자		8시간 이상
다. 작업 내용변경 시의 교육	일용 근로자		1시간 이상
	일용 근로자를 제외한 근로자		8시간 이상
라. 특별교육	별표 8의 2 제1호 라목 각 호의 어느 하나에 해당하는 작업에 종사하는 일용 근로자		2시간 이상
	별표 8의 2 제1호 라목 각 호의 어느 하나에 해당하는 작업에 종사하는 일용 근로자를 제외한 근로자		16시간 이상(최초 작업에 종사하기 전 4시간 이상 실시하고 12시간은 3개월 이내에서 분할하여 실시 가능) 단기간 작업 또는 간헐적 작업인 경우에는 2시간 이상

※ 상시 근로자 50인 미만의 도매업과 숙박 및 음식점업은 위 표의 가목부터 라목까지의 규정에도 불구하고 해당 교육과정별 교육시간의 2분의 1 이상을 실시하여야 한다.

(4) 관리/감독자의 역할

안전관리는 관리 조직을 구성하고 있는 인력에 의해 가장 큰 영향을 받는다. 안전관리 조직을 구성하고 있는 인력은 직접적으로 생산 현장과 공정 설비 그리고 근로자와 접촉하여 업무를 수행하므로 재해를 예방하기 위해 노력하는 1차 접근자이기 때문이다. 따라서 안전관리를 효율적으로 예방하기 위한 가장 큰 인력의 역할 담당을 위해 각 기업에서 활용할 수 있는 관리 감독자의 역할을 제시하면 다음과 같다.

◆ **관리/감독자의 역할**

교육 과정	관리/감독자의 역할
관리자	사업소의 연간 안전 위생 교육 계획에 기초를 두고, 부내 안전 위생 계획을 세우고 실시한다.
	부내의 안전 위생 점검 제도를 확립하고 실시한다.
	안전 위생을 배려한 작업을 정하고, 필요에 따라 개선한다.
	설비, 작업 장소, 작업 방법에 위험이 있는 경우에는 응급처치를 취한다.
	설비 · 공정 · 작업 방법 등을 변경하는 경우에는 사전에 안전 위생 면에서 검토한다.
	부내에 필요한 법정 혹은 사내에서 정한 유자격자, 기능 전형 지도자, 작업 주임자를 확보한다.
	위험 유해물에 관한 적정한 관리 방법을 정하고 지도한다.
	필요한 보호구를 정하고 설치한다.
	발생한 재해 및 직업성 질병의 원인을 조사하고, 안전 위생상의 개선을 행한다.
	부내의 재해 발생률을 파악하여 중점 대책을 정한다.
	부하 감독자의 안전 위생 활동에 대한 평가와 지도를 행한다.

감독자	안전 작업 순서에 대해서 부하 직원과 협동으로 초안 혹은 개선안을 만들고, 상사에게 제출한다.
	안전 작업 순수에 기초를 두고 부하 직원을 훈련·지도하고 준수시킨다.
	드물게 행하는 작업, 응원 작업, 안전 작업 순서에 정해져 있지 않는 작업에 관해서는 사전에 절차 결정, 작업 배분, 안전 위생상의 지시를 준다.
	담당자의 불안전한 상태(환경)를 적출하고, 시정 개선을 행한다.
	다른 부문 또는 협력업자와의 협동 작업이나 경험 작업 경우에는 사전에 안전 위생상의 협의를 한다.
	직장 안전 위생 회의 등을 열어 지도하는 외에 직장 그룹의 안전 위생 활동 활발화를 원조한다.
	보호구를 정비한다.
	부하 직원에 대해 일반 안전 위생 지도를 행한다.
	정리 정돈, 청결을 솔선 지도한다.
	화기의 단속을 한다.
	재해 발생 시에 응급처치를 하고, 재해 보고서를 작성한다.

매장 위생관리

 ◉ 문제해설은 동영상 강의에서 확인하세요.

01 식품오염원의 분류에 대한 설명으로 알맞지 <u>않은</u> 것을 고르시오. (난이도: ★★)

① 내인성: 자연적으로 식품 중에 함유된 고유의 유해 유독 성분이 원인
② 외인성: 원재료에 함유되지 않고 생육, 생산, 제조, 유통 및 소비과정에서 발생
③ 유인성: 식품 또는 생체 내에서 유해물질을 생성
④ 유인성: 식품의 가공, 제조, 저장, 유통 및 소비과정과 별개로 섭취에 의해 발생

02 식품오염원의 분류와 예시에 대한 것으로 알맞지 <u>않은</u> 것을 고르시오. (난이도: ★)

① 내인성 – 독버섯, 감자
② 외인성 – 농약, 방사선
③ 외인성 – 전염병균, 회충, 복어독
④ 유인성 – 가열유지, 아질산염, 첨가제

03 다음 중 식품 위생과 관련된 미생물이 <u>아닌</u> 것은? (난이도: ★)

① 세균
② 기생충
③ 곰팡이
④ 효모

04 다음 중 곰팡이에 대한 설명으로 <u>틀린</u> 것을 고르시오. (난이도: ★★★)

① 본체가 가느다란 실 모양의 균사로 이루어진 균계 생물로 식물이 아니다.
② 원핵생물인 세균과 달리 균계는 진핵생물에 속한다.
③ 박테리아를 의미하는 세균과 친척으로 세균과는 범위가 같다.
④ 세균이 아닌 진짜 버섯이라는 의미로 진균이라고도 한다.

정답 01 ④   02 ③   03 ②   04 ③

05 다음 중 식중독 발생의 원인 중 세균성에 포함되는 것은? (난이도: ★★)

① 자연독(복어독)
② 독소형(황색포도상구균)
③ 화학적(식품첨가물)
④ 바이러스성(노로바이러스)

06 다음 중 바이러스성 식중독 발생의 원인인 것은? (난이도: ★)

① 노로바이러스
② 병원성 대장균
③ 살모넬라
④ 황색포도상구균

07 다음 중 미생물의 생육조건으로 올바른 것은? (난이도: ★)

① 질소 포장
② Ph1.0 ~ 4.6
③ 식빵
④ 건조한 환경

08 고온 보관할 TCS 식품을 재가열할 때 시간 및 온도 규정사항은 무엇인가? (난이도: ★★)

① 2시간 이내에 57℃(135℉)를 15초간 유지
② 2시간 이내에 63℃(145℉)를 15초간 유지
③ 2시간 이내에 68℃(155℉)를 15초간 유지
④ 2시간 이내에 74℃(165℉)를 15초간 유지

정답 05 ② 06 ① 07 ③ 08 ④

09 다음 중 식품 종사자의 위생관리에 맞지 않는 사항을 고르시오. (난이도: ★★★)

① 손에 화농성의 상처가 있는 사람은 절대 식품 취급에 종사해선 안 된다.
② 식품 취급하는 사람은 청결하게 세탁된 위생복, 모자, 마스크를 착용한다.
③ 살균제, 유독 약품류와 식품첨가물은 함께 두어 오용하지 않게 주의한다.
④ 종사자는 항상 청결히 유지하고 용변 후에는 반드시 손을 씻는다.

10 교차오염을 피하기 위해 사용되는 도마의 종류를 바르게 짝지은 것은? (난이도: ★)

① 육류(파란색)
② 가공품(노란색)
③ 어류(흰색)
④ 완제품(초록색)

11 미생물의 필요한 생육조건이 <u>아닌</u> 것은 무엇일까요? (난이도: ★★)

① Food
② Temperature
③ Acidity
④ Oxygen

12 미생물이 활발하게 번식하는 생육온도(위험온도:danger zone)의 범위는? (난이도: ★★)

① 10℃ ~ 40℃
② 1℃ ~ 70℃
③ 5℃ ~ 37.5℃
④ 5℃ ~ 60℃

정답 09 ③   10 ②   11 ③   12 ④

13 다음 병원균 번식의 통제에 대한 설명 중 ( ) 안을 채우시오. (난이도: ★★)

'FATTOM을 통제하면 식품을 안전하게 보관할 수 있다. 그러나 대부분 업장에서 통제 가능한 것은 다음 이 두 가지 조건으로 정말 중요하며 안전을 위해서 (   )과 (   )의 통제가 가능한 식품(TCS)으로 알려져 있다.'

① 시간–습도
② 온도–속도
③ 시간–온도
④ 온도–습도

14 소고기 스튜는 (   )시간 이내에 57℃(135℉)에서 21℃(70℉)로, 그런 다음 (   )시간 이내에 21℃(70℉)에서 5℃(41℉) 이하로 냉각해야 한다. (난이도: ★★)

① 2, 4
② 2, 6
③ 4, 2
④ 2, 3

15 다음 식품 중 병원균이 더 잘 번식하기 때문에 주의를 요하는 식품이 <u>아닌</u> 것은? (난이도: ★★★)

① 육류나 가금류: 햄버거, 고기 파이, 커리 등
② 단백질: 조리된 콩, 두부, 너트류 등
③ 유제품: 사워크림, 요거트 등
④ 해산물: 각종 해산물과 해산물이 들어간 초밥 등

정답 13 ③   14 ①   15 ③

다음 각 설명에 대해서 빈칸에 알맞은 것을 쓰세요. (주관식)

01 만약 제조일이 2016년 6월 1일이고 유통기한이 제조일로부터 14일이라고 표시된 경우라면 유통기한은 2016년 6월 (   )일까지이다. (난이도: ★)

02 해동 관리 시, 냉장 해동 시 소량씩 덜어서 밀봉 후 냉장하도록 한다. 냉장 해동 시간인 (   )시간 이내이다. (난이도: ★★)

03 다음은 검수품의 품질 변화를 방지하기 위하여 검수하는 순서이다. 순서를 바르게 쓰시오. (난이도: ★★★)

① 냉장 식품   ② 채소류   ③ 냉동식품   ④ 공산품

04 산성의 오염물을 중화시켜 제거하는 세제로 일반적인 산성 오염물에 적합하다. (   )에 각각의 오염물에 맞는 세제 촉진제를 넣은 것이 유리창용 세제, 가정용 왁스 세제, 기름때 전용 세제, 얼룩 제거 세제, 만능 세제 등이다. (난이도: ★★)

05 식당 A는 올해 세 번째 식중독에 의한 사고가 발생했다. 조사 결과 식중독이 3번이나 발견되는 위반을 하게 된 식당 A에 내려지는 조치는 무엇일까? (난이도: ★★)

정답 **01** 15일   **02** 72시간   **03** 3-1-2-4   **04** 알칼리성   **05** 영업허가 취소 또는 폐쇄

06 **식중독 예방의 3대 원칙은 다음과 같다.** (난이도: ★★★)

> 1) (   )의 원칙 : 식자재를 위생적으로 처리하기 위해서는 세척, 살균 과정을 반드시 걸쳐야 한다. 식자재 취급자들은 손을 깨끗하게 자주 씻고, 청결한 주변환경을 만들도록 하여야 한다.
>
> 2) (   )의 원칙 : 식자재는 잠재적인 오염원에 노출되기가 쉽다. 모든 식자재는 신속하고 적절하게 보관, 저장관리 되어야 한다.
>
> 3) (   )의 원칙 : 식자재의 보관은 냉장온도(5℃ 이하)로 보관하도록 하며, 가열은 60℃ 이상으로 가열하도록 한다.

정답 **06** 청결, 신속, 냉각/가열

연습문제

매장 안전관리

◉ 문제해설은 동영상 강의에서 확인하세요.

01 안전 문화의 확산 및 정착을 위한 안전관리 활동이 <u>아닌</u> 것은 (난이도: ★)

① 안전 홍보 자료 발간
② 사고 예방을 위한 표어 및 포스터 게시
③ 사고 발생 시 현장을 조사하고 고발 조치를 하도록 함
④ 해당 기관은 안전관리 활동을 평가하고 그에 따른 포상 및 격려 제도를 시행

02 안전, 시설 안전, 물질 안전을 관리하기 위한 유의 사항에 해당하지 않는 것은?
(난이도: ★)

① 작업을 위해 항상 주위를 정리 정돈한다.
② 기계 공구는 꼭 점검하되 긴급할 때는 보고 없이 즉시 수리해서 사용한다.
③ 공동 작업 시에는 상호 신호를 확실히 한다.
④ 보호 장비를 철저하게 착용한다.

03 다음 중 재난 원인 분석 중 안전관리의 대상에 대한 설명으로 <u>틀린</u> 것을 고르시오.
(난이도: ★★)

① Man (인간적 요인) : 사람의 실수, 착각, 무의식, 피로 등
② Machine (기계적 요인) : 기계의 결함, 기계 안전장치 미설치 등
③ Media (매체 · 환경적 요인) : 안전 설명서 작성, 미디어 홍보, 등
④ Management(관리적 요인) : 안전관리규정, 안전교육 및 훈련미흡 등

04 다음 중 안전관리 순서를 올바르게 작성된 것을 고르시오. (난이도: ★★)

① 계획(Plan)−실시(Do)−검토(Check)−조치(Action)
② 계획(Plan)−검토(Check)−실시(Do)−조치(Action)
③ 검토(Check)−계획(Plan)−실시(Do)−조치(Action)
④ 계획(Plan)−검토(Check)−실시(Do)−조치(Action)

정답 01 ③ 02 ② 03 ③ 04 ①

05 안전관리자의 안전관리 시스템의 3가지 기능에 해당하지 않는 것은? (난이도: ★★)

① 자체 안전 점검 테스트
② 안전 점검 결과 DB화 및 D-day 기능
③ 재난 및 보수 이력을 전산화 및 저장
④ 안전 책임소재 확인과 처벌 기능

06 매장 내 안전사고에 해당하는 요인이 아닌 것은? (난이도: ★)

① 인적 요인
② 물적 요인
③ 심리적 요인
④ 환경적 요인

07 응급 상황 시 행동단계를 순서에 맞게 적은 것은? (난이도: ★★)

① 처치 및 도움(care)-현장조사(check)-119신고(call)
② 119신고(call)-현장조사(check)-처치 및 도움(care)
③ 현장조사(check)-119신고(call)-처치 및 도움(care)
④ 현장조사(check)-처치 및 도움(care)-119신고(call)

08 다음 중 안전관리 감독자의 역할이 아닌 것을 고르시오. (난이도: ★★)

① 보호구를 정비한다.
② 부하 직원에 대해 일반 안전 위생 지도를 행한다.
③ 부서 내의 안전 위생 점검 제도를 확립하고 실시한다.
④ 재해 발생 시에 응급처치를 하고, 재해 보고서를 작성한다.

정답 05 ④   06 ③   07 ③   08 ③

09 안전보건교육 중 종업원 보호, 코칭, 통제를 위해 책임감, 안전 질적관리, 안전활동에 직접 참여하는 계층은? (난이도: ★★)

① 선임 관리자
② 중간 관리자
③ 현장 관리 감독자
④ 안전관리자

10 산업안전보건법에 의해 채용 시 교육과 작업내용 변경 근로자의 교육은 몇 시간 진행 되어야 하는가? (난이도: ★)

① 매월 1시간 이상
② 매월 4시간 이상
③ 매월 8시간 이상
④ 매월 10시간 이상

11 안전관리에 대한 것 중 잘못된 것을 선택하시오. (난이도: ★★)

① 안전 풍토는 조직원들의 행동 및 태도, 의사소통, 교육 및 훈련, 사고율 등에 영향을 준다.
② 안전의식은 사고나 재해의 위험을 사전에 방지할 수 있도록 하는 상태를 의미한다.
③ 안전관리의 중요성, 운영 방침 수립은 해당 기관 구성원 전체가 인지할 필요는 없다.
④ 산업 안전이란 인간존중의 원리를 구체적으로 실현하는 종합적인 노력을 말한다.

12 낙하, 낙상에 대한 안전 주의 사항 중 옳지 <u>않은</u> 것을 고르시오. (난이도: ★)

① 높은 곳에 있는 물건을 꺼낼 때는 의자나 박스 등을 사용한다.
② 무거운 것을 운반할 때는 혼자 무리하지 말고 동료의 도움을 받는다.
③ 냉장/동고나 창고를 청소 및 정리할 때는 무거운 것은 아래쪽에 두도록 한다.
④ 물건을 실은 카드를 사용할 때는 눈높이 이상으로 물건을 사용하지 않는다.

13 응급처치 시 꼭 지켜야 할 사항으로 맞지 않는 것은? (난이도: ★★★)

① 응급처치 현장에서의 자신의 안전을 확인한다.
② 환자에게 자신의 신분을 밝히고 응급처치 시행에 대한 동의를 구해야 한다.
③ 환자는 가능하다면 안전하고 편안한 곳으로 신속하게 이동시킨다.
④ 환자에게 물을 비롯한 음식물을 제공하지 않는다.

14 시설물 유지 보수관리 기준에 따른 "보수"에 해당하는 사항을 선택하시오. (난이도: ★★)

> ○ 특별 점검 및 긴급 점검 조사 평가서 검토 후 문제점 발생 시 공사 시행, 신속한 예산 집행 및 공사업체 선정 후 착수
> ○ 준공계 처리 후 실무 담당자 또는 전산 담당자가 문서 또는 시스템에 입력하여 자료 보관

① 하자 보수
② 일상유지 보수
③ 긴급유지 보수
④ 정기유지 보수

15 다음은 시설물 상태 평가 기준 등급과 시설물 상태에 대한 설명이다. 해당하는 등급은 무엇인가? (난이도: ★★)

> ○ 조속히 보수보강하면 기능을 회복할 수 있는 시설이거나 현재의 결함 상태가 지속되면 단면 손실 등으로 기능 상실 우려가 있는 시설
> ○ 보수보강 이행 시까지 결함의 진행상태를 수치적 계측 관리가 필요한 시설
> ○ 결함 사항의 진전이 우려되어 사용 제한 등의 안전 조치 검토가 필요한 시설

① A등급
② B등급
③ C등급
④ D등급

 다음 각 설명에 대해서 빈칸에 알맞은 것을 쓰세요. (주관식)

01 식품위생법 시행 규칙에 따르면 업종별 시설 기준 주방 작업의 적정 온도는 ( )℃, 습도 ( )%, 조명도 ( )Lux로 명시하고 있다. (난이도: ★★★)

02 (   )제도는 공산품의 제조업자 또는 외국 제조업자가 출고 전 또는 통관 전에 모델별로 안전 인증 기관으로부터 안전 인증을 받는 것을 말한다. (난이도: ★★)

03 (   )소독은 주로 칼, 도마, 식기를 대상으로 하며 용도에 맞는 '기구 등의 살균 소독제'를 구입하여 용법과 용량에 맞게 사용해야 한다. (난이도: ★)

정답 **15** ④ / (주관식) **01** 16~20℃ / 70% / 50~100Lux   **02** 안전인증   **03** 화학

04 작업환경 측정은 작업장, 작업 공정이 신규로 가동되거나 변경되는 등 대상 작업장이 된 경우 ( )일 이내 실시하고, 그 후 매 ( )개월에 ( )실시한다. (난이도: ★★)

05 안전관리의 대상(4M)이란 재난의 연쇄적인 관계를 규명하고 그 결과를 검토하는 것이다. 현장정보, 현장작업방법, 작업환경에 관한 사항은 ① Man ② Machine ③ Media ④ Management 중 무엇인가? (난이도: ★★)

06 다음 중 안전관리의 대상 중 인간(Man)적 원인 중 해당하는 점검 내용을 작성하시오.

(난이도: ★★★)

> (가) 망각, 걱정거리, 무의식 행동, 위험감각, 지름길 반응, 억측, 착오-(   )
> (나) 피로, 수면부족, 신체기능, 알코올, 질병 노화 등-(   )
> (다) 인간관계, 리더십, 팀워크, 커뮤니케이션 등-(   )

07 다음은 산업 재해의 정의이다. 이와 관련된 법을 무엇이라고 하는가? (난이도: ★★)

> "노무를 제공하는 사람이 업무에 관계되는 건설물, 설비, 원재료, 가스, 증기, 분진 등에 의하거나 작업 또는 그밖의 업무로 인하여 사망 또는 부상하거나 질병에 걸리는 것"

정답 **04** 30일 / 6개월 / 1회 이상   **05** ③ Media   **06** (가) 심리적 원인 / (나) 생리적 원인 / (다) 관계적 원인   **07** 산업안전보건법

참고문헌

- 강병남(2022), 위기에 더 강한 음식점 창업, ㈜도서출판 성안당.
- 금종화 외 7인(2004), 21세기 식품위생학, 효일.
- 기윤호(2008), 산업보건정책 발전을 위한 연구, 한양대학교 박사학위논문.
- 김계식(1994), 신 경영학-점포경영관리 각론 점장의역할과기능, 대한제과협회.
- 김만배(2006), 재고관리, 갑진출판사.
- 김맹진(2013), 외식경영관리사, 파워북.
- 김미라(2004), 식품의 안전성, 신정.
- 김성종(2001), 제3회의 조직행태 개선을 통한 안전문화 활성화, 한국정책학회, 2001년도 추계학술
  대회 발표논문집.
- 김영갑(2023), 외식업 마케팅의 이해와 활용, 교문사.
- 김인구·김형준·문덕중(2001), 생산운영관리, 문영사.
- 김종국 외 3인(2008), 식품위생관계법규, 보문각.
- 김준희·장혁래·박인수(2013), 알기 쉬운 메뉴관리의 이론과 실제, 백산출판사.
- 김진순(2001), 뉴패스파인더 식품위생학, 한국고시회.
- 김창익·김재현(2018), 알기 쉽고 쉽게 배우는 식품구매론, 백산출판사.
- 김태현 외 6인(2007), 전략적 물류경영.
- 김홍범·최윤영(2006), 호텔 식음료 위생관리 시스템 도입에 따른 장애요인 지각에 관한 연구:
  HACCP를 중심으로, 외식경영연구.
- 노규성(2014), 전사적자원관리(ERP) 기업을 바꾼 10대 정보시스템.
- 디아이컨설턴트(2008), 실력 점장으로 가는 100스텝, 한국체인스토어협회 출판부.

- 박계형(2011), 안전 문화에 영향을 미치는 요인들에 관한 연구–산업체 종사자를 중심으로, 석사 학위논문, 서울과학기술 대학원.
- 박영석(2010), 학교조직문화와 직무만족 및 조직몰입에 대한 다차원적 인식과 관계에 관한 연구:–강원도 초중고등학교 교직원을 중심으로, 박사 학위논문, 강원대학교 대학원.
- 박진우(2015), 외식점포 점장매뉴얼, 형설출판사.
- 박형희(2002), 조리체계론, 한국외식정보.
- 배현주 외 4인(2017), 급식, 외식관리자를 위한 HACCP이론 및 실무, 교문사.
- 서재민(2012), 제조업 관리감독자의 안전인식 및 태도 분석, 석사 학위논문, 청주대학교 대학원.
- 서정진·김영대(2004), 식품위생, 서울고시각.
- 선동규·신재영·김의근(1998), 외식사업 경영론, 백산출판사.
- 싱현모(2007), 고용불안과 의사 결정참여가 신뢰 및 직무만족에 미치는 영향. 호텔 식음료업상 비정규직 종사원 비교연구, 박사 학위논문, 경기대학교 대학원.
- 송재철·박현정(1998), 최신식품가공 저장학, 서울 효일문화사.
- 스카미 쇼지(2007), 구매관리테크닉 95.
- 신기령(2012), 조직 구성원의 안전 의식과 안전 문화수준 측정에 관한 연구. 석유화학장치 사업장을 대상으로, 석사 학위논문, 인천대학교 행정대학원.
- 안규호(2007), 재난 안전을 위한 안전 문화 정착에 관한 연구, 석사 학위논문, 한양대학교 행정대학원.
- 양일선 외, 단체급식 및 외식산업관리자를 위한 식품구매, 교문사.
- 오혁수(2010), 외식업체 주방조리시설관리론, 형설출판사.

- 윤지연, 홍완수, 김태희(2007), 외식산업 전문인력 양성에 관한 연구(공급자 관점에서), 대한가정학회지.
- 이민석(2013), 식재료 관리 및 위생 관리 매뉴얼, 고려대학교 산학협력단.
- 이승용·장영수·최희진(1999), 우리나라의 HACCP제도 실시현황 및 추진전망−단체급식을 중심으로, 식품산업과 영양.
- 이종필(2018), Chef's 푸드 플레이팅, 백산출판사.
- 이철근(2007), 구매관리, 갑진출판사.
- 정청송(1997), 외식업체경영관리, 기전연구사.
- 조용범(2005), 외식업체 조리종사자의 원가의식이 식자재 관리에 미치는 영향, 외식경영연구.
- ㈜피앤에프시시스템즈(2015), 외식산업 전문인력양성 표준교육과정 개발.
- 진양호 외 2인(2006), 식품구매론, 대왕사.
- 진양호·정소윤(2016), 외식재무관리, 지식인.
- 최수근(2006), Basic 조리실무론, 대왕사.
- 토목용어사전(1997), 토목용어사전, 토목관련용어편찬위원회.
- 한국프랜차이즈협회(2004), 외식 매장 운영 가이드북, 상품 수급 진열 및 재고 관리, 창원문화.
- 한삭명(2000), 외식주방의 효율적인 운영관리 방안에 관한 연구.
- 홍기운 외 5인(1999), 식품위생학, 대왕사.
- 교육부(2013), 사업환경분석(LM0201010101_13v1), 한국직업능력개발원.
- 교육부(2016), 매장 인력관리(LM1301030105_21v2), 한국직업능력개발원.
- 교육부(2016), 상황별 응대 서비스하기(LM1301030105_21v1), 한국직업능력개발원.

- 교육부(2016), 식자재 입·출고하기(LM1301030102_15v1.2), 한국직업능력개발원.

- 교육부(2016), 식자재 재고 관리하기(LM1301030102_15v1.1), 한국직업능력개발원.

- 교육부(2016), 식자재 저장 관리하기(LM1301030102_15v1.3), 한국직업능력개발원.

- 교육부(2019), STP전략 수립(LM0201030110_16v3), 한국직업능력연구원.

- 교육부(2019), 마케팅시장 환경분석(LM0201030109_16v3), 한국직업능력연구원.

- 교육부(2022), 매장 교육 관리(LM1301030106_21v2), 한국직업능력연구원.

- 교육부(2022), 매장 마케팅 관리(LM1301030109_21v2), 한국직업능력연구원.

- 교육부(2022), 매장 관리(LM1301030105_21v2), 한국직업능력개발원.

- 교육부(2022), 메뉴 품질 관리(LM1301030103_21v2), 한국직업능력개발원.

- 교육부(2022), 손익관리의 이해(LM1301030201_22v2), 한국직업능력연구원.

- 교육부(2022), 상권관리(LM0201030407_21v2), 한국직업능력개발원.

- 교육부(2022), 음식 메뉴관리(LM1301010003_21v1), 한국직업능력개

- 교육부(2022), 푸드 플레이팅(LM1301010221_21v2), 한국직업능력개발원.

- 식품의약품안전청(2005), 대형접객업소의 위생수준 제고방안 연구.

- 식품의약품안전청(2013), 식품, 식품첨가물 및 건강기능식품의 유통기한 설정 기준.

- 식품의약품안전청(2013), 식재료 관리 및 위생 매뉴얼.

- 한국식품과학회(2008), 식품과학기술대사전.

- Enz, C.A., Taylor, M.S.(2002), The safety and security of US hotels a post−September−11 report, Cornell Hotel and Restaurant Administration Quarterly.

- Kim, Y.(2009), Importance and Performance Analysis on Food hygiene, Safety for Employee Food

Service Industry, Master dissertation of Sejong University.

- National Assessment Institute (1998), Handbook For Safe Food Service Managemnt, 2nd Edition.

- National Restaurant Association(2008), ServSafe Essentials.

- Seoung TJ, Choi SK, Kim GJ(2014), A study on the relationships among sanitary education, sanitary knowledge and sanitary management performance of cooks in contracted foodservices, Culinary Science & Hospitality Research.

- Sue Ghazala (1998), Sous Vide and Cook−Chill Processing for the Food Industry, Aspen Publishers, Inc.

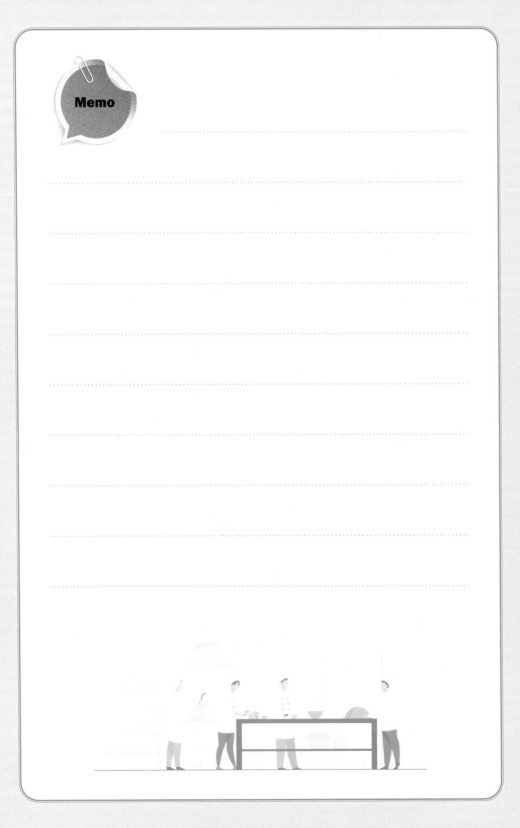

Memo

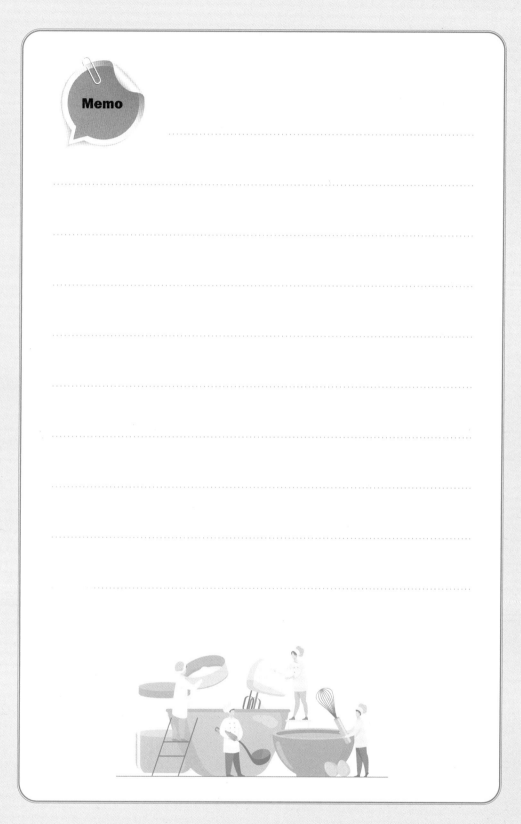

Memo

Memo

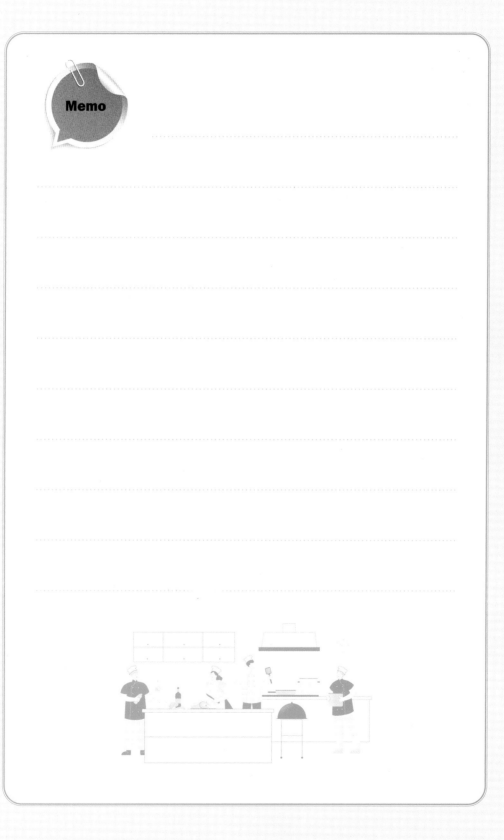

Memo

NCS 기반
외식운영관리사

인쇄일	2024년 9월 1일
발행일	2024년 9월 10일
발행인	(사)한국외식업중앙회 회장 전강식
작성	(사)한국외식업중앙회 한국외식산업연구원
디자인	도서출판지식공감
인쇄	상식문화
발행처	(사)한국외식업중앙회
	주소: 서울시 중구 동호로 12길 87
	전화: 02-6191-2908
	www.foodservice.or.kr
	www.kfiri.org

※ 책값은 뒤표지에 있습니다. 잘못된 책은 바꿔드립니다.

ISBN. 979-11-89180-17-1 13320